本书由乐山师范学院学术著作出版基金资助出版

国家社科基金西部项目（批准号：13XSH034）

农村特困儿童
社会救助

以西部地区为例

陈天柱 苏祥 等 著

社会科学文献出版社
SOCIAL SCIENCES ACADEMIC PRESS (CHINA)

图书在版编目(CIP)数据

农村特困儿童社会救助:以西部地区为例/陈天柱,苏祥等著.—北京:社会科学文献出版社,2020.8
 ISBN 978-7-5201-6374-3

Ⅰ.①农… Ⅱ.①陈… ②苏… Ⅲ.①农村-贫困区-少年儿童-社会救济-福利制度-研究-中国 Ⅳ.①D632.1

中国版本图书馆CIP数据核字(2020)第038652号

农村特困儿童社会救助
——以西部地区为例

著　　者 / 陈天柱　苏　祥　等

出 版 人 / 谢寿光
组稿编辑 / 刘　荣
责任编辑 / 单远举
文稿编辑 / 王春梅

出　　版 / 社会科学文献出版社·联合出版中心 (010) 59367011
　　　　　　地址:北京市北三环中路甲29号院华龙大厦　邮编:100029
　　　　　　网址:www.ssap.com.cn
发　　行 / 市场营销中心 (010) 59367081　59367083
印　　装 / 三河市尚艺印装有限公司

规　　格 / 开　本:787mm×1092mm　1/16
　　　　　　印　张:18　字　数:323千字
版　　次 / 2020年8月第1版　2020年8月第1次印刷
书　　号 / ISBN 978-7-5201-6374-3
定　　价 / 128.00元

本书如有印装质量问题,请与读者服务中心 (010-59367028) 联系

▲ 版权所有 翻印必究

序言

1989年11月20日第44届联合国大会第25号决议通过的《儿童权利公约》在序言中写道，"世界各国都有生活在极端困难下的儿童，对这些儿童需要给予特别的照顾"。但世界各国儿童所处的极端困境不尽相同，与各国的经济社会发展状况紧密相关。就中国而言，处于极端困境的儿童群体表现出类型的多样化和分布的相对集中化。

从儿童所处困境来划分，我国关于困境儿童的类型可达20多种，如单亲家庭儿童、被遗弃儿童（弃婴）、残疾儿童、贫困儿童、流浪儿童、留守儿童、被家暴儿童、艾滋病儿童、致残儿童、被拐儿童、服刑人员子女、童工、犯罪儿童、弱势儿童、问题儿童、失依儿童等。从困境儿童的分布来看，我国困境儿童的分布主要集中在西部农村地区。相关统计调查结果显示，截至2013年，西部农村贫困儿童比例是东部地区的4倍；2012年四川、重庆的留守儿童比例占全国留守儿童的50%以上；2005年全国孤儿排查结果显示，农村孤儿占全国孤儿的9成，西部地区孤儿占比高于经济发达地区。

本书以西部农村特困儿童社会救助为研究主题，对于保障儿童权利，改善西部农村特困儿童的生存与发展，推动西部地区经济社会发展和全面建成小康社会具有重要的意义。

如何给予处于困境的儿童特别的照顾，西方福利国家以及我国港台地区进行了颇有成效的实践。在秉承"儿童福利至上原则"的福利国家和地区，福利对象、资源、传递、评估等方面已构建了一个较为完善的儿童福利框架。其中，救助的专业性已成为儿童福利框架中不可或缺的要素。本书的内容也大致以此而展开。

著者从儿童权利的视角界定了特困儿童的概念。正如书中所言，基于儿童权利的概念界定有利于特困儿童救助对象的确定，而且以权利定需求也符合我国儿童福利制度的发展趋势。通过抽样调查方式，著者从儿童的生存权、受保护权、参与权和发展权四个维度全面分析了西部农村特困儿童需求满足的现状以及存在的问题。翔实的数据和资料，为儿童福利政策的制定提供了实证支持。

在组织结构层面上，著者提出，在基层教育部门成立特困儿童救助协调中心，作为西部农村特困儿童专业化救助体系的组织载体。特困儿童多处于学龄期，教育是儿童发展的主要途径，成立特困儿童救助协调中心这个建议，可行性较强，有利于特困儿童救助实践中政府各部门之间的协调。

西部地区是我国少数民族主要聚居区。本书对于西部少数民族文化中的互济因素展开了讨论，不同民族文化中的互济因素对特困儿童的救助有重要的意义。特困儿童的成长离不开其生活的特定社区，挖掘与利用社区中的互济资源，有利于特困儿童成长，能为特困儿童成长营造稳定的社会环境。

著者以西部农村为切入口，讨论的救助对象囊括了各种类型的困境儿童。在了解西部农村特困儿童生存现状的基础上，著者将专业社会工作引入该群体的社会救助实践中，提出了整合输入、协调输出和专业传递的体系运行原则，这和我国当前的精准扶贫思想相契合，具有一定的前瞻性和较强的应用价值，对于儿童福利政策的制定具有较强的借鉴意义。

慈勤英
2019 年 12 月 23 日于珞珈山

目录
contents

第一章　绪论 1
第一节　西部农村特困儿童群体和儿童救助制度 1
第二节　相关研究 9
第三节　研究思路、研究方法和主要内容 22

第二章　西部农村特困儿童需求与救助现状 29
第一节　调查设计 29
第二节　西部农村特困儿童的家庭背景 31
第三节　西部农村特困儿童的需求 42

第三章　社会工作体系嵌入的必要性 67
第一节　社会工作体系嵌入的理论必要性 67
第二节　社会工作体系嵌入的现实必要性 75
第三节　社会工作体系嵌入的民族必要性 86

第四章　社会工作体系建构 91
第一节　社会工作体系建构的基本原则 91
第二节　社会工作体系建构的基本框架 95
第三节　社会工作体系各主体的职责 99

第五章　特困儿童社会救助的社会工作体系运行情况 118
第一节　具体运行主体 118

第二节	救助内容确定	122
第三节	救助资源整合	128
第四节	救助资源传递	138

第六章　特困儿童社会救助的社会工作体系运行效果评估　143

第一节	评估概述	143
第二节	评估原则	146
第三节	评估指标	152
第四节	评估操作	176

第七章　西部农村特困儿童社会救助中的民族互济性　179

第一节	西部农村民族文化中的互济因素	179
第二节	民族文化中互济因素对社会救助的影响	186
第三节	民族文化中的互济因素与社会工作体系	192

第八章　西部农村特困儿童社会救助政策　202

第一节	儿童社会救助及福利制度概述	202
第二节	西部农村特困儿童福利制度的现状及问题	213
第三节	西部农村特困儿童救助政策的制度创新	225

第九章　西部农村残障儿童社会救助　236

第一节	西部农村残障儿童现状与需求	236
第二节	西部农村残障儿童社会救助实践与缺陷	241
第三节	社会工作与西部农村残障儿童社会救助	254

第十章　研究结论　265

参考文献　269

后　记　281

第一章

绪论

本章通过总结和分析西部农村特困儿童群体现状以及相关的救助制度，发现西部农村特困儿童社会救助存在的问题，提出本书主题，再通过相关研究的综述，确定本书的研究方法、研究思路与研究内容。

第一节 西部农村特困儿童群体和儿童救助制度

按照联合国《儿童权利公约》，儿童通常是指十八岁以下的任何人。我国法律将儿童界定为十四岁以下的群体。这一群体对社会发展的重要性就如丘吉尔所言：一个国家最好的投资是给自己的婴儿喂奶。同时，儿童群体因其生理与心理发展对如家庭、学校、社区等外在社会环境的依赖性，极易受到外在经济社会发展变化的冲击而陷入特殊困境之中。每一个社会的儿童都易陷入困境，但是不同经济社会背景使特困儿童的表现形式不同。社会主义市场经济体制、城乡户籍制度等多种具有中国特色的制度背景决定了中国特殊困境儿童类型的多元性和复杂性。因而在当前，我国特困儿童的类型有多种，在已有政策和相关研究中出现的类型有20多个，主要有单亲家庭儿童、被遗弃儿童（弃婴）、残疾儿童、贫困儿童、流浪儿童、留守儿童、家暴儿童、艾滋病致残儿童、被拐儿童、服刑人员子女、童工、特殊儿童、犯罪儿童、弱势儿童、问题儿童、失依儿童等。不同学者和政府部门依据其关注的对象，对特定类型的特困儿童现状展开了调查研究。

一　西部农村各类型特困儿童现状

因中国经济发展的区域特征和城乡差别，西部农村地区成为中国经济社会发展相对落后地区。外部经济社会发展状况直接影响西部农村儿童的生存与发展状态。许多针对西部农村儿童生存与发展状况的研究结果显示，西部农村特困儿童面临的问题已成为我国经济社会发展中的重要问题，他们的生存状态已经成为西部经济社会发展的严重阻碍。

从基本生存资源角度来看，西部农村贫困儿童数量远多于其他地区。据对中国贫困儿童的相关调查，截至2013年，我国儿童有17.6%处于贫困线以下，数量大约为4008万人。其中，处于绝对贫困状态的儿童大约有1080万人。而且农村地区儿童贫困率明显高于城市。其中，西部农村儿童贫困情况尤为突出。在西部，农村儿童陷入绝对贫困状态的比例高达12.15%，约为东部地区的4倍；至于农村儿童陷入相对贫困状态的比例，西部是东部的3倍。[①]

从中国留守儿童分布区域来看，西部农村地区是中国留守儿童高度集中的地区。中国留守儿童数量庞大，相关调查结果显示，2012年全国已有超过6000万名留守儿童。其中，四川留守儿童占比最大，达到11.34%；从农村留守儿童占农村儿童的比例来看，西部省份，如四川、重庆等已超过50%，广西、贵州也超过40%。[②] 专门针对中西部留守女童的调查研究显示，留守女童具有五大特点，面临十大风险，五大特点体现在整体劣势、心理劣势、照顾风险、劣势持久性以及初中阶段留守负面影响等方面，十大风险则表现为独自居住比例显著上升、生活照顾细致程度显著下降、课业辅导情况显著恶化、卫生习惯整体不佳、营养保障水平显著下降、压力纾解效果明显不高、初中及以下留守女童的疾病看护水平显著下降、心理健康状况明显弱化、初中及以上留守女童的日常受侵害风险有所增长、家务负担显著增长。[③]

我国孤儿区域分布特点与留守儿童类似，农村孤儿数量多于城市，西部地区孤儿率高于其他地区。我国孤儿群体数量庞大，我国首次对孤儿的调查

[①] 盛梦露：《中国贫童仍有4000万人　占儿童总数16.7%》，财新网，http://china.caixin.com/2015-10-26/100866668.html。

[②] 全国妇联课题组：《我国农村留守儿童、城乡流动儿童状况研究报告》，《中国妇运》2013年第6期。

[③] 齐志明：《留守女童面临日常侵害等十大风险》，人民网，http://edu.people.com.cn/n/2015/1124/c1053-27847512.html。

显示，在全国57.3万名孤儿中，农村的孤儿数量远远超过城市，共49.5万人，占孤儿总数的86.3%。从我国孤儿分布区域来看，农村地区孤儿数量占全国孤儿数量的九成。从孤儿数量占人口数量比重来看，西部地区一些省份的孤儿率远高于经济环境好的地区，例如西藏、青海孤儿率在13‰以上，而北京、上海的孤儿率只有1‰。[1]

流浪儿童也是特困儿童群体中的一个类别。调查发现，在我国，流浪儿童的数量在15万名左右。流浪儿童流出及流入的区域明显，总体趋势表现为从农村流向城市、从经济落后地区流向经济发达地区。流浪儿童中有83.3%来自农村，其中，又以来自中西部省份的流浪儿童为主，如四川、广西、贵州、新疆、湖南、河南、安徽等省份。[2]

从已有相关调查研究结果来看，西部农村地区已成为我国特困儿童的主要集中区域。由于我国还处在转型发展时期，存在地区发展不平衡和城乡发展不平衡现象，而西部农村地区又是地区发展不平衡和城乡发展不平衡的交会点，这决定了西部农村地区政府、社区及家庭对特殊困难儿童社会救助资源不足。因此，对西部农村特困儿童进行有效的社会救助，对缩小城乡发展差距、全面建成小康社会具有重要意义。但是，特困儿童类型的多元化和复杂性导致无论在具体实践中还是在理论分析中，特困儿童概念界定存在各种纷争，各方难以达成共识，对特困儿童社会救助政策制定和具体救助措施实施形成了阻碍。

二 西部农村特困儿童社会救助的政策、实践与缺陷

在我国儿童福利制度逐渐普惠化过程中，西部农村特困儿童社会救助的相关政策和社会救助的实践也在逐步完善和丰富中，政府职能的转变、社会慈善组织的建立和个人参与水平的提高等极大提升了西部农村特困儿童的救助水平，但同时仍旧存在不少问题。

（一）西部农村特困儿童社会救助的政策与实践

西部农村特困儿童的社会救助资源来源于政府、社会慈善组织和个人，其中政府承担了主要的救助责任。政府制定社会政策，构建西部农村儿童救

---

[1] 尚晓援等：《中国孤儿现状研究》，社会科学文献出版社，2008，第21页。
[2] 鞠青主编《中国流浪儿童研究报告》，人民出版社，2008，第3~4页。

助制度体系，提供资物与服务，主导对特困儿童的社会救助。按照政府机构纵向层次和横向职能，西部农村特困儿童社会救助政策和相关部门负责的社会救助内容主要有如下方面。

全国人大通过制定关于儿童和特困儿童的法律来保护他们的权益，普适性的法律有《中华人民共和国未成年人保护法》《中华人民共和国预防未成年人犯罪法》《中华人民共和国义务教育法》《中华人民共和国母婴保健法》。针对特定儿童群体的权益保护法律有《中华人民共和国收养法》《中华人民共和国残疾人保障法》等。国务院成立妇女儿童工作委员会专门研究有关儿童的工作。国家出台的针对儿童普适性需求满足的政策法规有《疫苗流通和预防接种管理条例》《学校卫生条例》《禁止使用童工的规定》《中国儿童发展纲要（2011—2020年）》《中共中央国务院关于进一步加强和改进未成年人思想道德建设的若干意见》等；针对特困儿童的政策条例有《关于加快实现社会福利社会化的意见》《城市生活无着流浪乞讨人员救助管理办法》《中华人民共和国残疾人教育条例》等。

国务院各部委也针对儿童需求颁布管理条例：国家教育委员会、公安部制定的《流动儿童少年就学暂行办法》，卫生部颁布的《学生集体用餐卫生监督办法》《妇幼卫生工作条例》，民政部颁布的《中国公民收养子女登记办法》《外国人在中华人民共和国收养子女登记办法》《社会福利机构管理暂行办法》《残疾人社会福利机构基本规范》《儿童福利机构基本规范》《流浪未成年人救助保护机构基本规范》，以及《公安机关办理未成年人违法犯罪案件的规定》《未成年犯管教所管理规定》《最高人民法院关于审理未成年人刑事案件的若干规定》。而且国务院各部委也设立相关部门专门负责儿童福利与救助工作：民政部社会福利和社会事务司负责制定孤残流浪等处境困难儿童的社会福利救助方针、政策、规章并指导实施；教育部基础教育司负责儿童的学前与义务教育工作；司法部负责预防未成年人犯罪及未成年人犯罪的处理、教育工作；国家卫生健康委员会妇幼保健与社区卫生司负责婴幼儿的计划免疫和卫生保健工作。

在地方政府层面，地方政府各职能部门与中央各部门相对应，除了执行中央及各部门制定的救助政策外，西部各省份根据本省份所辖区域特困儿童的具体情况也会提供有针对性的社会救助，如四川凉山彝族自治州专门针对本州孤儿制定的《关于进一步加强我州孤儿救助保障工作的实施意见》；四川省残联、省卫计委和省财政厅联合制定的《四川省0—6岁残疾儿童康复救助项目实施方案》已正式出台，2016~2020年，四川省每年为1000名家庭经济困难的0~6岁残疾儿童提供手术、康复训练和辅具适配服务，残疾儿童康复救助标准最高每人不超过3万元；贵州省2015年制定了《关于进一步加强留守儿童困境儿童关爱救助保护工作的实施意见》，意见将留守儿童困境儿童界定为"因父母离开所在县域范围外出务工三个月以上、留在户籍地（或常住所在地）单独生活或与祖父母外祖父母等亲属生活学龄前及义务教育适龄阶段的留守儿童，因家庭或自身原因面临生存困境、监护困难、成长障碍的困境儿童（包括流浪乞讨、事实上无人抚养、受艾滋病影响、服刑在戒人员子女、贫困家庭患重病等）"，并提出"按照精准界定、精准排查、精准识别，健全留守儿童困境儿童信息库，建立上下衔接、条块互动的信息监管平台"工作任务；云南省通过政府购买社会服务方式，来改善特困儿童的处境，如2014年由云南青基会与连心社区照顾服务中心携手合作的"大爱之行——困境流动儿童及家庭陪伴计划"项目，主要以社区为平台，以购买民办社工机构服务为主要方式，提供示范性专业社会工作服务，带动改善受助人员的生活状况，提升受助人员的发展能力，推动构建人性化的专业社会支持与保护网络。

在群众团体方面，共青团中央设有少年部，专门负责全国少年儿童的教育培养以及校内外面向儿童的保护工作；妇联设有儿童部，具有教育和保护少年儿童的职责；全国及各省份设立未成年人保护委员会，依法保护未成年人的合法权益，为儿童提供法律的、社会的帮助；全国建有统一的中国少年先锋队，通过开展丰富多彩的活动，促进儿童健康成长；在中小学设辅导员、卫生保健员等，直接面向儿童，全面提高儿童的素质；各地还建设了少年宫、青少年体育俱乐部、公共图书馆、文化馆等设施，为儿童娱乐、学习和全面发展提供场地和条件；各级政府及团体兴办儿童福利院和流浪儿童救助保护中心，为失依儿童提供救助。

在社会层面，为特困儿童提供社会救助的组织有半官方的中华慈善总会、中国青少年发展基金会和红十字会以及各种民间慈善组织，这些组织针对儿童提供应对特定困难的社会救助，如对残疾儿童提供医疗救助、对失学儿童提供教育救助等。个人或是基于同情、人道主义、价值观念或社会关系等，也为西部农村特困儿童提供特定社会救助，如志愿者西部支教。

根据政府、社会和个人对特困儿童救助实践，将之与西部农村特困儿童的需求相对应，以制度化社会救助为主，我们可以大致将西部农村特困儿童的救助实践归纳如下，具体见表1-1。

表1-1 西部农村特困儿童社会救助实践

需求	普通需求	特殊需求
生活照顾	政府：农村低保、孤儿补助、五保户 社会与个人：资物	—
健康照顾	政府：医疗保险、疫苗预防接种、学校卫生管理	政府：艾滋病防治、残疾儿童康复 社会与个人：资物、志愿者服务
良好的家庭生活	政府与社会：儿童福利院舍照顾 个人：寄养领养	政府、社会与个人：专业人员心理辅导
学习方面	政府：两免一补 社会与个人：资物	社会与个人：学业辅导
娱乐方面	政府：社区活动场所与设施、图书馆 社会与个人：资物	—
免于被伤害	政府：未成年人保护、安全教育、食品卫生	政府：流浪儿童救助中心
良好心理发展	政府与社会：学校心理辅导	政府与社会：学校心理辅导、专业心理服务
社会生活能力	政府：共青团、少先队活动、德育工作 社会与个人：社区活动	政府、社会与个人：偏差行为矫治、心理健康服务

（二）西部农村特困儿童救助实践的缺陷

中国的社会救助基本由地方政府管理和拨款，救助给付由社区机构决定和输送[1]，基层政府职能部门分割、救助的补缺取向等因素导致基层政府在西部农村特困儿童社会救助的实践存有如下缺陷。

1. 多头治理、缺乏协调

基层政府对西部农村特困儿童的救助以民政部门为主，但同时还有很多政府部门依据职能开展救助活动，涉及农村特困儿童救助的基层政府部门有民政局、教育局、团委、妇联等。民政局负责特困儿童生活救助、医疗救助

---

[1] 黄晨熹：《社会救助的概念、类型和体制：不同视角的比较》，《华东师范大学学报》（哲学社会科学版）2005年第3期。

和社会组织管理等，并协调社会组织开展救助活动，如协助儿童福利示范区的建设；教育局为特困儿童提供教育救助，协调慈善组织开展相关教育救助活动，如四川某县教育局协助和监管福爱基金会开办助学班；如团委链接资源，建设留守儿童之家；妇联于六一儿童节开展针对农村特困儿童的慰问活动等。从基层政府各部门提供的农村特困儿童救助资源来看，救助资源涉及特困儿童的多种需求，许多救助资源相互重合，以西部某县对农村特困儿童的教育救助为例，该县教育局提供教育救助，团委联系香港苗圃行动项目、青基会等公益组织开展对特困儿童的教育救助活动，妇联联系 FXB 项目开展对艾滋孤儿的教育、医疗、关爱、永久家庭等救助活动。但各部门开展的救助活动相互之间独立运作，按照条块化的行政组织体系来传递，如香港苗圃行动项目进入某县开展救助的方式是从省团委到县团委，FXB 项目由省妇联推荐到县妇联。

基层政府各部门相互重叠的救助资源通过条块化的行政体系来传递，不仅容易导致救助资源重叠与交叉，不能充分发挥救助资源的效用，还可能由于受政绩观影响，政府部门有将救助资源集中配置、打造特困儿童救助示范点的冲动。

2. 采用类型确定救助对象可能会导致部分西部农村特困儿童被忽略

基层政府采用类型确定农村特困儿童的方式虽然标准明确、易于操作，但其缺陷也是显然易见的，如果类别概括不全则会导致实际处于特殊困境的部分儿童被排除在救助对象之外。如笔者对西部某村调研时，遇到一户家庭，父母双方都是吸毒人员，家里一贫如洗，子女的生活依赖亲戚朋友的接济，依照类别来选择特困儿童，该户儿童不具有享有特困儿童补助的资格。

3. 重资物而轻服务

基层政府对农村特困儿童的救助重点在于基本生存需求的满足。如将救助资源按照资物与服务来分类，西部农村特困儿童能获得的制度化的资物救助资源主要是最低生活保障费用，获得的制度化的服务资源主要有教育救助和医疗救助。政府对救助资源监管的注意力集中在救助资金方面，如民政部通过全国儿童福利信息管理系统对孤儿基本生活费发放进行监管，各省份出台对农村低保和医疗救助资金的监管文件等。但在农村特困儿童心理和精神层面的救助上，不仅缺乏制度化的救助服务，而且对有限的心理和精神服务资源也不够重视，如西部某村的儿童福利示范区活动中心由于无专人管理不能开展活动，经常处于关闭状态。

4. 救助资源传递人员不足，缺乏专业性

西部农村特困儿童救助资源主要通过基层政府民政部门来传递，在县一级民政局并没有专设科室来管理农村特困儿童救助，而是将农村特困儿童社会救助划归到其他科室兼管，如某县民政局将特困儿童救助划到办公室，由办公室副主任兼管，团委和妇联同样如此，只有一些县教育局设立了特困儿童教育救助办公室来协调救助活动。负责特困儿童救助的基层政府工作人员严重不足，而且现有基层政府工作人员缺乏专业知识，还采用传统救助工作形式，"查查账、发发钱"①，不能在救助前对农村特困儿童需求进行评估，无法在救助活动中提供专业指导，也无能力在救助后效果进行评估。

5. 特困儿童相关政策、法律法规不健全

虽然在特困儿童救助的各领域，中央和地方相关部门陆续出台了相关政策、法律法规，但是这些政策、法律法规对特困儿童救助方面的规定大多停留在宏观层面，缺乏实际操作性。同时，我国缺乏一部专门针对儿童保护的法律，导致现在有关儿童保护的规定由不同部门制定，支离破碎，难以有效形成制度合力。例如，对残疾儿童的权益保护体现在《中华人民共和国残疾人保障法》中，有关儿童收养的规定则包含在《中华人民共和国收养法》中。②

三 问题提出

我国特困儿童数量及分布都表明，经济社会的发展与儿童生存和发展的环境存在一定冲突，其中西部农村特困儿童尤甚。为更好地对特困儿童进行救助、提升他们的福利水平以促进特困儿童发展，我国儿童福利相关政策与实践正朝着普惠制儿童福利努力，政府制定了具有针对性的社会政策和对特困儿童逐步采取分类救助的方式。

针对贫困儿童的救助主要有由中国青基会发起组织实施的"希望工程"、由中国儿童少年基金会发起的"春蕾计划"、贫困家庭儿童专项救助活动"蓝天计划"；针对孤残儿童社会救助的主要有由民政部和国家发改委联合编制的《"十一五"儿童福利机构建设规划》及民政部印发的《"儿童福利机

---

① 洪大用：《社会救助的目标与我国现阶段社会救助的评估》，《甘肃社会科学》2007年第4期。
② 赵佳佳：《我国困境儿童救助问题及其对策研究》，《法制与社会》2015年第20期。

构建设蓝天计划"实施方案》，民政部在全国实施的"残疾孤儿手术康复明天计划"，中国儿童少年基金会启动的"孤儿保障大行动"，中国红十字基金会启动的"地震灾区肢残儿童关爱行动"；针对流浪儿童救助保护探索出街头流动救助、职业培训、家庭寄养等新的救助方式，形成了流浪儿童救助保护的工作模式，各省份也依据当地情况积极探索本地流浪儿童救助模式，如郑州市建立的街头全天候救助点和类家庭救助保护模式，长沙市建立的"大房子"救助保护模式等；针对留守儿童的救助主要有团中央等部门开展的"共享蓝天"全国关爱农村留守流动儿童大行动、民政部组织救助管理站深入留守儿童聚集的农村开展留守儿童保护工作、公安机关在全国范围内开展以打击侵害农村留守儿童合法权益和违法犯罪活动为重点的专项整治活动等；针对受艾滋病影响的孤儿的救助规定主要有民政部等15部门制定实施的《关于加强孤儿救助工作的意见》、民政部制定的《民政部关于进一步加强受艾滋病影响儿童福利保障工作的意见》等。

但特困儿童的社会救助工作还存在"现有儿童福利政策法规不健全、救助人员不足和缺乏专业性、重资物轻服务、特困儿童类型确定不全、多头治理"等需要改进之处。特困儿童社会救助的不足之处实质上可大致分为两个方面。第一，特困儿童社会救助制度设计方面存在的不足，如宏观层面相关儿童福利制度制定与实际脱离、各类儿童福利制度相互分割、特困儿童类型界定不明确等。第二，特困儿童社会救助实践存在的不足，如行政部门职能分割导致特困儿童救助行动相互分割、救助缺少专业支撑、救助资源不足等。本书将集中关注特困儿童社会救助实践，从"以特困儿童需求为基点来配置已有救助资源"的视角，探析完善西部农村特困儿童社会救助实践体系的可行性路径。

第二节 相关研究

社会救助是指国家和社会按照法定的程序和标准向陷入生活困境或权益困境的社会成员提供现金、实物、服务或精神、法律援助的一种制度安排，其目的是保障社会成员的基本人权，促进社会和谐发展。涉及儿童的社会救助属于儿童社会福利的一部分，即在普遍型儿童福利之外提供的另外的用以满足特殊困难儿童群体需求的福利。以特殊困难儿童群体的社会救助为主题的以往研究主要集中在如下方面。

一 以特殊困难儿童群体的需求与社会救助服务为主题的研究

对特困儿童的需求论证涉及三方面内容：需求内容、需求的优先秩序和需求界定的方式。从规范性需求视角出发，不同类型特困儿童具有不一样的需求。低收入户儿童需要的福利项目主要有家庭经济补助、托儿服务、免费医疗服务、学前辅导服务、免费义务教育；意外事故儿童需要的福利项目主要有亲职教育、安全教育、急救照顾措施、医疗措施、医药费补助、心理辅导及咨询；单亲儿童需要的福利项目主要有现金补助、房屋服务、医疗保险、就学津贴、法律服务、就业服务、课业辅导、托儿服务、心理辅导、亲职教育、学校辅导；孤儿需要的福利项目主要有医疗服务、寄养服务、福利院收养、领养、收养儿童辅导；寄养儿童需要的福利项目主要有寄养家庭招募、寄养家庭选择、寄养家庭辅导、寄养家庭心理需求、个案资料建立、追踪辅导；福利院儿童需要的福利项目主要有专业人员服务、学业辅导、生活常规训练；流浪儿童需要的福利项目主要有流浪儿童保护与取缔、紧急庇护、中途之家、追踪辅导；受虐儿童与被性侵儿童需要的福利项目主要有预防性亲职教育、社会宣传、家庭支持、学校社会工作、个案救援与危机应对、身体保护、寄养服务、机构照顾、心理辅导与治疗、热线电话、紧急托儿服务、法律保护、中途之家、专业社会工作服务；失踪儿童需要的福利项目主要有亲职教育、安全教育、弱智儿童交通预防措施、个案调查与管理、寻找、追踪、暂时安置、永久安置、伤害鉴定、功课补习；残疾儿童需要的福利项目主要有心理辅导咨询、早期治疗、医疗补助、互助团体服务、优先保健门诊服务、转介服务、特别护士服务、临时托儿服务、居家照顾、亲职教育①。

在"特困儿童需求与满足方式"这个主题下，还有不少学者针对特定特殊困难儿童群体社会救助展开研究。对特定特殊困难儿童群体社会救助的研究主要集中在孤残儿童、被遗弃儿童、流浪儿童、留守儿童、服刑家庭子女等特殊困难儿童群体的需求与救助方面。

关于孤残儿童的研究主要集中在孤残儿童现状、孤残儿童福利需求、孤残儿童救助等方面。关于孤残儿童现状的研究成果如北京师范大学和联合国

---

① 孙莹：《我国特殊困难儿童的福利需求分析及其应有的干预策略》，《青年研究》2004年第1期。

儿童基金会共同撰写的《中国儿童福利政策报告》，该报告发现，截至2010年，在中国有大约817.35万名0~14岁的孤残儿童，其中孤儿大约有71.2万，其余为残疾儿童①。2006年我国第二次全国残疾人抽样调查结果显示，中国0~17岁的残障儿童有504.3万人②。2004年，《中国的社会保障状况和政策》中的数据显示，全国192个专门儿童福利机构和近600个综合福利机构共收养5.4万名孤残儿童③。这些孤残儿童的需要主要有康复需要、发展需要、亲子依恋关系需要等。张喆则专门针对福利院孤残儿童的福利需求展开了研究。这些孤残儿童因没有家庭养育而在情感、社会交往能力、社会适应能力、社会独立性等方面存在障碍，很难融入社会成为正常的社会人。所以，应建立健全儿童福利保障体系，如建立慈善医院或专科医院，通过对福利院孤残儿童的医疗救治来满足孤残儿童的医疗需求；在慈善总会等基金中成立孤残儿童奖学金来满足孤残儿童的教育需求；通过完善社区康复体系、建构就业网络来满足孤残儿童获得职业技能的需求、专门为孤残儿童设立保险为孤残儿童提供最根本的生存保障等④。对孤残儿童福利救助的研究主要通过分析儿童福利政策和提出相关建议来展开。新中国成立以来，我国对孤残儿童的救助最先学习苏联儿童福利模式，政府倡导通过院舍集中养护照顾孤残儿童⑤。到20世纪90年代中期，英国救助儿童会推行的家庭养育理念和模式获得我国政府和大众的认同⑥，截至2007年，生活在寄养家庭的孤残儿童已占相当大比例⑦。孤残儿童福利政策发展表明，我国已经形成较完备的政策体系，也逐渐与世界先进的模式接轨。但我国儿童福利政策仍旧存在问题，主要表现为"儿童福利政策分散、缺少统一规范、可操作内容不足、政策适应性不强、儿童福利政策执行的行政管理体制不顺、忽视个人/企业/社会团体/慈善机构/宗教组织开展儿童福利的积极作用、具有针对性的福利

---

① 尚晓媛：《中国儿童福利政策报告2011》，百度文库，https://wenku.baidu.com/view/377e84ff9e3143323968931c.html。
② 转引自杨无意《中国孤残儿童社会福利的现状与问题》，《社会福利》（理论版）2013年第5期。
③ 《中国的社会保障状况和政策》，中华人民共和国中央人民政府网站，http://www.gov.cn/zwgk/2005-05/27/content_1533.htm。
④ 张喆：《新时期孤残儿童福利的保障需求》，《社会福利》2003年第10期。
⑤ 尚晓援、伍晓明、万婷婷：《从传统到现代：从大同经验看中国孤残儿童福利的制度选择》，《青年研究》2004年第7期。
⑥ 刘继同：《当代中国的儿童福利政策框架与儿童福利服务体系（下篇）》，《青少年犯罪研究》2008年第6期。
⑦ 张延军：《儿童福利机构家庭寄养工作调查》，《社会福利》2007年第2期。

政策偏少且层次低缺乏规范"[①]。

被遗弃儿童是孤残儿童的一部分。尚晓援对这一群体的被遗弃原因、社会政策、照料方法、地方实践、社会关系等多方面展开了研究。从被遗弃儿童群体特征来看，这些被遗弃孤残儿童大多是女婴和残疾儿童[②]；儿童被遗弃主要由家庭贫困、性别歧视、儿童残疾等因素造成，其中社会权利在社会政策中的缺失是儿童被遗弃问题长期存在的重要原因[③]；被遗弃儿童保护性照料从机构集中供养向家庭式照料转变主要有两种途径——家庭式照料单位和家庭寄养[④]；大同家庭寄养项目经验和教训对我国儿童保护制度及家庭寄养项目的发展具有宝贵的借鉴意义，从政策发展角度来看，"乳娘村"兼有家庭寄养和集中养护的优势，但同时存在传统儿童照料方式与集体主义意识形态之间的矛盾、儿童保护的需求和可获得资源的矛盾、寄养儿童农村生活经历与今后城市生活不适应的矛盾[⑤]。

服刑家庭子女在我国特困儿童救助中易被忽视，但是其心理行为问题十分突出，心理行为问题发生率约为10.1%，在十类困境儿童中位居第二[⑥]。通过对上海市卢湾区的服刑家庭子女进行的调查研究，徐浙宁、冯萍发现，服刑家庭子女的基本生活水平明显低于普通家庭子女，亲子关系危机重重；其身心发展状况的整体水平低于普通家庭子女，心理行为情况、个性发展情况、生活自理能力和就读学校的状况均比普通家庭子女差；经济条件差和学习成绩不理想是服刑家庭子女面临的主要困难，但他们在心理和社会层面的需求比物质层面的需求更强烈，而且倾向于帮助能够以非公开化的形式提供。基于父（母）服刑给子女在经济、心理、社会发展等方面带来的冲击，徐浙宁与冯萍建议为服刑家庭子女提供教育援助、专业心理援助，采用系统干预模式改善服刑家庭整体状况，建立社会化平台促进服刑家庭子女进行社会交往，建立专业社会工作者队伍完善社会支持网络等。[⑦]

关于农村留守儿童社会救助的研究主要从留守儿童社会救助内容和救助

[①] 仇雨临：《我国孤残儿童福利保障政策的评析与展望》，《社会保障研究》（北京）2007年第2期。
[②] 尚晓援：《中国弱势儿童群体保护制度》，社会科学文献出版社，2008，第59~63页。
[③] 尚晓援：《中国弱势儿童群体保护制度》，社会科学文献出版社，2008，第64页。
[④] 尚晓援：《中国弱势儿童群体保护制度》，社会科学文献出版社，2008，第115~117页。
[⑤] 尚晓媛、伍晓明、万婷婷：《从传统到现代：从大同经验看中国孤残儿童福利的制度选择》，《青年研究》2004年第7期。
[⑥] 杜亚松、唐慧琴、包玉娟、王玉薇、郑惟庄：《十类特殊家庭子女心理卫生状况的研究》，《中国心理卫生杂志》2002年第1期。
[⑦] 徐浙宁、冯萍：《服刑家庭子女生活状况及发展需求调查》，《青年研究》2005年第6期。

主题两方面展开。由于农村留守儿童的基本生活照顾不足、生命健康与安全保障不足、受教育权利被侵害、发展权利受限[1]，因此特困儿童群体需要的社会救助主要有最低生活保障、教育救助、医疗救助、司法救助等。为保障农村留守儿童的生存权并促进其发展，社会救助工作应该从立法、管理、教育体制等方面加以改善。在立法上要尽快订立和完善涉及留守儿童权益保护的法律法规，如政府应该制定"农村留守儿童社会保障法"，明确政府、家庭、学校及社会应该承担的责任[2]，构建检察官民事法律监督机制、法律援助的事前预防机制[3]；在管理方面，各级民政部门、妇联等机构应加强对农村留守儿童社会保障工作的管理和指导，同时实行农村社区联动保护机制[4]，以社区或村委会为主建立完整的农村留守儿童信息登记制度[5]；在受教育权方面，可以通过减免留守儿童教育费用和建立寄宿制学校等制度安排[6]，或采用多元办学模式，即以政府办学为主、多渠道筹集资金、多种形式办教育，完善奖学金、助学贷款等一系列助学措施[7]，来保障农村留守儿童的受教育权利。关于农村留守儿童救助主体的研究主要关注哪些主体参与留守儿童社会救助及发挥什么作用。农村留守儿童的救助主体主要有政府机构、扶贫非政府组织、其他服务机构等。其中，我国农村基层社会组织成为农村留守儿童社会救助的重要力量，能弥补政府救助留守儿童的不足，通过动员各种组织和行业的专业人士为留守儿童提供专业辅导、教育和服务从而促进农村留守儿童健康成长。[8] 民间儿童服务组织则通过提供临时性救助、院舍托养、健康营养、卫生医疗、心理辅导、学业指导、成长支持、职业培训等优势服务推动留守儿童救助工作科学发展。[9] 非政府组织在为农村留守儿童提

---

[1] 董溯战：《中国农村留守儿童社会保障权研究》，《华东理工大学学报》（社会科学版）2012年第2期。
[2] 刘欣然：《农村留守儿童社会保障政策问题浅析》，《劳动保障世界》（理论版）2011年第5期。
[3] 周艳波、曹培忠：《论留守儿童人权保障的缺失及法律救助》，《山西师大学报》（社会科学版）2009年第3期。
[4] 董溯战：《中国农村留守儿童社会保障权研究》，《华东理工大学学报》（社会科学版）2012年第2期。
[5] 徐浙宁、冯萍：《服刑家庭子女生活状况及发展需求调查》，《青年研究》2005年第6期。
[6] 徐浙宁、冯萍：《服刑家庭子女生活状况及发展需求调查》，《青年研究》2005年第6期。
[7] 郭玲：《KIPP：对留守儿童实施教育救助的启示》，《内蒙古师范大学学报》（教育科学版）2013年第6期。
[8] 张梓英：《农村基层社会组织救助农村留守儿童研究》，《特区经济》2014年第6期。
[9] 陆士桢、孙冉冉：《儿童社会服务组织与流浪儿童、留守儿童救助》，《广西青年干部学院学报》2013年第6期。

供具体保护性服务、在社会各层面关注农村留守儿童、在政府与农村留守儿童权益保障涉及的社会主体之间建立沟通的平台方面具有重要作用。① 还有学者专门研究西部农村留守儿童现状。刘玉莲和周芳苓对贵州民族地区农村留守儿童的调研发现，贵州民族地区农村留守儿童整体生活质量不高、稳定性差、满意度低，并且留守造成该群体学习状况欠佳、心理健康失衡、道德行为失范、监护管理不力、人际交往畸形等，建议建构家庭主导、学校配合、政府支持的三位一体管理模式来解决农村留守儿童问题。②

流浪儿童是我国经济社会发展的副产品，贫困、家庭解体、农村基层组织和其他相关组织对儿童保护不力等成为儿童流浪在外的主要原因。③ 流浪的状态打断了流浪儿童正常社会化状态，导致流浪儿童心理扭曲、道德失范、健康生活技能和知识缺乏，影响流浪儿童顺利回归社会。④ 尽管流浪儿童已成为我国经济社会发展中的一个重要问题与议题，但是对流浪儿童的救助仍存在救助能力不足、流浪儿童返家难、滞留儿童有效救助难等救助困境。⑤ 为使流浪儿童的社会救助更好开展，过往的研究从儿童福利政策设计、教育、专业救助等方面给出建议。在儿童福利政策设计层面，儿童福利的政策模式和制度设计应遵循如下原则：制度性分析和总体性制度框架设计原则、深入研究事关全局和纲举目张式儿童福利政策模式等基础性问题原则、历史变迁和社会发展原则、国际比较和国际交流合作原则。⑥ 在流浪儿童教育方面，流浪状态使流浪儿童教育具有特殊性，政府需要针对流浪儿童心理行为的特殊性，将流浪儿童救助站与成年人救助站分离，地方政府以财政投入方式建立专门的流浪儿童教育中心，培养流浪儿童特殊教育队伍，遵循特殊教育规律对流浪儿童进行特殊教育⑦；从流浪儿童社会救助具体实践来看，社会工作专业的理念、理论、技巧和方法能有效提升流浪儿童社会救助的能力。将社会工作引入社会救助领域不仅是借鉴国际救助经验，也是

---

① 王秋香：《非政府组织与农村留守儿童权益保障》，《湘潭大学学报》（哲学社会科学版）2008年第3期。
② 刘玉连、周芳苓：《西部民族地区农村"留守儿童"的生活状态及成长困境分析——以贵州省为典型个案》，《江西农业学报》2011年第6期。
③ 王思斌：《流浪儿童救助保护工作的历史性发展》，《社会福利》2006年第8期。
④ 吴亦明：《流浪儿童救助模式的转换与保护性特殊教育机制的构建》，《南京师大学报》（社会科学版）2007年第6期。
⑤ 薛在兴：《流浪儿童机构救助的困难、困惑与思考》，《中国青年研究》2006年第5期。
⑥ 刘继同：《中国儿童福利政策模式与城市流浪儿童议题》，《青年研究》2003年第10期。
⑦ 吴亦明：《流浪儿童救助模式的转换与保护性特殊教育机制的构建》，《南京师大学报》（社会科学版）2007年第6期。

流浪儿童救助领域建立软制度的要求。流浪儿童的救助不仅需要物质层面的支持（因儿童的脆弱性和弱势性），还需要救助人员的素质、行为规范等软性制度层面的支持[1]，社会工作的理念、方法和知识能有效增强流浪儿童救助政策的执行能力。具体来说，社会工作介入流浪儿童救助主要从机构内救助和机构外救助两个方面展开。社会工作在机构内对流浪儿童的救助介入主要是了解流浪儿童信息、甄别其心理层面受伤害程度、分析其行为偏差的原因、选择适当救助方案开展救助；对失去亲人、无家可归的流浪儿童开展个案辅导；运用小组工作方法组织流浪儿童团体活动；运用社区工作方法开展流浪儿童社会救助的宣传。社会工作介入机构外流浪儿童的社会救助主要是进行社会工作的宣传工作、主动发现和接近流浪儿童并运用专业技巧了解他们的心理活动、运用社会工作专业方法和技巧开展救助活动。[2]

还有不少研究专门探讨了受艾滋病影响儿童的社会救助问题，这些研究主要分析受艾滋病影响儿童的生理发展状况、心理发展状况、社会性发展和社会支持现状以及受艾滋病影响儿童救助策略和救助模式。在受艾滋病影响儿童生理发展方面，国外研究发现，受艾滋病影响儿童的年龄越小越容易出现体重偏轻和发育迟缓的问题[3]。国内学者也对受艾滋病影响儿童生理发展状况进行了相应研究，发现受艾滋病影响儿童饮食营养摄入不足、物质需求难以得到满足[4]，消瘦的比例更高[5]。对受艾滋病影响儿童心理研究发现，该群体更可能出现抑郁和同伴交往问题、创伤后应激障碍、自杀倾向等更严重的问题[6]，他们的自我效能感显著低于正常儿童[7]，易出现情绪问题，如注意力不集中、孤僻、睡眠困难等[8]。对受艾滋病影响儿童社会性发展和社会支

---

[1] 王思斌：《流浪儿童救助保护工作的历史性发展》，《社会福利》2006年第8期。
[2] 刘日飞：《社会工作在流浪儿童救助中的介入及其意义》，《福建行政学院学报》2011年第1期。
[3] Malabika Sarker, Christina Neckemann, "Assessing the Health Status of Young AIDS and Another Orphans in Kampala, Uganda," *Tropical Medicine and International Health*, 2005 (3).
[4] 郁延安：《农村艾滋致孤儿童生活状况调查及需求研究：基于湖北省随州、襄樊两市部分艾滋病村的调查》，《青年探索》2008年第2期。
[5] 何忠虎、季成叶：《中国艾滋病致孤儿童生长发育与营养水平及心理健康研究》，《中国艾滋病性病》2009年第4期。
[6] Lucie Cluver, F. Gardner, "Psychological Distress among AIDS – Orphaned Children by AIDS in Urban South Africa," *Journal of Child Psychology and Psychiatry*, 2007 (48).
[7] 高涛、高博、赵俊峰：《艾滋孤儿一般自我效能感和自尊特点》，《中国健康心理学杂志》2011年第5期。
[8] 许文青、王云生、季成叶、何景琳：《项目县6~14岁艾滋病致孤儿童社会心理问题浅析》，《中国艾滋病性病》2006年第3期。

持研究发现,受艾滋病影响儿童在儿童社会化中非常重要的主体都出现问题,纵向社会关系断裂导致受艾滋病影响儿童生活没有依靠,横向社会关系断裂导致受艾滋病影响儿童被同辈群体疏远[1]。同时,由于社会对艾滋病以及受艾滋病影响儿童的受教育权缺乏认知,这一群体的教育难以得到保障[2]。对受艾滋病影响儿童救助的策略主要有改变受艾滋病影响儿童生存现状、营造不受歧视的社区环境、采取专业救助方式等,如增强家庭照顾的能力,增强其参与社区的能力、强化救助服务的可得性、加强立法以为该群体提供法律和政策保护、增强社区的养育意识、消除社会歧视和社会污名、避免标签化[3]。对受艾滋病影响儿童的救助不仅应该包括生活救助、教育救助、安置和医疗支持等[4],而且,为了促进受艾滋病影响儿童的健康发展,应为其构建社会支持网络,提供工具性支持和情感性支持,这十分重要[5]。还有少数学者对社会工作介入艾滋孤儿的救助及艾滋孤儿抗逆力形成进行了研究。[6]也有学者总结了我国受艾滋病影响儿童社会救助模式,如河南省"分散供养、机构供养为辅"原则下的家庭寄养、收养、机构供养、模拟家庭养育等四种安置模式[7]。同时还有学者研究了特定受艾滋病影响儿童救助模式存在的缺陷[8]。

二 对特困儿童社会救助地方实践的总结

近些年来,各地依据本地的实际进行了特困儿童社会救助,并形成了各

---

[1] 张敏:《受艾滋病影响儿童的社会性发展问题及应对策略》,《中国青年研究》2009年第11期。
[2] 刘玉强、窦云云:《受艾滋病影响的儿童受教育权状况调查研究——对受艾滋病影响儿童受教育权的社会控制与反歧视对策分析》,《法制与社会》2009年第31期。
[3] Morgan Chitiyo, Darlington Changara, "The Acceptability of Psychosocial Support Interventions for Children Orphaned by HIV/AIDS: An Evaluation of Teacher Rating," *British Journal of Special Education*, 2010 (2); Eileen Meier, "The Growth of AIDS Orphans and Policy Solutions," *Pediatric Nursing*, 2003 (1).
[4] 安宁:《探析受艾滋病影响儿童的关怀工作》,《社会福利》2005年第10期。
[5] 张长伟:《艾滋病致孤儿童的社会支持网络探析——以河南省为例》,《中国青年研究》2008年第10期。
[6] 王君健:《受艾滋病影响儿童抗逆力养成的社会工作介入》,《中国青年研究》2009年第11期;孔丽娟:《艾滋病致孤儿童抗逆力研究——以河南省若干艾滋病致孤儿童为例》,中国青年政治学院硕士学位论文,2011年;纪文晓:《社会工作方法在艾滋病致孤儿童救助工作中的应用——以河南省为例》,《社会工作》(理论)(下半月)2007年第10期。
[7] 刘保仓:《河南省艾滋遗孤救助体系和安置模式》,《社会福利》2005年第10期。
[8] 费颖莹:《对艾滋孤儿安置模式简单评估及建议》,《法制与社会》2009年第24期。

具特色的特困儿童社会救助模式。张家港市五种理念推动困境儿童福利事业发展。坚持公平理念推动困境儿童福利服务保障、坚持法治理念推动困境儿童福利权益保障、坚持市场理念推动儿童福利服务多元、坚持系统理念推动儿童保护网络建构、坚持"社区+"理念推动困境儿童福利创新发展。浙江省玉环市坚持儿童优先、适度普惠原则,建立了困境儿童福利服务的三化体系、三项保障、三个平台。具体来说,在地方政府主导下,推进了儿童福利实施一体化建设、管理规范化建设、儿童福利服务网格化建设;探索创新了儿童福利三项保障机制——基本生活保障制度、儿童福利督导制度和医疗康复保障制度;通过政社联动,搭建了儿童福利三个服务平台,即专业服务平台、抚养安置平台、社会共建平台。安徽利辛县以"助学、助医、助困、助业、助养"等救助为重点,注重发挥儿童福利机构的作用,建立困境儿童保护制度,并通过建立完善"困境儿童摸排发现制度、规范审批制度、资金筹措制度、部门联动制度、跟踪评估制度、考核推进制度"等六项制度,建构困境儿童服务长效工作机制;河南省洛宁县建立面向困境儿童分类保障和救助政策体系,使困境儿童得到制度化保障和救助,保障和救助围绕"助养、助困、助学、助医、助业"开展,并且通过健全组织网络、完善救助制度、整合社会力量和拓展国际合作等形式建立了横向到边、纵向到底的儿童福利服务体系①。

还有部分研究分析总结了地方具体实践经验,并提出特困儿童社会救助的建议。对新疆儿童福利事业如福利机构和SOS村的研究发现,特困儿童福利事业应该因人而异,分类救助,救助应由家庭/个人、政府和社会共同承担、相互联系、相互制约以推进特困儿童福利事业发展。②

三 以海外儿童社会福利模式和制度体系为主题的研究

关于国外对特困儿童社会救助的研究主要从两个方面展开。第一是着眼于国外儿童整体社会福利模式,分析国外开展特困儿童社会救助所秉持的理念、发展的过程以及发展的趋势。考察西方儿童福利制度发展历史发现,西方儿童福利制度依次经历了四个阶段:社会救助型、教养取向发展型、社会

---

① 《地方经验:关爱困境儿童的探索创新》,《中国民政》2015年第19期。
② 王建基:《对新疆儿童福利事业的探讨——来自乌鲁木齐市SOS儿童村和儿童福利院的调查报告》,《中南民族大学学报》(人文社会科学版)2004年第S2期;张东芳:《乌鲁木齐市儿童福利院:着力转型、福惠社区》,《社会福利》2014年第10期。

保护型和社会参与整合型。最后一种儿童福利制度是最高层次的儿童福利典范①。自20世纪50年代以来，对于特困儿童的救助，西方各国逐渐形成了"反院舍照顾"的潮流，主张将特困儿童从福利机构中转移到正常的家庭生活之中去，形成"机构形态的家庭养护"，如挪威、荷兰等国②。基于生态系统和增权等理论，家庭作为防范社会风险、保护儿童的主要单位，儿童家庭支持福利开始逐步在西方各国扩散与实践，这是自由主义和干预主义交织平衡的结果。依据埃斯平、安德森对西方资本主义福利社会的划分，儿童家庭支持福利模式可以分为以社会民主主义为价值取向的广泛支持型、以保守主义为价值取向的辅助支持型、以自由主义为价值取向的隐性支持型。③

还有更多的研究聚焦某一国家特定的儿童救助制度，并从中借鉴经验指导中国特困儿童救助制度建设和实践。既有一部分学者介绍并借鉴欧美各国的特困儿童救助制度与实践，也有小部分学者介绍并借鉴亚洲各国的特困儿童救助制度与实践。瑞典福利制度作为全球福利社会的典范，在特困儿童救助方面非常有特色。首先，从立法层面保证特困儿童福利的工作机制，如1982年制定的《社会服务法》；其次，从经济资源方面保证特困儿童需求满足，如对单亲家庭的儿童和残疾儿童的津贴制度；最后，从制度层面针对特困儿童设计各种家庭收养制度，如婴儿院、母子之家等④。英国作为世界最先建立社会救助制度的国家，对特困儿童的救助也是该国救助制度的重中之重。1948年英国《儿童法案》颁布以来，英国专门针对儿童保护方面制定了多部法律，尤其是1989年的《儿童法》确立了"儿童福利至上"的原则，并专为贫困儿童设立救助政策，如儿童税收抵免政策。英国的儿童救助政策对我国特困儿童救助在政府责任、民间救助、救助工作机制以及救助的专业性等方面具有诸多启示。⑤ 还有学者以幼儿福利为主题，比较了法国、美国和日本三国的儿童福利制度。法国对贫困儿童除了提供免费的教育以外，还专门设立了儿童抚育资助项目；美国为家庭经济困难的儿童提出了开端计划

---

① 刘继同：《儿童福利的四种典范与中国儿童福利政策模式的选择》，《青年研究》2002年第6期。
② 胡奇：《完善中国孤残儿童福利制度的国际比较研究》，《社会福利》（理论版）2012年第9期。
③ 满小欧、李月娥：《西方困境儿童家庭支持福利制度模式探析》，《北京社会科学》2015年第11期。
④ 邹明明：《瑞典的儿童福利制度》，《社会福利》2009年第12期。
⑤ 刘苏荣：《论英国的儿童社会救助政策及其对我国的启示》，《经济研究导刊》2015年第16期。

和家庭援助计划；日本重视家庭在儿童福利中的作用，并且为困难儿童在经济支持、社会保护、机构照顾、心理抚慰等方面专门制定了相关法规政策。基于这些国家的经验，研究者从公平、资金投入与来源、法律法规、家园合作等方面，为我国特困儿童教育提出具体建议。[1]

对于亚洲各国和地区特困儿童社会救助的研究主要是比较分析了中国台湾、香港地区、日本、越南等国的特困儿童社会救助制度。自1945年至今，中国台湾儿童福利制度发展经历了四个阶段：萌芽酝酿期、拓展成长期、制度建立期和蜕变整合期。经历四个阶段的发展之后，中国台湾儿童福利制度已形成了自己特色，即尊重并保障儿童及少年权益，强调父母对儿童及少年之教养应负主要责任，支持以家庭为服务核心的儿童及少年福利制度，明确公权力介入家庭事务的权责，兼顾事后补救与积极发展性服务，明确跨部门、跨专业体系的分工与整合，建立福利多元与责任共担体系。[2]

日本的《儿童福利法》将特困儿童概念化为"需养护儿童"，依据儿童具有身心健康成长的权利，日本为儿童提供了两种社会性养护——家庭型养护和设施型养护。家庭型养护有养父母制度，设施型养护有乳儿院、儿童养护设施，还有作为设施分院存在的团体之家。在社会性养护中，家庭型养护只是一小部分，设施型养护占绝大多数。2006年3月底，在所有需要社会性养护的儿童中，接受养父母养育的只占9.1%。[3]

中国香港非常重视困境儿童的福利服务，尤其重视虐待儿童的情况，专门成立了保护儿童资料系统，通过不同部门的协力合作为困境儿童及其家庭提供福利支援服务，并从立法层面为保护困境儿童提供了法律保障，并对公众进行防止虐待儿童的教育和宣传。中国香港地区困境儿童的救助工作在儿童福利制度变革、资金投入、救助的专业化、法律保障等方面对中国内地儿童福利和救助工作有诸多启示。[4]

越南困境儿童的救助经验对中国的实践也非常有启发。越南困境儿童的救助特色主要表现为：第一，越南对困境儿童救助政策目标明确、部门

---

[1] 龚婷婷：《法国、美国和日本儿童福利的发展及其启示》，《教育导刊》（下半月）2010年第3期。
[2] 彭淑华：《台湾儿童及少年福利政策与法令制度》，载杨雄主编《儿童福利政策》，上海人民出版社，2012，第211~220页。
[3] 尹琳：《日本儿童福利政策的发展变迁》，载杨雄主编《儿童福利政策》，上海人民出版社，2012，第259~266页。
[4] 袁险峰：《香港的社会福利和流浪儿童救助机构 流浪儿童救助工作系列考察报告之二》，《社会福利》2002年第9期。

密切合作、救助保护网络涵盖面广、组织管理体系完善有效；第二，积极开展社区预防，从源头干预，运用多种方式防止贫困家庭儿童外流；第三，开展系统规范的职业技能培训，提高流浪儿童生存能力和社会适应能力。越南困境儿童救助的经验，在源头干预、职业技能培养、政策理论体系完善、国际与部门合作等方面，对中国困境儿童的救助制度建设有积极的启示作用。[1]

从海外各国和地区的困境儿童救助历史来看，困境儿童的社会救助大致经历了从"控制"到"服务"的转变，救助模式的变化表现为矫正模式—康复模式—人本救助模式—预防模式，救助模式的发展体现着救助理念的进步和救助方式的发展。[2]

四 以中国儿童福利理论与政策为主题的研究

不同于西方传统福利国家，中国儿童福利思想受到传统文化思想以及马克思主义等影响。中国传统文化思想中的慈幼养老等养民之政，通过儒、法、墨等中国传统哲学思想传承，对中国儿童福利及儿童保护长期发挥着核心作用。同时，近年来，西方儿童福利理论思潮也对中国儿童福利政策具有重要影响。[3]

这些儿童福利理论主要有儿童福利和儿童照顾的国家责任理论、家庭结构功能与父母责任理论、生命周期与儿童发展理论、需求理论、儿童权利理论、多元主义理论等。这些以"儿童福利"为核心但关注点各异的理论的焦点在于国家与儿童的关系结构。[4] 在不同历史时期，国家与儿童关系结构各不相同。人类社会诞生到前工业化时期是国家与儿童关系议题的初级阶段，这时儿童福利基础理论和政策观念已经形成：近代国家与儿童关系框架的雏形。在英国，1601年《济贫法》颁布实施到1870年《教育法》颁布实施是现代民族主权国家与儿童关系奠基发展时期，儿童首次成为国家保护对象。儿童福利制度始自1950年英国建成世界首个福利国家。从英国宣布建成福利

---

[1] 王英梅、洛丁、孙丹秋：《越南流浪儿童的救助保护工作》，《社会福利》2004年第3期。
[2] 王之师：《成都市以社区为平台的困境儿童救助保护机制研究》，西南交通大学硕士学位论文，2014。
[3] 张鸿魏：《儿童福利法伦》，中国民主法制出版社，2012，第47页。
[4] 刘继同：《国家与儿童：社会转型期中国儿童福利的理论框架与政策框架》，《青少年犯罪问题》2005年第3期；高丽茹、彭华民：《中国困境儿童研究轨迹：概念、政策和主题》，《江海学刊》2015年第4期。

国家至今，儿童福利与儿童保护成为世界各国共同的奋斗目标。① 自中国改革开放以来，国家与儿童关系结构变化以1990年为界，大致可以分为三个阶段：1978~1990年、1991~2000年、2001~2011年。在第一阶段，改革开放与发展成为国家主要议题，儿童议题则"隐蔽"在婚姻家庭和妇女问题之中。到20世纪90年代，儿童议题首次成为国家专门性规划与国家政策议题，如《九十年代中国儿童发展规划纲要》颁布与实施。进入21世纪后，儿童议题首次由政府行政管理问题转为具有政治、经济、社会、文化特征的社会性问题。②

从当前中国儿童福利整体政策框架来看，其主要由四个层次构成：第一层次是中国签署的联合国《儿童权利公约》；第二个层次是由全国人大及常委会制定的法律；第三个层次是由国务院制定、颁布实施的行政法规、条例、纲要、办法和其他政策规定；第四个层次是由国务院各职能部门如民政部等制定、颁布实施的部门规章与政策规定。但中国现有的儿童福利政策框架还存在法律框架和政策框架不清晰明确，政策的预防性和服务性思维薄弱，缺乏生活化、家庭化与福利化的服务体系，政策框架设计和服务体系建设分割等问题。③

随着中国儿童福利制度不断完善，关涉特困儿童福利的制度也处于从补缺型向普惠型的演进过程中，困境儿童基本生活保障制度也在逐步建立与完善，如2010年的《国务院办公厅关于加强孤儿保障工作的意见》、2012年民政部和财政部发布的《关于发放艾滋病病毒感染儿童基本生活费的通知》。困境儿童健康与医疗卫生救助政策已颁布与实施，如2010年卫生部与民政部联合下发的《关于开展提高农村儿童重大疾病医疗保障水平试点工作的意见》、2011年的《国务院办公厅关于实施农村义务教育学生营养改善计划的意见》。同时政府也完善了困境儿童的教育政策，保障困境儿童受教育的权利，还健全了困境儿童的社会保护机制。

回溯新中国成立以来儿童福利制度历史变迁可以发现，从补缺式到普惠式的儿童福利制度正在逐步形成中。就当前中国的特困儿童福利制度而言，

---

① 刘继同：《国家与儿童：社会转型期中国儿童福利的理论框架与政策框架》，《青少年犯罪问题》2005年第3期。
② 刘继同：《改革开放30年来中国儿童福利研究历史回顾与研究模式战略转型》，《青少年犯罪问题》2012年第1期。
③ 刘继同：《中国儿童福利立法与政策框架设计的主要问题、结构性特征》，《中国青年研究》2010年第3期。

还存在一些亟待解决的问题，如贫困家庭儿童、孤儿、弃婴、残疾儿童、流浪儿童的救助还迫切需要制度保障。具体来说，在儿童保护立法方面，相关法律过于晦涩，另外，一些法律缺乏一定的现实可操作性，部分法条之间缺乏全局性视野，不能得到有效贯彻和实施①，并且缺乏儿童福利基本法②。在政策执行方面，在专门针对特定困境儿童的福利政策和执行方面，还存在行政管理体制不顺、多头治理、缺乏协调整合和问责机制；在特困儿童社会救助主体方面，过于强调政府主体而忽略了个人、企业、社会组织等主体的作用；在特困儿童需求方面，需求是儿童福利政策和执行的出发点，但特困儿童的需求在研究和实践中还存在需求共性和特殊性不清的问题。③

第三节　研究思路、研究方法和主要内容

通过上述对过往文献的梳理，我们发现，过往的相关研究具有如下特点：以往研究多以理论层次上的分析探讨为主；专注各类特困儿童福利的研究导致这些研究对特殊困难儿童社会救助研究存在区隔化问题；在研究中没能厘清特困儿童需求的共性与特殊性又导致研究对特殊困难儿童社会救助的探讨与宏观儿童福利政策制定分离，同时又与对特殊困难儿童社会救助具体实践分离，还缺少对特殊困难儿童社会救助效果的评估研究。基于过往关于中国特困儿童福利研究的特点，高丽茹和彭华民指出，中国关于困境儿童的研究应在如下四个方面的议题加强，即困境儿童需求、家庭与国家责任、困境儿童福利政策的发展以及困境儿童福利传递等。④ 因而，基于过往研究特点、发展趋势和现实的要求，本书将从西部农村困境儿童的需求出发，着眼于救助实践，探析建构西部农村特困儿童专业化社会救助体系。

以实践为导向的社会工作专业所秉持的理念、理论以及方法与技能与特困儿童需求满足有着天然的契合性，一些国家和地区尤其是中国台湾和香港地区的困境儿童福利政策与实践已经很好地证实了这一点。在中国，随着政

---

① 张鸿巍：《儿童福利法论》，中国民主法制出版社，2012，第66页。
② 仇雨临：《我国孤残儿童福利保障政策的评析与展望》，《社会保障研究》（北京）2007年第2期。
③ 高丽茹、彭华民：《中国困境儿童研究轨迹：概念、政策和主题》，《江海学刊》2015年第4期。
④ 高丽茹、彭华民：《中国困境儿童研究轨迹：概念、政策和主题》，《江海学刊》2015年第4期。

府治理模式的转变、社会组织的培育、社会工作职业体系的逐步完善,社会工作专业引入西部农村地区进行特困儿童社会救助已具备条件。已有学者对社会工作介入特困儿童社会救助展开了研究,例如:管向梅认为后转型中国应积极推动社会工作融入社会救助,不仅能为社会工作发展提供空间和社会认同,同时也是应对贫困问题的一个积极策略[1];汪浩对社会工作者在社会救助管理中的角色进行了分析[2];李细香、阳海霞对社会工作介入孤残儿童家庭寄养工作的空间进行了研究[3];张长伟探讨了河南模式的困境与不足,提出将专业化职业化的社会工作体系引入受艾滋病影响儿童社会福利体制中[4]。针对我国特殊困难儿童群体需求满足,孙莹认为,建立一个特殊困难儿童的社会支持系统的基本策略是培育和发展社区及非营利组织,而这两种社会支持系统建立的关键在于专业社会工作人才。[5] 总体上,社会工作介入特殊困难儿童社会救助的研究刚刚起步,对于社会工作介入社会救助乃至特困儿童社会救助的分析都还停留在理论层面,宏观层面的研究缺乏实践支持,对社会工作介入特定类型特殊困难儿童社会救助的研究存在共性与特殊性问题。可见,社会工作体系融入特殊困难儿童社会救助的理论研究和实践急需加强。

特困儿童社会救助是儿童福利的一个重要组成部分。儿童福利概念的界定直接影响特困儿童的社会救助。当前儿童福利概念多样而不统一,各方对其内涵也没有达成共识,其常常与儿童救助、儿童保障、儿童保险、儿童保护、儿童发展等概念的内涵和外延界定不清,甚至相互混淆、妨碍。而就儿童福利这个核心概念而言,据不完全统计,各类儿童福利概念有20多个,如贫困儿童、孤残儿童、流浪儿童、家暴儿童、流动儿童(失学儿童)、农村孤儿、农村独生子女、艾滋病致残儿童、被拐儿童、服刑人员子女、童工、留守儿童、特殊儿童、犯罪儿童、弱势儿童、问题儿童、失依儿童等。概念的多元化不仅导致了相关研究之间难以对话交流,也影响福利资源传递的效果。

从我国儿童福利政策发展和研究发展的历史来看,特困儿童概念大致经

---

[1] 管向梅:《后转型期社会工作介入社会救助研究》,《社会工作》(学术版)2011年第10期。
[2] 汪浩:《社会工作者在社会救助管理中的角色》,《社会工作》(下半月)2008年第7期。
[3] 李细香、阳海霞:《社会工作介入孤残儿童家庭寄养工作的空间》,《社会工作》(学术版)2011年第2期。
[4] 张长伟:《受艾滋病影响儿童救助安置政策分析:社会保护的视角——以"河南模式"为例》,《学术探索》2012年第3期。
[5] 孙莹:《建立我国特殊困难儿童社会支持系统的基本策略:培育和发展社区和非营利组织》,《青年研究》2004年第9期。

历了三个阶段：孤残儿童、弱势儿童、困境儿童。经济体制改革之前，中国政府主要关注的是"无依无靠、无家可归、无生活来源"的"三无"孤儿、弃婴和残疾儿童。到20世纪90年代，学界主要从生存、心理、社会等三个维度对儿童福利概念进行界定，如特殊需求儿童、失依儿童、问题儿童、弱势儿童等。进入21世纪之后，儿童问题成为一个全球性焦点话题，也成为中国政府关注的重点，"建设普惠型儿童福利制度"开始成为当代中国儿童福利的目标，如陈鲁南对于"困境儿童"群体构成的分析、王琪将"困境儿童"分成四大类等。

尽管困境儿童概念在儿童福利政策中逐渐凸显，但仍无一个相对统一的概念。为了推进困境儿童概念的统一，尚晓援、虞婕等人对"困境儿童"的本质内涵进行学术梳理和学理建设，建构了三级"困境儿童"概念体系：一级概念——困境儿童；二级概念——生理性、社会性、多重性困境儿童；三级概念——残疾儿童、大病儿童、脱离家庭环境的儿童和困境家庭儿童。

中国儿童福利概念的发展演变本质上体现中国儿童福利事业的曲折发展路径，即从"政治—伦理化"阶段到"政治—法治化"阶段，最后转入"普世化"的全新时期。基于中国儿童福利发展的趋势，困境儿童的概念必然突破狭义的儿童福利理论，进入广义的儿童领域。

世界银行将困境儿童界定为，不足十八岁，由于各种原因缺少或很可能缺少适当照料和保护的易受伤害的未成年人。我国本土化困境儿童概念自2005年开始经历两个阶段的发展，困境儿童的层次、类型、内涵已日趋完善。基于已有研究和实践基础以及我国儿童福利发展趋势，依照儿童利益最大化原则和儿童权利，本书将特困儿童界定为"不足十八周岁，由于生理性或社会性原因，生存权、受保护权、参与权和发展权没有得到保障而陷入特殊困境之中的未成年人"。

本书对特困儿童概念的界定有如下考量。第一，本书是应用性研究，概念作为研究的基础必须具有可操作性。从儿童权利的视角来界定"特困儿童"概念，有利于概念的明晰。通过将相关需求理论与儿童权利连接起来发现，儿童的这四种权利的可操作性较强，因而有利于特困儿童对象的确定。另外，分类救助特困儿童会在救助实践中存在特困儿童类型划分不全而导致部分特困儿童被排除在社会救助之外。以儿童权利为核心界定特困儿童，不仅可操作性比较强，还能避免分类救助的缺陷。第二，这一概念的界定符合我国儿童发展的趋势，即我国普惠制儿童福利正不断发展与完善。制度的不断发展与完善要求相关概念的界定具有一定的包容性和前瞻性，同时也要求概念前后相继，这有利于在儿童福利政策变动中救助实践前后衔接。

一 研究思路

如前所述，作为应用性研究，本书将主要关注特困儿童社会救助实践，从"以特困儿童需求为基点来配置已有救助资源"的视角，探析完善西部农村特困儿童社会救助实践体系的可行性路径。基于过往相关研究特点、特困儿童福利发展趋势和福利实践的要求、社会工作专业特色，本书从西部农村特困儿童的需求出发，以社会工作专业为救助实践的支柱，探析建构社会工作介入西部农村特困儿童社会救助体系，以期解决过往西部农村特困儿童社会救助中存在的如福利传递的重资物轻服务、强政府弱社会、求共性忽略特殊性等问题，从而在实践层面，探索建构一个具有可操作性，并且具备协调性、整合性、专业性、以儿童发展为取向的西部农村特困儿童救助体系。以拟要解决的问题和所选定的研究为出发点，本书将从如下方面展开。

（一） 以权利定需求，以需求为导向

依照儿童利益最大化原则和儿童权利，本书将特困儿童界定为"不足十八周岁，由于生理性或社会性原因，生存权、受保护权、参与权和发展权没有得到保障而陷入特殊困境之中的未成年人"。本书对西部农村特困儿童的需求确定将从两个维度展开。第一个维度是儿童的权利，即生存权、受保护权、参与权和发展权；第二个维度是特困儿童需求的共性和特殊性，即西部农村特困儿童需求的共性和因困境而产生的特殊需求。结合马斯洛的需求理论，从上述两个维度出发，通过文献梳理和结构式访谈，本书首先将西部农村特困儿童的需求具体化，对西部农村特殊困难儿童的需求进行分类。

特困儿童的福利资源有多种类型，本书将依据上述特困儿童需求的两个维度来对福利资源进行分类，并从理论上将西部农村特困儿童的需求与相关福利资源进行匹配。

（二） 西部农村特困儿童现状与社会救助实践评估

依照中国西部开发政策中所做的划分，中国西部地区包括西北和西南等十二个省份。各省份以及每一省市所辖地区的经济社会发展状况不一，而特困儿童福利实践又主要是在基层政府主导下实施开展的。这导致西部农村特困儿童需求具有复杂性，福利资源具有多样性，福利资源传递具有地方性。

因而，本书将围绕特困儿童需求，对西部农村特困儿童的社会救助实践展开调研。调研试图解决的主要问题有：第一，评估各类别特殊困难儿童群体的现实需求，并采用抽样调查与结构访谈方式确定西部农村各类别特殊困难儿童的规模；第二，收集整理西部农村特困儿童社会救助的地方性经验；第三，调查、分析以往社会救助满足特困儿童需求的程度和存在的问题。

（三） 建构西部农村特困儿童社会救助的社会工作体系

西方福利国家都将儿童福利看作对社会未来的投资，就如泰勒·古柏所说，只有有利于提高人力资本水平和促进个体经济参与的社会福利开支才是最可行的社会政策计划[1]。随中国经济社会蓬勃发展，中国政府开始重视儿童福利，一个发展型、普惠型的儿童福利政策体系正逐步形成，有关各类特困儿童的福利政策也在陆续出台。虽然儿童福利政策的制定与完善非常重要，但儿童福利政策的有效执行也是儿童福利政策发展的一个至关重要的主题，同时这也是本书所关注的焦点。

因而，在确定西部农村特困儿童规模、具体需求、现有的福利资源及其具体传递方式等的基础上，本书将关注点转移到重构西部农村特困儿童福利资源传递方式上。福利资源传递主要涉及两方面，即福利资源传递的组织和福利资源传递人员。基于制度的路径依赖、福利资源传递实践的可行性和科学性，本书对福利资源传递方式的再构不能完全推倒重来，而是依托西部基层政府现有的公共管理部门，同时又坚持以儿童为中心，从专业化角度来提高当前西部农村特困儿童福利资源传递的效率。

本书界定的特困儿童群体正处于九年义务教育阶段，接受义务教育不仅是儿童社会化必要的途径，同时也是特困儿童群体社会救助的核心内容。因而，本书将以基层教育组织为中心，探析专业社会组织在介入西部农村特困儿童社会救助中，与基层政府各相关部门之间的相互关系。在此基础上，本书进一步探索社会工作组织与民间社会救助慈善组织及个人的相互关系。在明确上述关系基础上，本书将搭建向西部农村特困儿童传递社会救助资源的专业社会工作体系。

特困儿童的救助资源主要有两个来源，一是来源于救助站、福利院等制度化行政部门的救助资源，二是来源于慈善组织及个人的非制度化民间社会救助资源。在专业传递救助资源的组织体系建立之后，体系运行的原则，即

---

[1] 尚晓援、王小林、陶传进：《中国儿童福利前沿问题》，社会科学文献出版社，2010，第5页。

体系内各主体的责权,是本书的重点。而对体系内各主体责权的研究主要解决救助资源整合和传递问题。借此搭建的社会工作体系平台将衔接分割的制度化行政救助资源,整合非制度化的民间社会救助资源,并将非制度化民间社会资源和制度化行政救助资源与西部农村各类别特殊困难儿童具体需求相对应,以避免社会救助资源不合理使用,提高社会救助资源的效益。

(四) 社会工作体系效果评估与政策建议

在西部农村特困儿童社会救助工作体系搭建之后,评估其运行的效果将成为研究的关注点。对社会工作介入体系的评估,不仅需要秉承一般评估的原则,如第三方评估原则、客观公正原则等,同时也要突出以特困儿童需求满足度为中心的原则。

最后,在前面研究基础上,本书将反思现有特殊困难儿童群体社会救助政策存在的缺陷,在综合性整合的特殊困难儿童社会救助政策框架下提出相关政策和建议。

二 研究方法

依据不同研究阶段需要解决的问题,本书在不同研究阶段选择不同的研究方法。在研究问题提出阶段,即研究第一阶段,对于核心概念界定、文献梳理主要采用定性研究方法,在具体研究时运用文献研究法。研究第二阶段的主要研究任务是了解西部农村特困儿童现状、该群体的具体需求、救助资源来源以及西部基层政府具体的救助方式。因此,这一阶段主要采用实证研究方法。通过抽样调查来了解西部农村特困儿童的现状和具体的需求,采用无结构式访问来了解相关救助资源和西部基层政府地方性的救助方式。对于通过抽样调查获得的资料,本书将采用相关分析等定量分析方法。在研究第三阶段(西部农村特困儿童社会救助的社会工作站搭建)以及研究第四阶段主要采用质性研究法,以具体研究方法进行行动研究;在研究第五阶段(政策与建议)主要采用定性研究法,以前期研究成果为基础,根据研究者理论取向、洞察力提出政策建议。

三 主要内容

基于研究出发点和研究思路,本书主要内容如下。

第一章　绪论　主要描述西部农村特困儿童现状、以往相关研究以及概念界定、研究思路和研究方法等。

第二章　西部农村特困儿童需求与救助现状　主要内容为西部农村特困儿童权利实现程度实地调研。依据本书对特困儿童概念的界定，通过对抽样调查所获资料的数据分析，具体描述西部农村特困儿童四个权利——生存权、参与权、发展权和受保护权的实现程度。

第三章　社会工作体系嵌入的必要性　主要从理论基础、现实条件以及民族特性三个视角探讨社会工作体系嵌入西部农村特困儿童救助的必要性。

第四章　社会工作体系建构　主要是阐释西部农村特困儿童社会救助的社会工作体系建构的基本原则、基本框架以及各主体的职责。

第五章　特困儿童社会救助的社会工作体系运行情况　从儿童社会权利视角结合需求理论，具体分析西部农村特困儿童社会救助的具体内容，并阐述社会工作体系具体如何运作。

第六章　特困儿童社会救助的社会工作体系运行效果评估　主要阐述评估的原则、评估的指标体系，并对评估具体操作和结果进行分析。

第七章　西部农村特困儿童社会救助中的民族互济性　主要分析彝族、藏族、维吾尔族、羌族等四个民族文化中存在的社会互济因素，讨论这些互济因素对社会救助的影响以及与社会工作的互动。

第八章　西部农村特困儿童社会救助政策　主要梳理西部农村特困儿童福利的相关政策和其历史发展变迁，进而通过政策评估，提出有针对性的政策建议。

第九章　西部农村残障儿童社会救助　主要介绍西部农村残障儿童现状、西部农村残障儿童社会救助实践与缺陷、社会工作与西部农村残障儿童社会救助。

第十章　研究结论　对本书的成果进行简要的总结。

第二章

西部农村特困儿童需求与救助现状

自20世纪80年代以来,我国的改革开放推动了整个经济社会的飞速发展,但由于生态环境、资源贫乏、生产技术水平落后等诸多原因,虽然中央政府一直大力推进农村扶贫工作,但至今仍是我国农村贫困人口和贫困县市集中的区域。在农村贫困人口群体中,又由于人口流动、社会环境的快速变迁、自身脆弱性等因素,农村特困儿童群体的生存与发展已经成为社会和政府关注的重点,"儿童优先"已经形成共识。政府近些年专门出台许多政策来保障这一群体的生存权和发展权,社会和政府也合力在各地进行了很多推进特困儿童生存与发展的救助实践和试点。但截至目前,以政府和社会之力有效保障西部农村特困儿童生存和发展权利的救助平台还没有得以建立。其中重要的原因之一就是政策的制定和救助的实践既无救助前的需求评估,也无救助实践之后的效果评估。

建立一个有效基于儿童权利保护的救助平台的前提条件是,特困儿童需求评估要精准。基于此,本书将对西部农村特困儿童需求展开评估。本章的实证分析包括三部分,第一部分是对西部农村特困儿童的生活环境描述,第二部分对西部农村特困儿童的需求进行评估;第三部分是介绍现有救助实践的效果。

第一节 调查设计

本书通过权力确定需求,进而以"需求满足"为主题设计调查方案,主要通过问卷调查的方式对西部农村特困儿童及其家庭进行信息采集。通过调研数据的处理和分析，把握西部农村特困儿童的需求满足状况、渠道等相关现状与意愿等。

一　调查样本的获取

本书的对象是西部农村特困儿童社会救助。按照国家区域划分，本次抽样调查对象是四川、重庆、云南、贵州、青海、西藏、宁夏、内蒙古等西部省份农村地区的特困儿童。由于被调查对象信息难以获取、抽样框制作困难，因而本书依据可行性和科学性原则选取样本，具体选取样本的方法如下：对西部十二个省份的县市采取随机抽样；在随机抽取县市之后，再去抽取到的县市民政局获取特困儿童的具体名单，从中随机抽取特困儿童作为样本；在实际调查实施过程中，按照滚雪球的方式扩展样本；最终把在所有县市抽取的农村特困儿童及其家庭合并在一起构成调查的样本。

二　数据的采集

问卷使用方式。采用结构式问卷调查，调查问卷分为家长问卷和儿童问卷两部分，其中家长问卷采用自编问卷，集中考察特困家庭的结构、致困原因、求助方法、受助类型、家庭需要等。儿童问卷部分主要考察儿童的需求、心理健康、人际关系、自我认知等方面。问卷编制完成后由课题组进行了两次样本在30人以上的试测，并分别根据试测情况进行修订。

本次调查以特困儿童及家庭为目标，因此每份问卷将家长和儿童部分合在一起，并由同一调查员对家长和儿童分别访问。数据的集中采集由具有社会调查经验的大学生完成，每个采集员均经过课题组统一培训，并进行选拔。在数据采集过程中，由于特困家庭里，家长的文化程度通常不高，因此由调查员对问题进行逐一询问，对儿童问卷，原则上由儿童自己完成，在无法理解时，可以咨询调查员。一些特困儿童处于学前或小学阶段，无法理解问卷的问题，因此不予作答。

三　样本构成

问卷编制好后，由课题组深入特困儿童较多的西昌和贵州进行了两次试测，并对问卷进行修订。然后培训数据采集员深入特困家庭进行访问，数据收集过程持续三年多（2013年7月至2016年9月），总共访问特困家庭1800个，回收有效问卷1646份，有效问卷回收率为91.44%。其中，访问少数民族家庭388户，占23.57%；访问男性家长991人，约占60.2%，访问女性家长655人，约占39.8%；

儿童问卷部分，因部分儿童无法作答和错误填写，共回收有效儿童问卷1514份，其中男生为726人，占48.0%，女生为788人，占52.0%；就学儿童为1262人，占83.4%，失学儿童为252人，占16.6%。从民族分布来看，少数民族儿童占样本的24%，主要由壮族、回族、藏族、彝族、蒙古族等少数民族儿童构成，这些民族特困儿童分别占样本的3.7%、2.2%、7.2%、7.6%、3.2%。

样本评估。依据现有文献资料，本书对样本的评估主要采用两个可资利用的实证数据指标：农村留守儿童比例和农村孤儿比例。用于参照比较的指标来源于2005年全国孤儿调查和《中国儿童福利政策报告2011》中的实证研究数据①。本次调查样本中留守儿童的比例为32.75%，孤儿的比例为4.22%。相关其他调查数据显示，全国农村留守儿童比例为28.29%，孤儿比例为4.44%。考虑到西部农村留守儿童比例高于其余地区，实际有很多孤儿被其亲属收养，虽然本次调查的样本比例与以往实证数据存在一定偏差，但还是具有相当高的代表性。

第二节　西部农村特困儿童的家庭背景

家庭是儿童成长过程中最重要的生活场所，儿童之所以处于困境，直接的原因在于其生活的家庭陷入生存、心理等方面的困境。本书将从家庭的社会统计特征、家庭已接受的救助及家庭对将来社会救助的认知与预期等三方面来描述西部农村特困儿童的家庭背景。

一　西部农村特困儿童的家庭背景特征

关于西部农村特困儿童②的家庭背景，问卷主要从家庭人口数、受教育

---

① 尚晓媛等：《中国孤儿现状研究》，社会科学文献出版社，2008，第21页；尚晓媛：《中国儿童福利政策报告2011》，百度文库，https://wenku.baidu.com/view/377e84ff9e3143323968931c.html。
② 基于表述的方便，本章中所述的特困儿童、儿童群体等名词，如无特殊说明，均指西部农村特困儿童。

程度、收入等方面设计问题。

（一）家庭人口多

2015年国家卫生计生委发布的《中国家庭发展报告2015》显示，我国户均人口数为3.02人①。参照该数据，西部农村特困儿童家庭人口相对较多，主要表现在两个方面。

第一，西部农村特困儿童家庭子女数相对较多。虽然数据分析显示，西部农村特困儿童家庭户均子女数为1.86人，但是年龄与子女数两变量的交互分类表显示，西部农村特困儿童家庭户均子女数随父母或监护人年龄的增长而增加，且在P值为0.001的水平上显著。同时民族与子女数两变量交互分类显示，民族与子女数之间在0.001的显著水平上相关，且表现为西部农村地区少数民族子女数（户均2.2人）要多于汉族子女数（户均1.7人）。在控制年龄变量之后，民族与子女数的交互分类显示，父母或监护人年龄最小（30岁及以下）和最大的（60岁以上）两个群体中，民族与子女数之间并不存在显著相关关系，但是30~60岁的少数民族和汉族在子女数上存在显著相关关系（$p=0.000$）。

第二，西部农村特困儿童家庭总人口数相对较多。本次调查显示，西部农村特困儿童家庭平均总人口数为4.5人，其中汉族家庭平均人口数为4.3人，少数民族为4.7人。年龄与家庭人口数两变量的交互分类显示，年龄越大，家庭人口数越多，且统计结果显著相关（$p=0.000$）。尤其是50岁以上的群体中家庭人口数为5人及以上的比例在50%左右。西部农村特困儿童家庭人口数不仅表现出年龄阶段的差异，还表现出一定的民族差异。民族的差异主要表现在31~50岁这一年龄段，在该年龄段，少数民族的家庭人口数（4.8人）要大于汉族家庭的人口数（4.6人），统计结果在0.05的水平上显著。

（二）市场能力差、收入来源有限且收入水平较低

西部农村特困儿童家庭主要劳动力受教育程度低。调查数据显示，西部农村特困儿童家庭成年受访者受教育程度在初中及以下的比例达到93.59%，其配偶受教育程度在初中及以下的比例高达98.82%。因为家庭主要劳动力

---

① 《〈中国家庭发展报告2015年〉调查结果》，百度文库，https://wenku.baidu.com/view/a2063774f61fb7360a4c6547.html。

受教育程度低，缺乏市场能力，这些家庭的主要收入来源于打工收入、家庭农副业收入和政府救济。问卷设计了家庭主要收入来源排序，其中有58.6%受访者将打工收入作为家庭收入第一来源，有22.36%的将农副业收入作为家庭收入的第一来源；从累积百分比来看，将家庭农副业作为家庭主要收入来源的最高，为78.2%；接着是打工收入，为75.5%；然后是将政府救济作为家庭主要收入来源，其累积百分比为56.6%。

由于主要劳动力受教育程度低、收入来源有限，西部农村特困儿童家庭的年收入较少。有98.9%的受访家庭年收入在2万元以下，64.7%的受访家庭年收入在1万元以下。按照户均4.5人计算，年收入在1万元以下的家庭人均年收入不到2300元。我国2015年制定的贫困线确定农民年人均纯收入为2300元（2010年不变价），因此从人均年收入来说，西部农村绝大部分特困儿童家庭位于国家贫困线以下，其中还有35.2%家庭的年收入在0.5万元以下，它们属于绝对贫困家庭。

受访家长在对贫困的自我认知方面，也表现出同样的态势。在家庭致贫的主要原因排序方面，在排序第一的家庭致贫原因中，选择文化层次低的相对比例最高，为51.6%，接着是因病致贫，为13.9%；在排序第二的家庭致贫原因中，选择地区性贫困的相对比例最高，为20.7%，接着是缺乏技术；但在排序第三的家庭致贫原因中，选择缺乏技术的相对比例最高，为28.8%，接着是地区性贫困，为17.8%。因而，从受访家长对贫困原因排序选择结果来看，依据被选的累积频次，西部农村特困儿童家庭贫困的主要原因依次为文化层次低（81.1%）、缺乏技术（53.6%）、地区性贫困（51.4%）、因病致贫（37.6%）。

二 西部农村特困儿童家庭获得救助现状

儿童的困境在很大程度上是家庭困境的折射，同时也因儿童缺乏自我行动的能力，其救助资源的获取以家庭为行动单位，所以家庭仍然是特困儿童生存与发展的一个最重要的单位。

（一）救助的方式

救助的方式主要包括救助的类型、救助的资源、获得救助的途径等。调查结果显示，西部农村特困儿童家庭在救助方式上表现出如下特征。

第一，制度化救助不足，以生存救助为主。救助的类型分为两个层面：一个是从救助的制度化层面，即所获得救助是不是持续性的；另一个是从救助的资源层面，即所获得的救助资源具体是什么。调查数据显示，在样本中约有52.2%的受访者表示接受过救助。在接受过救助的受访者群体中，获得制度化可持续救助的比例大约为51%，占样本总数的25.5%，也就是说在样本中只有25.5%的受访者接受过制度化可持续性的救助，其余受访者家庭或者只接受过临时性救助，或者没有接受过救助。

救助的资源以生存型救助资源为主。在所有获得过的各种救助资源中，经济救助和教育救助较多。问卷对救助资源获得进行排序，在获得过临时性救助的样本中，有53.2%的个体将经济救助排序第一，有31.6%的个体将子女教育救助排序第一，有12%的个体将医疗救助排序第一；排序第二的救助资源按照相对比例，依次是医疗救助（40.2%）、子女教育救助（38.0%）、经济救助（14.6%）；排序第三的救助资源按照相对比例，依次是医疗救助（32.2%）、衣物等其他救助（24.4%）、经济救助（21.3%）。因而，从累积百分比来看，临时性救助的资源主要集中在经济救助（114.7%）、子女教育救助（84.8%）和医疗救助（84.4%）。

而在获得制度化救助的样本中，相关比例如下：有62.4%的个体将经济救助排序第一，有22.6%的个体将子女教育救助排序第一，有12%的个体将医疗救助排序第一；排序第二的救助资源按照相对比例，依次是子女教育救助（42.1%）、医疗救助（39.6%）、经济救助（10.6%）；排序第三的救助资源按照相对比例，依次是医疗救助（36.6%）、衣物等其他救助（23.9%）、经济救助（20.2%）。因而，从累积百分比来看，制度化救助的资源主要集中在经济救助（93.2%）、医疗救助（88.2%）和子女教育救助（77.5%）。

比较临时性救助资源和制度化救助资源可以发现，西部农村特困儿童家庭所获得的这两类救助资源组合相似，但临时性救助资源更偏重经济救助，而制度化救助资源相对更偏重医疗救助，同时子女的教育救助在排序第一的救助资源中仅次于经济救助。显然这种救助资源的分布情况与当前我国福利制度发展情况相关，当前我国福利制度还处于从补缺式向制度式转型阶段。

第二，在救助资源获取上自我行动能力欠缺。获得救助的途径按照受访者家庭主动性分为两类——主动申请救助和接受过救助。在样本中，主动申请救助的个体仅占样本量的56.9%，而样本中人均收入在2300元以下的比例高达64.7%。在接受过救助的样本中，该比例则要高出前者25个百分点左右。在接受过救助的受访者中，接受过临时性救助的个体主动申请救助的比例又要略高于接受制度化救助的个体,高出约3.3个百分点。是否接受过救助与是否主动申请救助的交互分类表显示,主动申请救助有利于个体最终获得救助,该统计结果显著($p=0.000$)。

显然个体积极主动申请救助能提高贫困家庭获得救助的可能性,但救助资源获取上的自我行动能力的分布状态与多种因素相关,比如接受教育的程度、年龄、民族、外出经历、实际贫困状态等。受教育程度与是否主动申请救助的交互表显示,家长受访者受教育程度越高,主动申请救助的可能性越大,统计结果在0.005的水平上显著。年龄越大的家长可能越保守,缺乏自我行动的能力。但从家长年龄与是否主动申请救助的交互表发现,年龄与主动申请救助表现出正相关关系,即年龄越大越有可能主动申请救助,统计结果在0.1的水平上显著。是否为少数民族也会影响积极主动申请救助行动的发生,少数民族家长相比汉族家长,主动申请救助的可能性较高,且在0.05的水平上显著。以收入来源和家庭年收入两个变量为贫困状态的测量指标,将之分别与是否主动申请救助交互分类。交互分类表显示,以政府救助为主要生活来源和家庭年收入在0.5万元以下的受访家长主动申请救助的比例较高,分别为62.4%和71.4%,生活来源越依赖政府救济和家庭农副业收入的个体越可能主动申请救助,家庭年收入越少的家庭越可能主动申请救助,且统计结果显著($p=0.000$)。

第三,救助主体较为单一,社会救助不足。任何一个社会在实施有效救助时,其救助主体都不能单一依赖政府,需要整合社会其余主体的力量。但课题调查数据显示,在西部农村地区,特困儿童家庭救助主体显得较为单一,仍旧以政府为救助的单一主体。从对过去接受过或正在接受救济的受访家庭调查发现,他们所接受的无论是临时性救助还是制度化救助,政府都是核心主体。具体来说,在调查中让受访者将所获救助主体进行排序,在排序第一的临时性救助各主体中,有80.4%的受访者选择了政府,社会组织、慈善个体、亲戚朋友、其他主体等合计仅占19.6%;在排序第二的各救助主体中,选择亲戚朋友的比例最高,为37.0%;在排序第三的各救助主体中,仍旧是选择亲戚朋友的比例最高,为35.4%。而社会组织救助在各排序中的比例分别是5.5%、30.6%、18.0%。在制度化救助主体方面,政府仍旧是排序第一的救助主体中被选比例最高的,达到83.1%;在排序第二的救助主体中,亲戚朋友成为被选比例最高的选项,达到42.4%,接着是社会组织,被选比例为30.5%;在排序第三的救助主体中,慈善个人成为被选比例最高的选项,为31.2%,接着是社会组织,为25.7%。

通过比较各救助主体的救助行为发现，在西部农村地区，政府承担了特困儿童家庭救助的主要工作，在社会支持网络中，特困儿童家庭私人的社会关系网络发挥着主要支持作用，社会组织在其中发挥的作用还较为有限。在问及受访家长"当家庭出现困难需要救助时，你会选择谁求助？"时，受访家长将社会机构作为排序第一的求助对象的比例仅为2.14%，而村组织则成为他们选择救助比例最高的对象，达到48.0%，接着是亲戚朋友，为32.5%。这可能与基层政府是农村救助的行政主体相关，通常政府不仅掌握行政救助资源，成为救助的主导者，同时也要求社会救助在政府主导下开展。

（二） 对困境的认知

从总体生活满意度、衣食住行用、急需和最需改善的方面、社会地位等方面，本课题测量了西部农村特困儿童家庭对困境的认知。

第一，西部农村特困儿童家长绝大部分对当前的生活满意度不高。问卷第35题请受访者家长对自己家庭当前的生活状态做总体评价。样本中有82.0%的总体评价为一般及不满意。当具体问及对生活中的"衣食住行用"满意度时，调查结果显示，受访者家长中有32.7%表示"食"的满意度最高，选择"行"满意度最高的比例最小，仅为9.7%；同时受访者家长中有29.4%的将"住"排在满意度最低的位置，对"食"表示满意的比例最小（13.8%）。

受访者家长对当前生活的满意度又表现出收入与民族的差异。本次调查的统计结果显示，相比少数民族，西部农村汉族特困儿童家长对当前生活不满意的比例较高，统计显著相关（$p=0.1$）。具体来说，西部农村汉族特困儿童家长觉得生活一般及更糟的比例为84.3%，少数民族相关比例为78.4%。在"衣食住行用"方面也存在民族差异，差异最大的是"衣"。西部农村少数民族特困儿童家长有27.8%将"衣"作为最满意的方面，而汉族家长只有17.0%有同感，汉族家长对"行"和"用"表示满意的相对比例较高。

家庭的收入水平与受访者家长对当前生活的评价相关，统计结果在p值为0.001的水平上显著。总体上主要表现为家庭年收入越少，受访者家长对当前的生活总体水平评价越低。家庭年收入在2万元及以上的受访者家长对当前生活表示比较满意或非常满意的比例最高，达到25%；对当前生活表示不满意或非常不满意的比例最高的是家庭年收入在0.5万元及以下的受访者，达到35.5%。

将受教育程度与对当前生活的总体评价交互分类发现，受访者家长的受教育程度与其对当前生活的总体评价显著相关，但在控制家庭年收入之后发现，两者之间的相关是虚假相关，这可能是因为受教育程度对生活评价的作用主要通过收入水平来体现。

第二，对困境的原因认知主导了他们对具体需求的认知。在对西部农村特困儿童家庭背景的描述中，上文曾指出市场能力低，如受教育水平普遍不高、技术缺乏等，成为这一群体经济收入水平不高的一个主要原因。因此在问及受访者家长最需要改善的方面时，家庭贫困的原因与最需要改善地方显著相关（$p=0.000$）。认为"文化层次低"是家庭贫困首要原因的受访者家长选择"自己家庭最需要改善的是子女教育"的相对比例最高，为41.2%；认为自己家庭是"因病致贫"的受访者家长选择"医疗状况"的相对比例最高，为15.3%。在问及家庭最急需改善的方面时，受访者家长的选择行为也表现出同样的趋势。

第三，对家庭的社会地位自我评价低。在问卷第30题让受访者家长对家庭在社会上的地位进行评价时，有55.1%的受访者家长认为困境家庭的社会地位比较低或非常低。这种社会地位的评价与民族相关，两者的关联度统计性显著。相比汉族，西部农村少数民族特困儿童的受访者家长对困境家庭的社会地位评价更高一些。样本中有11.5%的少数民族受访者家长对困境家庭的社会地位评价为比较高或非常高的，高出汉族4.9个百分点。

第四，家长认为特困儿童面临的最大困境还是发展问题。请受访者家长对特困儿童面临的最大问题做选择排序时，在排序第一的各选项中，"学习教育"比例最高，为48.1%；接着是心理人格问题，为24.6%；在排序第二的各选项中，特困儿童的"心理人格"问题被选比例最高，为36.8%，接着是"学习教育"，为26.9%；在排序第三的各选项中，特困儿童的"道德品行"问题被选比例最高，为27.5%，接着是"学习教育"，为26.3%。从受访者家长对特困儿童面临最大问题排序选择的分布来看，受访者家长认为，特困儿童的首要困境还是发展问题。

（三）对救助的认知

在对家庭救助需求认知的基础上，结合西部农村特困儿童家庭的社会经历，调查测评了受访者家长对救助产生的特定认知评价。调查对救助的认知评价不仅包括对救助的满意度、救助的效果，还包括对救助主体的感知。

第一，受访者家长对当前政府救助工作的满意度较高。在样本中，有38.6%的受访者家长对当前政府的救助工作表示比较满意或很满意，有49.1%的受访者家长认为当前的救助工作一般，表示不满意或很不满意的个体仅占受访者家长的12.3%。对当前救助满意度较高的原因除了政府重视农村地区特困儿童救助工作、加大救助力度、规范救助流程之外，可能也与农村居民社会权利意识淡薄相关。显然受访者家长对政府救助工作的满意度与其受救助的经历相关。相比没有接受过救助的受访者家长，曾经接受过或正在接受救助的受访者家长对政府当前的救助工作有更高的满意度。调查数据显示，有47.8%的曾经接受过或正在接受救助的受访者家长对当前政府的救助工作表示比较满意或非常满意，而没有接受过救助的受访者家长相关比例只有28.0%。在曾接受过或正在接受救助的受访者家长中，接受救助的类型，即无论是临时性还是制度化救助，都会影响到他们对当前政府救助工作的满意度。在曾接受过或正在接受制度化救助的受访者家长中，有52.7%表示比较满意或非常满意，而曾接受过或正在接受临时性救助的受访者家长的比例是42.9%。

另外调查数据还显示，民族与对当前政府救助工作的满意度之间显著性相关（$p=0.000$），主要表现为，少数民族的受访者家长相比汉族家长，对当前政府的救助工作表示出更高的满意度，46.9%的少数民族受访者家长对当前政府救助工作表示比较满意或非常满意，而汉族受访者家长做出该选择的比例为36.0%。

第二，受访者家长认为，过去政府救助对改善西部农村特困儿童家庭困境具有一定效果，但是不够理想。问卷对所有样本进行了过去救助效果的测评。在整个受访者家长样本中，认为政府的救助没能将西部特困儿童家庭主要问题完全解决的累积比例达到76.5%。问卷进一步专门测度了曾接受过救助的受访者家长对于政府救助工作效果的评价。测评结果显示，认为过去所接受救助的效果比较好或非常好的该类受访者家长比例为25.7%；更好的该类受访者家长比例为31.4%。调查将曾接受过救助的受访者家长分为两类，一类只接受过临时性救助，另一类接受过制度化救助。调查结果显示，救助的类型不同也会影响受访者家长对政府救助工作效果的评价，两者之间存在统计性显著相关关系（$p=0.01$）。这种相关性主要表现为，制度化救助相比临时性救助更有利于提升受访者家长对救助的效果评价水平，接受过制度化救助的受访者家长中有30.8%认为救助能比较大或非常大地改善家庭困境，接受临时性救助的受访者家长做出相同评价的比例为23.3%。

第三，在有利于西部农村特困儿童家庭脱困的各因素中，受访者家长认为，政府扶持和个人努力作用最为重要，而社会组织作用不明显。问卷设计了两个问题来测评西部农村特困儿童家长对救助主体作用的认知。第一个问题是关于特困儿童家庭脱困的主要因素，第二个问题是救助主体的重要性。在受访者家长对帮助自己家庭脱困的主要因素排序中，将"个人努力"排序第一的比例最高（36.8%），接着是"政府扶持"（29.8%）；在排序第二的主体中，"子女成才"被选比例最高，为38.4%，接着是"个人努力"；在排序第三的主体中，"政府扶持"被选比例最高，为36.6%，接着是"子女成才"。因此，从排序第一、第二、第三的各因素被选的累积比例从大到小依次是"子女成才""个人努力""政府扶持"。在受访者家长的认知中，相对其他因素，社会力量对于他们家庭脱困的作用是最小的。调查请受访者家长对特困儿童家庭脱困主体作用的重要性排序，结果显示，在重要性排序第一的各选项中，"自己"成为被选比例最高的（56.4%）选项，接着是"政府部门"（31.7%）；在重要性排序第二的各选项中，"亲戚朋友"成为被选比例最高的选项，为32.4%，接着是"政府部门"，为38.5%；在重要性排序第三的各选项中，"社会组织"成为被选比例最高的选项，为31.8%，接着是"亲戚朋友"，为27.6%。

第四，在西部农村地区，特困儿童家长认为基层政府是救助的最重要部门。在特困儿童家庭需要救助时，受访者家长将基层政府作为求助的首要考虑对象。问卷第17题测评了受访者家长在需要救助时，他们对救助对象的选择排序。在排序第一的各选项中，村干部成为被选比例最高的救助对象（48.0%），接着是亲戚朋友（32.5%）；在排序第二的各选项中，乡镇部门成为被选比例最高（43.5%）的选项，接着是村干部；只有在排序第三的各选项中，社会组织才成为被选比例最高的选项，为34.7%。按照政府部门救助对象甄别的行政程序，村组织是甄别程序中的第一环节。在政府救助中，村组织其实是社会福利行政管理的延伸。因而，上述统计数据表明政府仍然是个体陷入困境时首先考虑到的求助对象。同时上述统计还反映出社会组织在救助中的作用在逐渐增强。

由于儿童缺乏自身行动的能力，受访者家长作为特困儿童的监护人，在很大程度上替代特困儿童行使了他们的社会权利，因此从这个角度出发，在特困儿童陷入困境时，其监护人的求助行为成为他们行使社会权利的外在表现形式。问卷进而设计了如下问题"当你的子女遇到困难时，你会最先找哪个部门寻求帮助"。在五个选项中，"乡政府"成为被选频次和比例最高的选项，占样本的64.0%。

尽管在受访者家长认知中，政府成为求助的首要选择，但近些年社会组织在救助资源链接、整合和传递过程中发挥着越来越显著的作用。因此，本次调查问卷进一步细化了求助的对象——首先将社会组织/志愿者组织纳入选项中，再将基层政府按照横向部门划分为若干选项，然后请受访者家长对自己所知道的求助对象进行排序选择。受访者家长的排序选择显示，民政部门在排序第一选项中被选比例最高（47.1%）；在排序第二选项中，社会保障部门被选比例最高（28.6%）；尽管社会组织在三个排序选择中都不是被选比例最高的，但是其被选比例随排序增加，从排序第一的被选比例3.5%到排序第二的被选比例10.6%，再到排序第三的被选比例16.7%。

（四）对将来的预期

在问卷中，专门就受访者家长对将来生活的预期做了一个李克特量表。量表由五句陈述句构成，分别是：通过自己及家人的努力，很多贫困家庭可以脱离贫困；由于疾病、家中没有劳动力等原因，一些贫困家庭以后也只能靠政府救助维持生活；政府越来越关注贫困家庭的生活问题，他们的生活水平也能同其他家庭一样逐步提高；贫困家庭的孩子与其他孩子一样，在现实生活中有同样多的升学、发家致富的机会；相信国家会对贫困家庭提供更多更好的帮助。

从李克特量表测量结果来看，受访者家长对将来具有较乐观的预期，但对子女将来成就的预期水平相对较低。具体来说，有83.3%的受访者家长认为通过自己及家人的努力，很多贫困家庭可以脱离贫困；有67.6%的受访者家长不同意第二个陈述句观点；有66.6%的受访者家长同意第三个陈述句观点；有65.1%的家长认同第四个陈述句观点，即"贫困家庭的孩子与其他孩子一样，在现实生活中有同样多的升学、发家致富的机会"，但认同的相对比例最小；对于最后一个陈述句观点的认同比例最高，为86.0%。

为进一步分析西部农村特困儿童家庭对将来的预期，本书将问卷中李克特量表测量的结果转换成得分，对于每个陈述句观点正向同意的计1分，负向同意的计2分，得分越低表示对将来预期水平越高，理论上对将来预期水平最高得分为5分、最低得分为9分。从统计结果来看，受访者家长平均得分为6.3分，最高分为9分，最低分为5分。对于受访者家长关于将来预期得分的单因素方差分析可以帮助我们发现，西部农村特困儿童家长对于将来预期具有如下特点。

第一，西部农村特困儿童家长对将来预期和性别、民族、受教育程度等社会特征无关，只与救助的经历和社会地位感知相关。研究比较了性别、民族、受教育程度和家庭年收入等各类别之间关于将来预期的得分差异，单因子方差结果显示，所有统计结果都不能拒绝各类别得分均值相等的虚无假设，因为所有 P 值都大于 0.05。但在比较救助经历和社会地位感知不同的各类别关于将来预期的得分差异时，单因子方差分析结果显示，我们可以拒绝各类别平均得分相等的虚无假设。

第二，福利的刚性得到体现，救助的经历提高了受访者家长对将来预期的水平。在将来预期的平均得分上，接受过救助的受访者家长为 6.21 分，没有接受过救助的受访者家长为 6.45 分，相差 0.24 分，统计结果显著（$p = 0.000$），可以拒绝两类受访者家长平均得分相等的假设。但在进一步比较受访者家长得到救助的类型时发现，临时性救助和制度化救助对于受访者家长的将来预期没有显著性影响。

第三，申请过救助的经历及救助的效果提高了受访者家长对将来预期的水平。主动申请过救助的受访者家长在将来预期量表上的平均得分为 6.24 分，比没申请救助经历的受访者家长低 0.18 分，且在统计意义上可以拒绝平均得分相等的假设（$p = 0.021$）。按照受访者家长对救助效果的认知（非常小、比较小、一般、比较大和非常大），进一步将这类样本细分为五个类别，并比较各类别之间在将来预期得分上的差异。单因子分析结果显示，各类别在将来预期上的平均得分趋势表现为，认为救助效果越大的平均得分越低，即对将来预期的水平越高，越可以拒绝平均得分相等的虚无假设（$p = 0.000$）。再进一步进行 Scheffe 多重比较检验，我们发现在平均值上，只有认为救助效果"比较大"与"非常小"、"比较小"以及"一般"各类别之间的差异是显著的（$p = 0.005$、$p = 0.000$、$p = 0.004$），认为救助效果比较大的受访者家长对将来预期的平均得分比认为救助效果比较小、非常小以及一般的分别低 0.44 分、0.83 分和 0.41 分。

救助满意度也反映了救助效果对受访者家长预期的影响。越是对救助表示满意的受访者家长，对将来预期的水平就越高。在将来预期平均得分方面，对救助效果表示非常满意的受访者家长为 5.80 分，对救助效果表示非常不满意的为 6.92 分，而且我们可以拒绝各类别之间平均得分相等的虚无假设（$p = 0.000$）。在对救助满意度不同的各类别中，除了非常满意与比较满意两类别之间在将来预期平均得分差异上不显著（$p = 0.175$）之外，其余各类别之间的平均得分都具有显著性差异。

第四，受访者家长认为特困儿童家庭社会地位越高，其对将来预期的水平会越高。按照其对特困儿童家庭社会地位的感知（非常高、比较高、说不清楚、比较低和非常低），将受访者家长分为五类。各类别在将来预期量表上的平均得分分别为6.71（非常高）、6.16（比较高）、6.24（说不清楚）、6.33（比较低）、6.58（非常低）。该平均分之间差异总体上表现为，对社会地位感知水平越高则对将来预期水平越高，可以拒绝各类别之间平均得分相等的虚无假设（$p=0.0022$）。再通过Scheffe多重比较检验，我们发现，对将来预期的平均得分的差异只显著性地存在于"说不清楚"与"非常低"两类别之间（$p=0.015$），认为特困儿童家庭社会地位非常低的受访者家长在将来预期上的平均得分比认为特困儿童家庭社会地位说不清楚的低0.34分。

第三节 西部农村特困儿童的需求

本书依照儿童利益最大化原则和儿童权利，在前文中将特困儿童界定为"不足十八周岁，由于生理性或社会性原因，生存权、受保护权、参与权和发展权没有得到保障而陷入特殊困境之中的未成年人"。概念界定中的未成年人是指18周岁及以下年龄阶段的群体。按照概念界定在西部农村地区甄别特困儿童，并进行抽样调查，单单依赖课题组的人力物力显然是不可行的。由于抽样调查按照可行性和科学性原则进行，课题组对特困儿童样本的获取采取随机抽样和非随机抽样混合的方式，具体抽样方式本章第一节已说明，在此不再赘述。

本节的主要目的是描述西部农村特困儿童的现状。具体来说，本节将从特困儿童的社会特征、社会权利实现状态以及他们对将来的期望等方面进行描述。

一 西部农村特困儿童的社会特征

本次调查在西部农村地区共抽取了1800个特困儿童家庭户，每一特困儿童家庭户有两个被调查对象：特困儿童家长/监护人和特困儿童。在特困儿童样本中，共计回收有效问卷1514份。本次调查的特困儿童样本中，男性所占比例要低于女性，分别为48%和52%；从民族分别来看，汉族特困儿童占76%，少数民族特困儿童占24%。从社会统计值来看，西部农村特困儿童群体具有如下特征。

第一,西部农村特困儿童的类别分布存在民族差异。在特困儿童样本中,各类别的特困儿童群体分布如下:经济困难儿童占样本的52.4%,孤儿比例为4.7%,受艾滋病影响儿童比例为0.8%,留守儿童比例为25.1%,身体残疾儿童比例为9.1%,患严重心理疾病儿童比例为1.2%,其他类别特困儿童比例为6.3%。

特困儿童类别的分布与民族之间存在统计显著性相关关系($p=0.000$)。西部农村汉族特困儿童群体中,经济困难儿童、孤儿、受艾滋病影响儿童、身体残疾等类别的儿童的相对比例要低于少数民族特困儿童的相对比例,但是患严重心理疾病和留守儿童的相对比例要高于少数民族特困儿童的相对比例。尤其是经济困难儿童和留守儿童的比例在民族分布中相差较大。西部农村汉族特困儿童群体中有51.0%属于经济困难儿童,相比西部农村少数民族特困儿童中经济困难儿童的相对比例,低约7个百分点;而汉族特困儿童中留守儿童比例则要高于少数民族特困儿童中留守儿童比例,高出约16.5个百分点。

第二,西部少数民族地区适龄特困儿童接受九年义务教育的比例总体偏小,接受教育的比例随特困儿童年龄的增长而下降。在特困儿童样本中,接受教育的比例为83.4%。由于接受九年义务教育儿童的年龄通常在16岁以下,将样本按照年龄(16岁)进行划分,16岁以下的西部农村特困儿童接受教育的比例为88.1%。而《教育规划纲要中期评估义务教育专题评估报告》显示,2010~2014年全国义务教育巩固率为92.6%[1]。16岁及以上的西部农村特困儿童正在接受教育的比例为72.6%。对是否正在上学和16岁以下和16岁及以上之间关系的检讨发现,年龄的平均值在是否正在上学的特困儿童群体之间的分布显示出显著性差异($p=0.000$),没有上学的特困儿童平均年龄要比正在上学的高出1.39岁。

第三,西部农村特困儿童的类别对其接受教育的机会有影响,艾滋病和身体残疾对特困儿童接受教育机会影响最大。本次调查数据显示,西部农村不同类别的特困儿童与其接受教育机会存在统计显著性相关关系($p=0.000$)。这种相关性主要表现为,受艾滋病影响、身体残疾和患有严重心理疾病的三类特困儿童相比其他类别的特困儿童接受教育的比例更小,这三类

---

[1] 柴葳、刘博智:《报告显示:纲要实施5年来义务教育实现全面普及》,中国教育新闻网,http://www.jyb.cn/basc/xw/201511/t20151127_644630.html。

特困儿童正在接受教育的比例大致相当，约为 66%。在控制年龄之后，我们发现，西部农村特困儿童与接受教育之间具有相关性主要存在于年龄在 16 岁以下的特困儿童群体中，在 16 岁及以上的特困儿童群体中，两者之间并没有显著相关性。在控制年龄之后，在 16 岁以下的特困儿童群体中，受艾滋病影响的特困儿童接受教育的比例最小，为该群体的 55.6%；接着是身体残疾的特困儿童，该群体中的 70.9% 正在接受教育。

二 西部农村特困儿童的需求现状

按照本书对特困儿童的界定，特困儿童的社会权利（生存权、受保护权、参与权和发展权）的实现程度，实质上是需求满足的程度。因此，本书将西部农村特困儿童的各类需求与四类社会权利结合起来，从特困儿童需求满足的总体状况、生存权、受保护权、参与权和发展权等方面描述他们的需求现状。

（一）需求满足的总体状况

总体来看，西部农村特困儿童认为自己的生活状况一般。问卷设计了两道题目用于测评西部农村特困儿童对自己生活的评价。调查结果显示，样本中有 64.7% 的特困儿童认为自己目前所受的照顾一般及以下，表示比较好或非常好的比例为 35.3%。在和同龄群体比较评价中，样本对自己生活的总体评价更低。82.2% 的被调查对象认为自己的生活一般及以下，只有 17.8% 的被调查对象认为自己生活比较好或非常好。

西部农村特困儿童对自己生活的总体评价还与民族、性别、年龄、是否上学、特困儿童的类型等变量相关。

民族对西部农村特困儿童生活评价的影响表现为，相比汉族特困儿童，少数民族特困儿童对自己生活的评价更加分化一些。汉族特困儿童对自己所受照顾评价较高的比例（34.8%）低于少数民族特困儿童（36.9%），同时对自己所受照顾评价较低的比例（12.7%）也低于少数民族特困儿童（14.2%），统计结果在 $p=0.1$ 的水平上显著。同时这种影响又与年龄变量相关。在控制年龄变量之后，我们发现，民族对特困儿童所受照顾的自我评价的影响在两个年龄阶段表现出截然相反的趋势，即在 16 岁以下的特困儿童群体中，汉族对自己所受照顾评价较高的比例（35.6%）要低于少数民族（45.2%）；但在 16 岁及以上特困儿童群体中则相反，汉族对自己所受照顾评价较高的比例（33%）要高于少数民族的（22.5%）。

在与同龄群体的比较中，民族变量也对特困儿童对自己生活的评价产生显著性影响（$p=0.000$），主要表现为，相比汉族特困儿童，少数民族特困儿童在与同龄群体的比较中给予自己生活更高的评价。但在控制年龄变量之后，这种对自己生活相对更高的评价只存在于年龄在16岁以下的群体中（$p=0.0000$）。因此，我们发现，民族对西部农村特困儿童生活的评价主要在16岁以下的群体中有显著性影响。

总体上，性别与西部农村特困儿童生活评价似乎并没有显著性的相关关系。但在控制年龄变量之后，统计结果显示，性别对西部农村特困儿童生活评价的影响在不同的年龄阶段表现出截然相反的效应。在16岁以下的西部农村特困儿童群体中，相比男性，女性特困儿童对自己生活的评价相对更高，表现为统计性显著（$p=0.006$）。在和同龄群体比较中，西部农村男性特困儿童（16岁以下）群体中有14.4%认为自己生活非常好或比较好，有33.4%认为自己生活比较差或非常差；而在女性特困儿童（16岁以下）群体中有22.6%认为自己生活非常好或比较好，有25.4%认为自己生活比较差或非常差。在16岁及以上的西部农村特困儿童群体中，相比女性，男性特困儿童对自己生活的评价相对要高，表现为统计性显著（$p=0.004$）。在和同龄群体比较中，西部农村男性特困儿童（16岁及以上）群体中有19.7%认为自己生活非常好或比较好，有29.7%认为自己生活比较差或非常差；而在女性特困儿童（16岁及以上）群体中有10.5%认为自己生活非常好或比较好，有29.1%认为自己生活比较差或非常差。

是否上学对西部农村特困儿童对自己所受照顾有显著性影响（$p=0.000$），主要表现为上学能提升西部农村特困儿童对自己所受照顾的评价水平。正在上学的特困儿童中有38.6%认为自己所受照顾比较好或非常好，有11.1%认为自己所受照顾比较差或非常差；而没有上学的特困儿童中相应的比例分别为19.1%和20.7%。其中，没有上学特困儿童对自己所受照顾评价的不良影响随年龄的增长而加剧。在没有上学的特困儿童群体中，16岁以下的特困儿童认为自己受照顾非常好或比较好的比例（22.4%）较16岁及以上的比例（15.8%）高出6.6个百分点。在与同龄群体的比较中，是否上学与西部农村特困儿童对自己生活评价有显著性影响（$p=0.000$），主要表现为上学能提升西部农村特困儿童对自己生活状况的评价水平。在与同龄群体比较中，上学的特困儿童中有18.5%认为自己生活现状比较好或非常好，有27%认为自己生活现状比较差或非常差。但在控制年龄变量之后，我们发现，上学对特困儿童自我评价的生活现状的显著性（P=0.000）影响只存在于16岁以下的特困儿童群体中。

不同类别的特困儿童对自己生活评价存在差异，表现为统计显著性（$p=0.008$），这种评价差异主要通过对自己所受照顾评价和与同龄群体比较评价体现。在各类别的特困儿童群体中，留守儿童对自己所受照顾的评价相对较低，只有32.4%认为自己所受照顾比较好或非常好，患有严重心理疾病的特困儿童对自己所受照顾的评价相对较高，该群体有55.6%认为自己所受照顾比较好或非常好。在控制年龄变量之后，在16岁以下的特困儿童群体中，患有严重心理疾病的特困儿童认为自己所受照顾比较好或非常好的比例最高，为72.8%；受艾滋病影响的特困儿童认为自己所受照顾比较好或非常好的比例最低，为33.3%；在16岁及以上的特困儿童群体中，孤儿认为自己所受照顾比较好或非常好的比例最高，为47.4%；身体残疾的特困儿童认为自己所受照顾比较好或非常好的比例最低，为16.1%。

在与同龄群体的比较中，各类别的特困儿童群体对自己生活评价要低于对自己所受照顾评价。其中，在与同龄群体比较中，其他类别的特困儿童对自己生活现状的评价相对较高，认为自己生活比较好或非常好的比例为28%；留守儿童对自己生活现状的评价相对较低，认为自己生活比较好或非常好的比例为15.6%。在控制年龄变量之后，在与同龄群体比较中，16岁以下受艾滋病影响的特困儿童对自己生活现状的评价相对较低，认为自己生活比较好或非常好的比例为33.3%；16岁以下患有严重心理疾病的特困儿童认为自己生活现状比较好或非常好的相对比例较高，为72.8%；在16岁及以上的特困儿童群体中，身体残疾的特困儿童认为自己生活现状比较好或非常好的相对比例最低，为9.7%；其他类别的特困儿童认为自己生活现状比较好或非常好的相对比例最高，为33.3%。

从上述对调查结果的分析来看，西部农村特困儿童对自己生活的总体评价一般。而特困儿童对自己生活现状的感知又因性别、年龄、民族、接受教育的状态和特困儿童类型等存在差异。性别、民族、接受教育的状态以及特困儿童类型对特困儿童生活自我评价的影响在不同的年龄阶段具有不同的作用。

（二）西部农村特困儿童生存权实现的状况

本课题将儿童的社会权利与需求理论整合在一起，各类社会权利实现的程度可以通过相对应的需求满足程度来反映。按照联合国《儿童权利公约》

的相关内容，结合我国对儿童权利的相关法律条文，儿童的生存权主要包括生命权和健康权。依照这些条文的规定，对于特困儿童的生存权本课题将生命权和健康权通过对需求的细化来反映，即生命权——吃/穿/住、健康权——身体健康状态。

1. 生命权实现状况

（1）生命权之"吃"

样本中，绝大多数特困儿童认为自己吃得一般或更差，只有20.5%认为自己吃得较好或非常好。特困儿童对吃的评价与变量"民族、受教育状态、年龄以及特困儿童的类型"相关，而与"性别"无关。各变量与特困儿童对吃的评价之间关系如下。

调查数据显示，汉族特困儿童对吃的评价（24.6%）相对要低于少数民族特困儿童（19.2%），低约5.4个百分点，而且表现为统计性显著（$p = 0.017$）。但在控制年龄变量之后，民族与特困儿童对吃的自我评价之间的关系仅在16岁及以下的特困儿童群体中存在显著性相关关系（$p = 0.001$），这种相关性仍然表现为，少数民族特困儿童相比汉族对"吃"的自我评价高。

接受教育的状态对特困儿童关于"吃"的自我评价具有显著性影响（$p = 0.001$），相比没有上学的特困儿童（17.1%），正在上学的特困儿童（21.1%）对吃的自我评价更高，高出4个百分点。同样在控制年龄变量之后，接受教育的状态与特困儿童关于"吃"的自我评价之间的关系仅在16岁及以上的特困儿童群体中存在（$p = 0.009$）。相比正在上学的特困儿童，没有上学的特困儿童对吃的自我评价更高。

而不同的困境对特困儿童"吃"的自我评价的影响与年龄相关。虽然数据显示，困境的不同类型与特困儿童"吃"的自我评价之间存在显著性相关关系（$p = 0.000$），但在控制年龄之后，这种显著性相关关系（$p = 0.004$）只存在于16岁以下的特困儿童群体中，主要表现为患有严重心理疾病的特困儿童认为自己吃得比较好或非常好的比例最高，为54.6%；受艾滋病影响的特困儿童整体都认为自己吃得一般及以下；经济困难儿童认为自己吃得比较差或非常差的比例最高，为12.2%。

（2）生命权之"穿"

相比对吃的自我评价，特困儿童群体对穿的自我评价要相对低一些。样本中认为自己穿得比较差或非常差的比例为19.1%，而认为自己吃得比较差或非常差的比例为9.7%。并且特困儿童对"穿"的自我评价与性别、年龄、民族、受教育状态以及特困儿童所属类型等因素相关。

民族对特困儿童关于穿的自我评价具有显著性影响（$p=0.001$）。相比汉族，少数民族特困儿童对"穿"的自我评价更高。汉族特困儿童认为自己穿得比较好或非常好的比例为18.7%，相比少数民族特困儿童（28.9%）低了10.2个百分点；同时汉族特困儿童认为自己穿得比较差或非常差的比例（19.3%）又比少数民族特困儿童的相应比例（18.2%）高1.1个百分点。但在控制年龄变量之后，民族对特困儿童关于穿的自我评价具有显著性影响（$p=0.000$）只存在于16岁以下的特困儿童群体中。

男女特困儿童在对穿的自我评价上并不存在显著性差异（$p=0.053$），但在控制年龄变量之后，我们发现，在16岁以下的特困儿童群体中，男女特困儿童在穿的自我评价上存在显著性差异（$p=0.001$）；女孩相比男孩，对穿的自我评价更高，即女孩认为自己穿得比较好或非常好的比例要高于男孩（26.6%＞19.7%），而认为自己穿得比较差或非常差的比例低于男孩（15.5%＜23.9%）。

受教育的状态与特困儿童关于穿的自我评价之间存在显著相关关系（$p=0.000$）。两者之间的相关性主要表现为，相比没有上学的特困儿童，正在上学的特困儿童对穿的自我评价更高。同样在控制年龄之后，我们可以发现，受教育的状态对特困儿童关于穿的自我评价的显著性影响只存在于16岁以下的特困儿童群体中，其表现为正在上学的特困儿童对穿的自我评价要高于没有上学的特困儿童。上学的特困儿童中有23.9%认为自己穿得比较好或非常好，有18.2%认为自己穿得比较差或非常差；没有上学的特困儿童的相应比例分别为19.2%和29.6%。

特困儿童的具体困境也影响了他们对穿的自我评价，表现为统计性显著（$p=0.000$）。具体来说，经济困难的特困儿童认为自己穿得比较好或非常好的相对比例（18.2%）最低，而认为自己穿得比较差或非常差的相对比例（22.2%）最高；患有严重心理疾病的特困儿童认为自己穿得比较好或非常好的相对比例（27.8%）最高，而认为自己穿得比较差或非常差的相对比例（5.6%）最低。但具体困境对特困儿童关于"穿"的自我评价的显著性（$p=0.001$）影响只存在于16岁及以上特困儿童群体中。在该特困儿童群体中，受艾滋病影响的特困儿童认为自己穿得比较好或非常好的相对比例最低，而认为自己穿得比较差或非常差的相对比例最高的是经济困难儿童。

（3）生命权之"住"

特困儿童对于住的自我评价在生命权的各项需求中是最低的，样本中有19.4%认为自己住得比较好或非常好，有24.6%认为自己住得比较差或非常差。在吃、穿、住三项中,关于"住"的自我评价是最低的。与关于"吃""穿"的自我评价相似,特困儿童所具有的性别、年龄、民族、接受教育的状态以及困境的类型等变量会影响他们对住的自我评价。

特困儿童关于住的自我评价存在性别差异,表现为统计性显著($p=0.046$)。特困儿童群体中的女孩相比男孩,对住的自我评价更高。女孩认为自己住得比较好或非常好的比例为22%,认为自己住得比较差或非常差的比例为22.7%,男孩相应的比例分别为16.4%和28.6%。但在控制年龄之后,对住的自我评价方面的性别差异只存在于16岁以下的特困儿童群体中($p=0.000$)。其差异表现为,女孩相比男孩,对住的自我评价更高。因此,我们可以认为,特困儿童群体中关于住的自我评价的性别差异是16岁以下的特困儿童群体的性别差异的体现。

特困儿童关于住的自我评价存在的民族差异与相关的性别差异相似,即相比汉族特困儿童,少数民族特困儿童对住的自我评价更高。尽管总体上看,特困儿童关于住的自我评价存在显著的民族差异($p=0.000$),但控制年龄之后,这种显著的民族差异只存在于16岁以下的特困儿童群体中。所以,我们可以这样说,特困儿童群体中关于住的自我评价的民族差异是16岁以下的特困儿童群体的民族差异的体现。

特困儿童接受教育的状态也对他们关于住的自我评价产生影响。数据分析显示,正在上学的特困儿童相比没有上学的特困儿童对其住的自我评价更高,表现为统计性显著($p=0.000$)。正在上学的特困儿童群体中有20%认为自己住得比较好或非常好,有23.2%认为自己住得比较差或非常差;而没有上学的特困儿童群体的相应比例为16.3%和32.2%。但在控制年龄之后,接受教育的状态对住的自我评价的影响只在16岁及以上特困儿童群体中是显著的($p=0.000$),主要表现为,相比正在上学的特困儿童,没有上学的特困儿童对自己住的自我评价更低。

困境的不同也会显著影响特困儿童对住的自我评价($p=0.000$)。各类型困境的特困儿童认为自己住得比较好或非常好的相对比例分别为:经济困难儿童占17.2%、孤儿占14.5%、受艾滋病影响儿童占0%、留守儿童占15.1%、身体残疾儿童占26.1%、患严重心理疾病儿童占44.5%、其他特困儿童占38.7%;认为自己住得比较差或非常差的相对比例分别为:经济困难儿童占28.7%、孤儿占23.2%、受艾滋病影响儿童占16.7%、留守儿童占24.9%、身体残疾儿童占17.2%、患严重心理疾病儿童占0%、其他特困儿童占3.23%。在控制年龄之后,困境的类型仍然对两个不同年龄阶段的特困儿童群体关于住的自我评价有显著影响。在 16 岁以下年龄阶段的特困儿童群体中，各类型困境的特困儿童认为自己住得比较好或非常好的相对比例分别为：经济困难儿童占 19%、孤儿占 16%、受艾滋病影响儿童占 0%、留守儿童占 16.2%、身体残疾儿童占 32%、患严重心理疾病儿童占 54.5%、其他特困儿童占 42.1%；认为自己住得比较差或非常差的相对比例分别为：经济困难儿童占 28.8%、孤儿占 22%、受艾滋病影响儿童占 22.2%、留守儿童占 26%、身体残疾儿童占 15.5%、患严重心理疾病儿童占 0%、其他特困儿童占 1.8%；在 16 岁及以上年龄阶段的特困儿童群体中，各类型困境的特困儿童认为自己住得比较好或非常好的相对比例分别为：经济困难儿童占 13.5%、孤儿占 10.5%、受艾滋病影响儿童占 0%、留守儿童占 12.5%、身体残疾儿童占 3.4%、患严重心理疾病儿童占 28.6%、其他特困儿童占 33.3%；认为自己住得比较差或非常差的相对比例分别为：经济困难儿童占 28.5%、孤儿占 26.3%、受艾滋病影响儿童占 0%、留守儿童占 22.1%、身体残疾儿童占 22.6%、患严重心理疾病儿童占 0%、其他特困儿童占 5.6%。从上述数据中可以发现，处于不同困境儿童对住的自我评价不同，相对其他困境儿童，经济困难儿童、留守儿童和孤儿对住的自我评价相对更低；在两个不同的年龄阶段，年龄大的特困儿童相比年龄小的特困儿童，对住的自我评价更低；在 16 岁以下的特困儿童群体中，相对其他困境儿童，受艾滋病影响儿童、留守儿童和孤儿对住的自我评价更低；在 16 岁及以上的特困儿童群体中，身体残疾儿童、孤儿、受艾滋病影响儿童对住的自我评价更低。

2. 健康权实现状况

问卷中关于特困儿童健康权现状的测评主要有两个指标：第一个指标是身体健康状态（仅考虑生理质量）；由于考虑到身体健康状态通常都与运动锻炼相关，因此第二个指标是运动状态。对于这两个指标的测评都采取的是主观测评方式。

（1）身体健康状态自我评价

样本中关于身体健康状态的主观评价结果显示，大部分特困儿童认为自己的身体质量在一般及更好的状态中，认为自己身体比较差或非常差的比例为 14.3%。同时调查结果显示，特困儿童群体的身体健康状态存在性别、年龄、民族、受教育状态和困境类型等方面的差异。

尽管总体来看，特困儿童的身体健康状态不存在性别差异（$p=0.61$），但是在控制年龄之后，在 16 岁以下的特困儿童群体中，女孩对身体健康状态的自评要高于男孩，表现为统计性显著（$p=0.027$）。具体来说，16 岁以下的特困女童认为自己身体健康状态是非常好或比较好的比例是51.6%，认为自己身体健康状态是非常差或比较差的比例是12%；而16岁以下的特困男童的相应比例是43.6%和15.4%。

特困儿童的身体健康状态存在民族差异，表现为统计性显著（$p = 0.000$）。民族差异主要表现为，相比汉族特困儿童，少数民族特困儿童对自己身体健康状态的自我评价更高。在控制年龄之后，特困儿童的身体健康状态仍然存在显著的民族差异，而且年龄大的特困儿童（16岁及以上）相比低龄的特困儿童（16岁以下）对健康自我评价的民族差异要小。

处于不同受教育状态的特困儿童关于健康状态的自我评价差异突出。主要表现为，就学的特困儿童相比没有上学的特困儿童，对身体健康状态的自我评价要高，表现为统计性显著（$p = 0.000$）。在就学的特困儿童群体中，认为自己身体健康状态比较好或非常好的比例为48.5%，认为自己身体健康状态比较差或非常差的比例为10.7%；而没有上学的特困儿童相应的比例分别为28.9%和32.2%。两个群体关于健康状态的相对比例相差约20个百分点。但这种差距随着年龄增长而缩小。在16岁以下的特困儿童群体中，正在上学的特困儿童相比没有上学的特困儿童，认为自己身体健康状态比较好或非常好的比例高出约25个百分点，而认为自己身体健康状态比较差或非常差的比例，低约24个百分点。在16岁及以上的特困儿童群体中，正在上学的特困儿童相比没有上学的特困儿童，认为自己身体健康状态比较好或非常好的比例，高出约10个百分点，而认为自己身体健康状态比较差或非常差的比例，低约18个百分点。

处于不同困境的特困儿童对于健康的自我评价表现出显著的差异（$p = 0.000$）。在各困境中，受艾滋病影响儿童和身体残疾儿童对自己的健康状态的自我评价相对要低，这两类困境中的儿童认为自己身体健康状态比较差或非常差的比例为25%（受艾滋病影响儿童）和36.5%（身体残疾儿童）。随着年龄的增长，处于不同困境的特困儿童总体上对自己的身体健康状态评价在降低，降低幅度最大的是受艾滋病影响儿童。在两个不同年龄阶段的特困儿童群体中，大龄（16岁及以上）受艾滋病影响儿童认为自己身体健康状态比较差或非常差的比例，高出低龄（16岁以下）受艾滋病影响儿童大约55.6个百分点。接着是患严重心理疾病儿童，大龄相比低龄的比例高出42.9个百分点。

（2）运动状态的自我评价

儿童身体健康状态除了受饮食、环境等因素的影响外，还与运动相关。

调查所获数据可以证实这一点，运动状态自评较高的特困儿童，对健康状态的自评也较高。特困儿童对运动状态的自我评价如下：有34.5%特困儿童认为自己运动状态比较好或非常好，有45.3%认为自己运动状态一般，认为自己运动状态比较差或非常差的有20.2%。可以从上述自评的数据中发现，特困儿童运动状态一般。这种运动状态同样在性别、年龄、民族、受教育状态以及困境类型等方面存在差异。

在总体上，特困儿童的运动状态并没有性别差异（$p=0.283$），控制年龄之后发现，在16岁以下特困儿童群体中并不存在运动状态性别差异；不过在16岁及以上特困儿童群体中，运动状态存在显著性性别差异（$p=0.000$）。该群体中运动的性别差异主要表现为，特困男童相对特困女童，对运动状态的自我评价更高。

特困儿童的运动状态表现出显著的民族差异（$p=0.000$）。运动状态的民族差异主要表现为，相比汉族特困儿童，少数民族特困儿童对运动的自我评价更高。少数民族特困儿童认为自己运动状态比较好或非常好的比例为43.9%，认为比较差或非常差的比例为18.7%；汉族特困儿童相应的比例分别为37.9%和19.2%。在控制年龄之后发现，随着特困儿童年龄的增长，该群体总体的运动状态评价在降低。同时还发现，汉族特困儿童随年龄增长对运动状态的自我评价（非常好/比较好）降低幅度更大，而少数民族特困儿童随年龄增长对运动状态的自我评价（非常好/比较好）降低幅度相对较小（见表2-1）。

表2-1 年龄、民族和运动状态

单位:%

指标	16岁以下		16岁及以上	
	汉族	少数民族	汉族	少数民族
非常好/比较好	34.8	46.5	24	39.1
非常差/比较差	18.6	20.4	25.5	15.8

特困儿童就学的状态不同，其运动状态也不一样。正在上学的特困儿童相比没有上学的特困儿童对运动状态的自我评价更高，表现为统计性显著（$p=0.000$）。上学的特困儿童认为自己运动状态比较好或非常好的比例为37.3%，认为自己运动状态比较差或非常差的比例为17.3%；没有上学的特困儿童相应的比例为20.7%和34.1%。在控制年龄之后发现，随着年龄的增长，就学状态不同的特困儿童群体表现出截然相反的两种趋势。随着年龄的

增长，没有上学的特困儿童对运动的自我评价在提升，而正在上学的特困儿童则对运动的自我评价（非常差/比较差）随年龄增长在降低（见表2-2）。

表2-2 年龄、就学和运动状态

单位：%

指标	16岁以下		16岁及以上	
	没有上学	正在上学	没有上学	正在上学
非常好/比较好	39.7	19.2	30.7	22
非常差/比较差	16.7	36	19.2	32.3

特困儿童还会因困境不同而对运动状态的自我评价不同。总体上，相对其他困境儿童，受艾滋病影响儿童和身体残疾儿童对于运动状态的自我评价较低。受艾滋病影响儿童认为自己运动状态比较好或非常好的比例为16.7%，认为自己运动状态比较差或非常差的比例为25%；残疾儿童的相应比例为25.4%和36.6%。在控制年龄之后发现，尽管困境仍然会影响特困儿童对运动的自我评价，但在不同年龄阶段，困境对特困儿童运动状态自我评价的影响不一样。在低龄（16岁以下）特困儿童群体中，身体残疾儿童认为自己运动状态比较差或非常差的比例最高，为34.9%，接着是孤儿（26%）；而认为自己运动比较好或非常好的相对比例最高的是患严重心理疾病儿童（72.1%），接着是留守儿童（42.1%）。在大龄（16岁及以上）特困儿童群体中，患严重心理疾病儿童认为自己运动状态比较差或非常差的比例最高（57.2%），接着是残疾儿童（41.9%），然后是受艾滋病影响儿童（33%）；而认为自己运动比较好或非常好的相对比例最高的是其他困境儿童（47.3%），接着是孤儿（31.6%）。

(3) 生存权实现的简要总结

根据上述对特困儿童生存权的数据分析结果，本书做一简要总结。

关于生命权。特困儿童生命权实现状况一般，只有少数特困儿童生命权实现状态良好，大约占样本总数的12.1%。在生命权各细分指标中，实现状态由高到低排序，依次是吃、穿、住。显然特困儿童的生命权还大致处于温饱程度上。另外特困儿童生命权实现的状态表现出性别、年龄、民族、就学状态和困境的类别等方面的差异。从前文的分析中，我们可以发现，生命权实现程度最糟糕的特困儿童具有如下特征：年龄在16岁以下、没有上学、经济困难或受艾滋病影响或是孤儿的汉族男童。

相对于生命权，特困儿童健康权实现程度良好，但不如正常儿童。健康权被细分为两个指标：健康状态和运动状态。这两个指标测量结果表现出很大的差异性。依据前文分析结果，健康状态最为糟糕的特困儿童具有如下特征：16岁以下、没有上学、受艾滋病影响或身体残疾的汉族男童。运动状态最为糟糕的特困儿童则具有如下特征：16岁及以上、没有上学、受艾滋病影响或身体残疾的汉族女童。

比照上述分析结果发现，特困儿童生存权实现情况还不够理想，大致上还以维护儿童的生存为主，其中生存权实现程度最为糟糕的是这样的特困儿童：16岁以下没有上学且经济困难或受艾滋病影响或身体残疾的汉族男童。

3. 受保护权实现状况

儿童的受保护权是指儿童拥有不受任何形式的虐待、歧视以及忽视的权利。在本书中，受保护权分为三个指标：歧视、安全和救助。

（1）关于歧视

问卷中，本书将歧视设计为如下问题：在学习生活中受到歧视，并设计了三个选项——经常、偶尔和没有。调查发现，11.1%的特困儿童认为自己在学习生活中经常受到歧视，49.3%认为自己在学习生活中偶尔受到歧视，认为自己没有受到歧视占39.6%。特困儿童对于歧视的感知又表现出年龄、民族、就学状态和困境类型等方面的差异。

特困儿童在生活学习中所受歧视并没有显著性的民族差异（$p=0.105$）。但在控制年龄之后发现，在大龄（16岁及以上）特困儿童群体中，歧视存在民族差异，表现为统计性显著（$p=0.004$）。民族差异主要表现为，相比汉族大龄特困儿童，少数民族大龄特困儿童在生活学习中受到更多的歧视。具体来说，少数民族大龄特困儿童经常或偶尔感受到歧视的比例为71.8%，而汉族大龄特困儿童相应的比例为55.9%。

特困儿童就学的状态不同，其关于歧视的感知不同，表现为统计性显著（$p=0.000$）。总体来看，相比正在上学的特困儿童，没有上学的特困儿童感受歧视更多。没有上学的特困儿童经常感知歧视的比例是21.8%，偶尔感知歧视的比例是52.3%；而正在上学的特困儿童的相应比例（8.6%，49.9%）均低于没有上学的群体，分别低13.2个百分点和2.4个百分点。在控制年龄之后，我们发现在两个不同的年龄阶段，上学的特困儿童相比没有上学的，对歧视的感知相对要少。但是随着年龄的增长，没有上学的特困儿童感知更多的歧视，而正在上学的特困儿童感知的歧视在逐渐减少（见表2-3）。

表 2-3 年龄、就学状态和歧视感知

单位:%

指标	16 岁以下		16 岁及以上	
	上学	没有上学	上学	没有上学
经常	9.1	23.7	7.4	20
偶尔	51	47.5	46.9	56.8

不同困境中的儿童对歧视感知不同，表现为统计性显著（$p=0.000$）。在各困境中，处于受艾滋病影响、身体残疾、患严重心理疾病等困境的儿童在生活中对歧视感知相对更多。这三类困境儿童经常感知歧视的比例分别为8.3%、20%和27.8%，偶尔感知歧视的比例分别为83.3%、50%和61.1%。在控制年龄之后，随着年龄的增长，留守儿童、孤儿和其他困境中的特困儿童对歧视的感知在减少，而经济困难、身体残疾、患严重心理疾病的儿童对歧视的感知在增加。其中16岁以下患严重心理疾病的儿童经常感知歧视的比例是18.2%，16岁及以上患严重心理疾病的儿童经常感知歧视的比例为42.9%。

（2）关于安全

在问卷中，本书将安全设计为两个问题"有人欺负你吗"和"如果有人欺负你，你会怎么办"，前一个问题提供了五个选项"经常有、有时有、一般、很少有、从没有"。

从调查数据来看，特困儿童样本中认为自己经常被欺负的比例是5.6%，有时被欺负的比例是35.3%，选择一般的比例为13.5%，认为自己很少被欺负的比例是37.2%，认为自己从没有被欺负的比例是8.3%。特困儿童的安全状态主要在年龄、就学状态和困境类型等方面存在差异。

总体来看，特困儿童的安全状态具有显著的年龄差异（$p=0.000$）。这种年龄差异主要表现为，低龄（16岁以下）的特困儿童相比大龄（16岁及以上）特困儿童被欺负的比例更高。低龄特困儿童中有5.9%经常被欺负，37.6%有时被欺负；而大龄特困儿童群体的相应比例为2.8%和34.4%。这种安全状态的年龄差异还与性别相关。在控制性别之后，安全状态的年龄差异仅在女童群体中存在（$p=0.000$）。在进一步控制民族之后，安全状态的年龄差异仅在汉族特困群体中存在（$p=0.000$）。

就学状态不同，特困儿童安全状态不同。上学的特困儿童相比没有上学的，安全状态相对更好，表现为统计性显著（$p=0.000$）。正在上学的特困儿童经常被欺负的比例为4.7%，有时被欺负的比例为34.2%；没有上学的特困儿童相应的比例为10.4%和40.8%。而且随年龄的增长,正在上学的特困儿童的安全状态在改善,而没有上学的特困儿童的安全状态在进一步恶化(见表2-4)。在分别控制性别和民族之后,可以发现,就学与否对特困女童和少数民族特困儿童的安全状态影响相对更大,两者均表现为统计性显著。

表2-4 就学状态、年龄和安全状态

单位:%

被欺负	16岁以下		16岁及以上	
	上学	没有上学	上学	没有上学
经常	5.8	13.7	1.8	7.1
有时	37.6	38.7	25.1	42.9
一般	14.1	13.7	10.9	15.9
很少	34.1	25.8	54	26.2
从没有	8.4	8.1	8.3	7.9

困境不同,儿童的安全状态也不一样。在特困儿童群体中,患严重心理疾病、受艾滋病影响和身体残疾的儿童安全状态相对较差,三类困境儿童经常被欺负的比例分别为55.6%、50%、47.8%,表现为统计性显著($p=0.005$)。不同困境的儿童安全状态的差异还有如下特点。在特困男童群体中,身体残疾、患心理疾病、经济困难等困境儿童安全状态相对较差;在特困女童群体中,受艾滋病影响、身体残疾和患心理疾病等困境儿童的安全状态较差。在低龄特困儿童群体中,患心理疾病、身体残疾和经济困难等困境儿童的安全状态较差;在大龄特困儿童群体中,受艾滋病影响、身体残疾和患心理疾病等困境儿童的安全状态较差。

(3)关于救助

本书将特困儿童对救助的感知设计为两个问题。第一个问题是"在你的生活中,有谁帮助过你?"并提供了"社会上的好心人、政府工作人员、亲戚、邻居、朋友、老师和其他"七个选项。第二个问题是"在下面这些人中,对你帮助最多的是",选项与第一个问题相同。

第一个问题限选三项,无须排序。对各选项被选的比例累加,再按照累加比例由高到低排序,排序结果为:亲戚(81.5%)、老师(57.5%)、朋友(54.9%)、邻居(44.3%)、政府工作人员(33.4%)、社会上的好心人(27.1%)、其他(1.3%)。

上述排序的结果和样本对第二个问题的回答情况非常吻合,仅有邻居和政府工作人员被选频次调换顺序。在选择对自己帮助最多的对象时，各选项被选的比例分别为：亲戚（45.2%）、老师（16.6%）、朋友（15.1%）、政府工作人员（11.7%）、邻居（4.3%）、社会上的好心人（6.4%）、其他（0.7%）。上述数据说明，在特困儿童对救助主体感知中，个人的社会关系网络发挥了重要的作用；通常代表政府救助的主体"政府工作人员"，在其中发挥的作用较为有限。特困儿童对救助主体的感知还因性别、年龄、民族、就学状态和困境类型等不同而存在差异。

特困儿童对救助主体感知存在性别差异（$p=0.002$）。关于对自己帮助最多的主体，男童选择结果是亲戚（48.6%）、老师（15.2%）、朋友（13.7%）、政府工作人员（10.1%）、邻居（5.9%）、社会上的好心人（6.1%）、其他（0.4%）；女童选择结果是亲戚（42.1%）、老师（17.8%）、朋友（16.5%）、政府工作人员（13.1%）、邻居（2.8%）、社会上的好心人（6.7%）、其他（1.0%）。

特困儿童对救助主体感知存在年龄差异（$p=0.009$）。这种年龄上的差异除了各救助主体被选比例存在差异之外，在按照被选比例由大到小排序时也出现了差异。大龄儿童的选择结果依次是亲戚（48.9%）、朋友（18.2%）、老师（14.8%）、政府工作人员（9.9%）、社会上的好心人（4.1%）、邻居（3.2%）、其他（0.9%）；低龄儿童的选择结果依次是亲戚（43.5%）、老师（17.3%）、朋友（13.9%）、政府工作人员（12.4%）、社会上的好心人（7.5%）、邻居（4.9%）、其他（0.7%）。特困儿童对救助主体的感知之所以存在年龄差异，可能是因为政府对特困儿童的救助随其年龄的增长而逐步减少，同时年龄增长也导致特困儿童失学率提高，进而减少了他们对老师帮助的感知，增加了他们对亲戚和朋友帮助的依赖与感知。

特困儿童对救助主体感知在年龄方面的差异，主要表现为少数民族儿童对来源于亲戚、老师和社会上的好心人等主体帮助的感知要多于汉族儿童，而对政府工作人员和朋友帮助的感知要少于汉族儿童（$p=0.000$）。另外，如将特困儿童按照年龄和就学状态分为四个不同的子群体，大龄上学儿童对亲戚和老师帮助感知的比例相对较高（56.1%和23.5%）；低龄没有上学儿童则对社会上的好心人帮助的感知比例相对较高（27.8%），该群体也对政府工作人员帮助感知比例相对较高（19.1%）。由此可以看出，政府和社会将失学的低龄特困儿童作为救助的重点对象，同时个人的社会关系网络仍是救助的核心来源。

救助的标准通常是困境的程度，困境的程度又与困境的类型相关。特困儿童对救助对象的感知显然也能体现出这一点。孤儿对政府工作人员和亲戚帮助感知的比例相对较高（23.2%和53.6%）；对来源于社会上的好心人帮助感知比例相对较高的依次是身体残疾儿童（8.2%）、经济困难儿童（6.5%）和留守儿童（5.9%）；患心理疾病儿童则对老师帮助的感知比例相对较高（22.2%）；受艾滋病影响儿童对亲戚帮助的感知比例相对较低（41.7%），而对朋友帮助感知的比例相对较高（25%），对政府工作人员帮助感知的比例仅次于孤儿（16.7%）。这些数据说明，政府对特困儿童的救助更多体现了救急的特色，社会关注会推动对特定困境儿童的救助，如留守儿童；私人社会关系网络仍是特困儿童主要的社会支持来源，但特定困境有可能会削弱社会支持，如受艾滋病影响儿童；学校教育不仅是特困儿童获得生存救助的主要途径，也是特困儿童获得心理支持的有效途径。

（4）关于受保护权的简要总结

上述分析表明，特困儿童受保护权实现程度不够理想。从受保护权的三个维度测量具体结果来看，具有如下特征。第一，特困儿童受歧视的现象还较为普遍，超过60%的特困儿童在生活中能经常和偶尔感知歧视；其中16岁及以上、没能上学、少数民族且处于经济困难或身体残疾或患有心理疾病等困境中的儿童感知的歧视最多。第二，特困儿童的安全问题堪忧。有约40%的特困儿童会有时和经常感知被欺负；其中，16岁以下、没有上学且处于身体残疾或受艾滋病影响或患有心理疾病等困境中的汉族女童感知被欺负的可能性最大。第三，特困儿童的制度化救助不足，主要依赖个人社会关系网络获得支持。

4. 参与权的实现状况

我国在十届全国人大常委会第二十五次会议中已经将儿童的参与权列为儿童的法定权利。儿童参与权（Participation Rights）是指儿童参与家庭、文化和社会生活的权利。参照联合国《儿童权利公约》和儿童社会化的特点，本书在问卷中将儿童参与权设计为三个指标——娱乐、家庭生活和参与救助。

（1）关于娱乐

问卷中对特困儿童的娱乐状态进行了五点测评——非常好、比较好、一般、比较差和非处差。从测量结果来看，特困儿童娱乐状态并不理想，只有24%认为自己娱乐状态比较好或非常好，接近一半（49.2%）认为自己娱乐状态一般，认为自己娱乐状态比较差或非常差的比例为26.9%。这种娱乐状态又在性别、年龄、民族、就学状态以及困境类型等方面呈现差异。

总体来看，特困儿童在娱乐状态方面并不存在显著的性别差异（$p = 0.088$）。但在控制年龄之后，特困儿童在娱乐状态方面的性别差异就体现在大龄（16岁及以上）特困儿童群体中，主要表现为大龄男童的娱乐状态要好于大龄女童，表现为统计性显著（$p = 0.008$）。在进一步控制就学状态后，这种娱乐状态的性别差异只存在于大龄正在上学的特困儿童群体中，表现为统计性显著（$p = 0.003$）。

特困儿童在娱乐状态方面还存在显著的民族差异（$p = 0.000$），主要表现为少数民族儿童的娱乐状态要好于汉族儿童。在控制年龄之后，上述的民族差异仅显著性地存在于低龄特困儿童群体中（$p = 0.000$）。在进一步控制性别之后，我们发现，在低龄男/女童两个群体内，娱乐状态的民族差异均存在，且在0.05的水平上显著。在控制年龄和就学状态之后，娱乐状态的民族差异仅在低龄上学儿童群体中存在（$p = 0.000$）。

就学状态直接影响特困儿童娱乐状态，上学儿童娱乐状态要显著优于没有上学儿童（$p = 0.000$）。具体来说，上学儿童娱乐状态在一般以上的比例为26%，在一般以下的比例为23.8%；没有上学儿童娱乐状态在一般以上的比例为13.8%，在一般以下的比例为41.9%。就学状态对特困儿童娱乐状态的影响会随儿童年龄增长而减弱，但仍显著地存在。按照性别、年龄将特困儿童细分为四个子群体——低龄男童、低龄女童、大龄男童、大龄女童，在四个子群体中，就学状态均对娱乐状态具有显著性影响。其中，就学状态对低龄女童娱乐状态的影响相对较大。在低龄女童群体中，娱乐状态在一般以上的，上学女童的比例（28%）高出没有上学女童（9.3%）18.7个百分点；而娱乐状态在一般以下的，上学女童的比例（22%）低于没有上学女童（42.6%）20.6个百分点。如果按照民族、年龄将特困儿童细分为四个子群体——低龄少数民族/汉族儿童和大龄少数民族/汉族儿童，在$p = 0.05$的水平上，就学状态对儿童娱乐状态的显著性影响在除大龄汉族儿童之外的三个子群体中存在。并且相对而言，就学状态对儿童娱乐状态的影响在汉族低龄儿童群体中最大。

从前面分析来看，特困儿童娱乐状态显然与年龄相关。年龄与娱乐状态的交互表显示，低龄儿童娱乐状态要好于大龄儿童，且表现为统计性显著（$p = 0.000$）。低龄儿童娱乐状态在一般以上的比例为26.4%，在一般以下的比例为25.3%；而大龄儿童相应的比例分别是18.4%和30.3%。但在控制就学状态之后，只有正上学的儿童群体中，娱乐状态才会在两个不同的年龄阶段存在显著性差异（$p = 0.001$），仍表现为低龄儿童娱乐状态好于大龄儿童。

在控制性别和民族之后,娱乐状态在年龄方面的显著性差异只存在于正在上学的少数民族儿童群体($p=0.005$)和正在上学的女童群体中($p=0.001$)。其主要表现为,在少数民族正在上学的儿童群体中,低龄儿童的娱乐状态要好于大龄儿童;在正在上学的女童群体中,低龄女童的娱乐状态要好于大龄女童。

虽然困境类型和娱乐状态交互表显示,特困儿童娱乐状态并不因困境不同而有显著性差异,但在分别控制年龄、民族以及就学状态等变量之后,困境类型和特困儿童的娱乐状态之间表现出如下特点。第一,两个年龄段的特困儿童群体都会因为困境不同而具有不同的娱乐状态。具体而言,在低龄儿童群体中,受艾滋病影响儿童、孤儿和身体残疾儿童的娱乐状态相对较差,其娱乐状态是较差或非常差的比例相对较高,依次为44.4%(受艾滋病影响儿童)、42%(孤儿)和29.1%(身体残疾儿童);在大龄儿童群体中,处于心理疾病、受艾滋病影响和经济困难等困境中的儿童的娱乐状态相对较差,其娱乐状态是较差或非常差的比例相对较高,依次为57.1%(患心理疾病儿童)、33.3%(受艾滋病影响儿童)、33.2%(经济困难儿童)。第二,在正在上学的特困儿童群体中,娱乐状态在困境类型方面并没有显著差异($p=0.149$),但在没有上学的特困儿童群体中,儿童会因困境不同而娱乐状态存在差异($p=0.016$)。在没有上学的特困儿童群体中,处于受艾滋病影响儿童、孤儿和留守儿童的娱乐状态相对较差,这三类困境儿童的娱乐状态是较差或非常差的比例相对高于其他困境儿童,依次是75%、61.6%和53.5%。第三,在汉族特困儿童群体中,娱乐状态在困境类型方面并没有显著差异($p=0.379$),但在少数民族特困儿童群体中,儿童会因困境不同而娱乐状态存在差异($p=0.006$)。在少数民族特困儿童群体中,孤儿、受艾滋病影响儿童和留守儿童的娱乐状态相对较差,这三类困境儿童的娱乐状态是较差或非常差的比例相对高于其他困境儿童,依次是50%、33%和26.7%。

(2)关于家庭生活

问卷中对特困儿童的家庭生活进行了五点测评——非常好、比较好、一般、比较差和非常差。从测量结果来看,特困儿童的家庭生活不理想,认为自己家庭生活在一般以上的比例为21.1%,认为自己家庭生活在一般以下的比例为26.4%。从调查所获数据来看,特困儿童家庭生活的状态表现出性别、民族、就学状态以及困境类型等方面的差异。

特困儿童家庭生活存在性别差异,表现为统计性显著($p=0.049$),主要表现为特困女童的家庭生活要好于特困男童。具体而言,特困男童中认为自己家庭生活在一般以上的比例为18.4%,认为自己家庭生活在一般以下的比例为28.7%;特困女童相应的比例为25.4%和23.8%。在控制就学状态之后,性别差异只在正在上学的儿童群体中显著($p=0.031$)。在控制民族之后,性别差异只在汉族儿童群体中显著($p=0.015$)。

特困儿童家庭生活没有表现出年龄差异,但呈现民族差异($p=0.000$),少数民族特困儿童家庭生活要好于汉族儿童。不过在控制年龄之后,家庭生活的民族差异只显著性地存在于低龄儿童群体中($p=0.000$),在大龄儿童群体中并不显著($p=0.082$)。

不同的就学状态,特困儿童家庭生活不同,主要表现为,正在上学的儿童家庭生活要好于没有上学的儿童,且表现为统计性显著($p=0.006$)。具体表现为,正在上学的儿童家庭生活在一般以上的比例为22.1%,在一般以下的比例为24.6%;没有上学儿童的相应比例分别为16.2%和34.8%。在控制性别之后,就学状态与家庭生活之间的关系只显著性地存在于女童群体中($p=0.003$),就学女童的家庭生活要好于失学女童。在控制民族之后,就学状态与家庭状况之间的关系只显著性地存在于汉族儿童群体中($p=0.003$),就学汉族儿童的家庭生活状况要好于失学汉族儿童。

儿童所处困境不同,其家庭生活状况也不一样。孤儿、身体残疾儿童和艾滋病影响儿童的家庭生活相对较差,这三类儿童家庭生活属于较差或非常差的比例较高,依次是37.6%、33.3%和31.1%。在分别控制性别、年龄、民族和就学状态之后,特困儿童家庭生活具有如下特点。第一,就性别而言,家庭生活只在女童群体中呈现困境类型的差异($p=0.004$),具体表现为,在女童群体中,受艾滋病影响儿童、孤儿和身体残疾儿童家庭生活状况相对较差,这三类儿童家庭生活属于较差或非常差的比例相对较高,依次是42.9%、38.3%和32.2%。第二,两个年龄阶段儿童群体都表现出困境不同,其家庭生活具有显著性差异,在低龄儿童群体中,受艾滋病影响儿童、孤儿和身体残疾儿童家庭生活较差,在大龄儿童群体中,患心理疾病儿童、经济困难儿童和身体残疾儿童家庭生活相对较差。第三,家庭生活在困境类型方面的差异在汉族儿童($p=0.001$)和少数民族儿童($p=0.015$)两个群体中,统计性均显著,在汉族儿童群体中,孤儿、身体残疾儿童和经济困难儿童的家庭生活相对较差,在少数民族儿童群体中,受艾滋病影响儿童、孤儿和身体残疾儿童的家庭生活状况相对较差。第四,困境类型与家庭生活之间的差异只在正在上学儿童群体中显著,$p=0.000$,在上学儿童群体中,受艾滋病影响儿童、孤儿和经济困难儿童的家庭生活相对较差。

（3）关于参与救助

由于特困儿童年龄较小，还缺乏自我行动能力，因此，本书从求助行为方面来测算参与救助，将参与权之参与救助设计为问题"生活中遇到困难，你会向谁求助"，并提供了如下选项：自己解决、找亲戚帮忙、找老师帮忙、向政府求助、找朋友帮忙、找照顾自己的人帮忙、不知道该怎么办。从所获数据来看，各选项被选的比例分别为——自己解决（25.8%）、找亲戚帮忙（27.3%）、找老师帮忙（16%）、向政府求助（4.2%）、找朋友帮忙（8.7%）、找照顾自己的人帮忙（14.9%）、不知道该怎么办（3.2%）。本书将从性别、年龄、民族、就学状态以及困境类型等方面来描述特困儿童的求助行为。

特困儿童的求助行为与性别之间显著性相关（$p=0.043$）。在遇到困难时，相比女童，男童更有可能选择的求助行为有"自己解决、求亲戚帮忙、找老师帮忙、找照顾自己的人帮忙"，也更可能"不知道该怎么办"；相比男童，女童更有可能选择的求助行为是"向政府求助"或"找朋友帮忙"。

特困儿童的求助行为与年龄相关，表现为统计性显著（$p=0.000$）。在遇到困难时，低龄儿童更愿意去找老师和照顾自己的人帮忙，大龄儿童则更愿意自己解决或向政府求助或找朋友帮忙。这表明特困儿童参与救助的能力与其自我行动能力相关。在控制性别之后，我们发现，在女童群体中，求助行为与年龄之间没有相关性，但在男童群体中表现为显著性相关。在男童群体中，遇到困难时，大龄男童更愿意自己解决或向政府求助，低龄男童则更愿意找老师帮忙或找照顾自己的人帮忙。在控制民族之后，我们发现，只在汉族儿童群体的求助行为与年龄显著相关（$p=0.000$）。在遇到困难时，汉族儿童群体中，大龄儿童更愿意自己解决或找亲戚帮忙或找朋友帮忙或向政府求助，而对照顾自己的人依赖性要低于低龄儿童，同时不知道怎么办的比例也要低于低龄儿童；而低龄儿童则更愿意找老师或照顾自己的人帮忙。

特困儿童的求助行为具有民族差异，表现为统计性显著（$p=0.000$）。在遇到困难时，相比少数民族儿童，汉族儿童更可能找亲戚或老师或朋友帮忙，不知道怎么办的比例要相对小于少数民族儿童；而相比汉族儿童，少数民族儿童更有可能自己解决或向政府求助。在控制性别变量之后，求助行为的民族差异仍然显著。遇到困难时，在男童群体中，相比汉族儿童，少数民族儿童自己解决或向政府求助的比例更高，而找亲戚或老师或朋友帮忙的比例更低；在女童群体中，相比汉族儿童，少数民族儿童找老师帮忙或向政府求助或找照顾自己的人帮忙的比例更高，而自己解决或找亲戚或朋友帮忙的比例更低。在控制年龄变量之后，求助行为的民族差异仅在大龄儿童群体中显著（$p = 0.000$）；当大龄儿童遇到困难时，相比汉族儿童，少数民族儿童自己解决或找老师帮忙或向政府求助的比例更高，而找亲戚或朋友或照顾自己的人帮忙的比例更低。

就学状态也与特困儿童求助行为显著相关（$p = 0.000$）。遇到困难时，相比失学儿童，上学儿童找老师或朋友帮忙的可能性更大，不知道怎么办的比例更低，而找亲戚帮忙或向政府求助的可能性更小。在控制性别之后，我们发现，仅在男童群体中，就学状态与求助行为之间显著相关（$p = 0.000$）。在该群体中，相比失学男童，遇到困难时，上学男童自己解决或找老师或朋友帮忙的可能性更大，而找亲戚或照顾自己的人帮忙的可能性更小，尤其需要注意的是，失学男童遇到困难不知道怎么办的比例高出上学男童近9个百分点。这有可能说明，教育是培养特困儿童参与能力的有力途径。在控制年龄之后，我们发现，随年龄增长，上学儿童找亲戚帮忙的比例在下降（由27%下降到24.8%），而失学儿童找亲戚帮忙的比例在提高（由29.6%提高到33.9%）。

困境不同也会导致特困儿童求助行为的差异，表现为统计性显著（$p = 0.000$）。比较处于各类困境中儿童的求助行为发现，不同困境中的儿童选择同一求助行为的相对比例最高的情况如下：自己解决比例/受艾滋病影响儿童（33.3%）、找亲戚帮忙/患心理疾病儿童（38.9%）、找老师帮忙/受艾滋病影响儿童（50%）、向政府求助/受艾滋病影响儿童（8.3%）、找朋友帮忙/留守儿童（12.3%）、找照顾自己的人帮忙/身体残疾儿童（30.1%）、不知道该怎么办/身体残疾儿童（4.5%）。

（4）关于参与权的简要总结

上述分析表明，特困儿童的参与权实现程度较为糟糕，他们的娱乐状态和家庭生活均不理想，且参与救助的能力又不够。综合参与权在娱乐、家庭生活和参与救助等三个维度现状，在特困儿童群体中，相对而言，参与权实现程度最为糟糕的是具有如下特征的特困儿童——低龄、失学、汉族且受艾滋病影响儿童或孤儿或身体残疾儿童。

5. 发展权实现状况

发展权是儿童权益的核心内容。联合国《儿童权利公约》将发展权界定为"儿童享有充分发展其全部体能和智能的权利，包括儿童有权接受正规和非正规的教育，有权享有促进其身体、心理、精神、道德等全面发展的生活条件"。基于上述界定,本书从受教育权和人际关系两方面测评特困儿童发展权实现的程度。

(1) 关于受教育权

受教育权包括接受正规教育和非正规教育,本书将正规教育纳入学校教育,另外通过对学习状态的测量来综合反映受教育权实现状况。

关于学校教育,本节第一部分已做分析,现依据前文做一总结。综合前文的相关内容,特困儿童受教育权现状具有如下特征:相比正常儿童,该群体受教育的比例偏低,并且他们受教育的比例随年龄的增长而下降;各类困境影响了特困儿童受教育的机会,其中,受艾滋病影响、身体残疾和患心理疾病等困境儿童接受学校教育的机会要少于其他困境儿童。除此之外,本书在此还对特困儿童从性别和民族角度做一补充分析。

性别影响了特困儿童受教育机会,表现为统计性显著($p=0.002$),主要表现为特困女童相比男童接受教育的机会更多。在控制年龄之后,两个年龄阶段的儿童群体均存在受教育的性别差异,女童受教育比例要高于男童,且在$p=0.05$的水平上显著。在进一步控制民族之后,我们发现,这种受教育的性别差异只在低龄少数民族和大龄汉族儿童两个群体中是显著的,P值分别为0.000和0.001。因此,特困儿童受教育的性别差异主要是这两个儿童群体受教育性别差异的体现。

总体来看,特困儿童的受教育权并不存在显著性的民族差异($p=0.087$)。但在控制性别之后,受教育的民族差异在男童群体中显著($p=0.032$),表现为汉族男童受教育的比例要高于少数民族男童。在进一步控制年龄之后,我们发现,在低龄/大龄和男/女等四个儿童群体中,受教育的民族差异仅在低龄男童群体中是显著的($p=0.000$)。

关于学习状态。总体来看,特困儿童学习状态比较好或非常好的比例为37.8%,比较差或非常差的比例为18%。特困儿童学习的状态表现为性别、年龄、民族以及困境类型等方面的差异。

特困儿童学习状态具有性别差异,表现为统计性显著($p=0.001$),女童学习状态要好于男童。在控制年龄之后,在两个年龄阶段的儿童群体中,学习状态的性别差异均显著。在进一步控制民族之后,我们发现,学习状态的性别差异只在大龄儿童群体中显著,p值分别为0.031和0.040。

特困儿童学习状态在年龄上的差异并不显著($p=0.087$),但在控制性别和民族之后,学习状态的年龄差异在少数民族男童群体中显著($p=0.048$),表现为低龄男童的学习状态好于大龄男童。

特困儿童的学习状态还表现出民族差异（$p=0.021$），即少数民族儿童的学习状态要好于汉族儿童。在分别控制性别和年龄之后，学习状态的民族差异在男童、女童以及低龄儿童等三个群体中均不显著，仅在大龄儿童群体中显著（$p=0.028$）。在同时控制年龄和性别之后，学习状态的民族差异也仅在大龄男童群体中显著（$p=0.012$）。可见，特困儿童学习状态的民族差异主要是大龄男童群体学习状态民族差异的体现。

特困儿童的学习状态还具有困境类型的差异，统计性显著。在各困境中，受艾滋病影响儿童、身体残疾儿童、孤儿的学习状态相对较差，这三类困境儿童学习状态在一般以上的比例分别为0%、20.9%和20.3%，在一般以下的比例为25%、31.4%和23.2%。在分别控制性别、年龄和民族之后，特困儿童学习状态的困境类型差异方面具有共性，凸显出受艾滋病影响儿童、孤儿、身体残疾儿童、患心理疾病儿童的学习状态相对较差。

（2）关于人际关系

问卷中对特困儿童人际关系的测量仍采取了五点测评——非常好、比较好、一般、比较差、非常差。从调查结果来看，相较娱乐状态和家庭生活，特困儿童的人际关系较好。特困儿童群体中，认为自己人际关系在一般以上的比例为49.5%，在一般以下的比例为6.8%。另外，特困儿童人际关系在性别、民族、就学状态以及困境类型等方面呈现差异。

特困儿童人际关系呈现性别差异，表现为统计性显著（$p=0.013$），主要表现为女童的人际关系要好于男童。具体而言，女童人际关系在一般以上的比例为52.8%，在一般以下的比例为5.3%；男童相应比例分别为45.9%和8.5%。在控制年龄之后，人际关系的性别差异仅在16岁以下儿童群体中显著（$p=0.034$），仍然是女童的人际关系好于男童；在控制就学状态之后，人际关系的就学状态方面差异仅在上学儿童群体中显著（$p=0.022$）。

从测量结果来看，特困儿童的人际关系没有年龄上的显著性差异（$p=0.275$），但表现出民族差异（$p=0.000$），即少数民族儿童的人际关系要好于汉族儿童。少数民族儿童人际关系在一般以上的比例为60.7%，在一般以下的比例为5.3%；汉族儿童相应的比例分别为46%和7.4%。在控制性别之后，这种人际关系的民族差异在男童、女童两个群体中均显著（$p=0.001/0.006$）；进一步控制年龄之后，在低龄、大龄和男童、女童等四个儿童子群体中，儿童人际关系的民族差异只在低龄女童群体中不显著（$p=0.107$）。在控制就学状态和性别之后，人际关系的民族差异在上学男童和上学女童两个群体中显著，而在没有上学的男童、女童两个群体中并不显著。

显然，就学的状态对儿童人际关系具有重要影响。就学状态和人际关系交互表显示，上学儿童的人际关系要好于没有上学儿童，表现为统计性显著（$p=0.000$）。在控制性别之后，特困儿童人际关系仍表现出上学儿童要好于失学儿童，同时，就学状态对女童人际关系的影响要大于男童，表现为统计性显著（$p=0.000$）。在分别控制年龄、民族之后，就学状态对特困儿童人际关系的影响都显著性相关。

同时，特困儿童人际关系还与困境类型相关，表现为统计性显著（$p=0.000$）。相比其他境遇中的特困儿童，受艾滋病影响儿童、患心理疾病儿童和身体残疾儿童的人际关系相对较差，这三类儿童人际关系属于比较差或非常差的比例分别为16.7%、16.7%和13.3%。在控制性别之后，我们发现，困境类型与儿童人际关系在男童群体中并不显著（$p=0.067$），只在女童群体中显著（$p=0.000$）。在女童群体中，患心理疾病儿童、受艾滋病影响儿童和身体残疾儿童的人际关系相对较差，这三类女童人际关系属于比较差和非常差的比例分别为42.9%、14.3%和13.6%。在控制年龄之后，在低龄和大龄儿童群体中，困境类型和儿童人际关系显著相关；在大龄、低龄两个儿童群体中，受艾滋病影响儿童、患心理疾病儿童和身体残疾儿童的人际关系都相对较差。在控制民族之后，汉族儿童群体中，受艾滋病影响儿童、患心理疾病儿童和身体残疾儿童的人际关系相对较差；少数民族儿童群体中，受艾滋病影响儿童、身体残疾儿童和经济困难儿童人际关系相对较差。在控制就学状态之后，仅在上学儿童群体中，困境类型和人际关系之间显著性相关（$p=0.014$）；在上学儿童群体中，受艾滋病影响儿童、患心理疾病儿童和身体残疾儿童的人际关系相对较差。

（3）关于发展权现状的简要总结

从上述分析来看，特困儿童的发展权实现状况不够理想。从受教育权来看，特困儿童接受教育的比例偏低，且随年龄而下降，学习状态一般。综合来看，大龄汉族受艾滋病影响或身体残疾或患心理疾病男童受教育权实现状况最糟糕。人际关系较受教育权的实现状况较好，但是失学且受艾滋病影响或身体残疾或患心理疾病汉族男童人际关系相对较差。

综合受教育权和人际关系状况，发展权实现程度最为糟糕的是具有如下特征的特困儿童——失学并受艾滋病影响或身体残疾或患心理疾病等汉族男童。

第三章
社会工作体系嵌入的必要性

政府主导的西部农村特困儿童社会救助实践有多头救助、缺乏协调、覆盖对象不全、重资物轻服务、专业性不强等缺陷。这些缺陷致使西部农村特困儿童救助表现出制度化救助不足、以生存救助为主、救助对象及家庭的自我行动能力不高、救助主体单一、社会救助不足等特点。西部农村特困儿童社会救助实践的缺陷以及该群体需求满足的不足,与我国当前"儿童优先""发展取向"等儿童福利原则不符。因此,专业化的社会救助已成为推进西部农村特困儿童社会救助实践的关键。本章将从理论基础、现实基础、民族特性等方面论述社会工作体系嵌入西部农村特困儿童社会救助的必要性。

第一节 社会工作体系嵌入的理论必要性

西方社会福利和社会工作的发展源远流长并逐步走向成熟,在其发展过程中,逐渐形成了多种科学的社会福利思想和社会工作理论。多元主体参与、儿童需求满足和儿童回归社会正常化为社会工作体系嵌入西部农村特困儿童社会救助实践必要性提供了理论基础。

一 多元主体参与理论与西部农村特困儿童社会救助

福利多元主义理论是多元主体参与西部农村特困儿童社会救助实践的理论基础。在福利多元主义理论的指导下,政府、社会、志愿者等都是西部农村特困儿童社会福利的提供主体。

（一）福利多元主义的内涵

福利多元主义主张社会福利来源的多样化，既不能完全依赖市场，又不能完全依赖国家，福利是全社会的产物。① 1986 年，罗斯在《相同的目标、不同的角色——国家对福利多元组合的贡献》一文中明确提出福利多元主义，他首先澄清福利国家的概念，认为国家是社会福利的提供者，但不是垄断者，并不承担全部的社会福利责任。其次福利是全社会的产物，来源于国家、市场、家庭，且不能完全依赖于一方，三者是提供社会福利的部分，只有三方联合，才能发挥社会福利的最大功效。随后，有不少学者用四分法的分析方式来研究福利的来源，如伊瓦斯认为市场、国家、社区和民间社会是社会福利的来源；约翰逊认为国家、市场、家庭以及志愿者组织是社会福利的来源。福利多元主义理论产生，不仅对福利国家危机状况进行了分析，还为社会福利的转型提供了发展方向，强调社会福利由不同的部门共同负责，共同完成。

根据福利多元主义理论，本书认为西部农村特困儿童社会救助的福利提供主体是政府、非政府组织、家庭、社区等。构建社会工作体系嵌入西部农村特困儿童社会救助的机制时应联合各福利提供主体，提高社会总福利。

（二）多元福利主体处于分散状态，难以形成合力

目前，在西部农村特困儿童社会救助实践中，缺乏协调统一的工作机制，政府、非政府组织、家庭以及社区等福利主体各成一派，缺乏联动，难以形成合力。

一是政府层面没有严密、规范、科学的政策法规和行政系统，难以切实保障西部农村特困儿童的社会福利。在福利提供内容上，政府对西部农村特困儿童福利的供应主要围绕生活福利、健康福利和教育福利，并没有对某种福利高度重视。在福利提供方式上，对西部农村特困儿童保护方面的救助表现得较为突出，如通过制度性的营养餐计划、义务教育制度等，加大对儿童的保护力度，但是忽视了在福利资金和照顾性福利服务方面的救助。同时，西部农村特困儿童社会救助的福利行政体系十分不完善，只在有关部门下设

---

① 彭华民等：《西方社会福利理论前沿：论国家、社会、体制与政策》，中国社会出版社，2009，第13页。

了零星的儿童福利相关科室，不能及时有效地为特困儿童提供救助，导致特困儿童的福利供应效率不高。

二是家庭在西部农村特困儿童福利供应上的作用逐步减弱，导致儿童的利益受到了较大损失。首先，西部农村的离婚家庭逐渐增多，而在目前的西部农村社会，家庭及扩大家庭的互助行为越来越少，有些儿童失去核心家庭的支持后，成为事实孤儿，被迫流落街头。其次，育儿成本增加，西部农村大部分妇女走上工作岗位，这不仅使儿童的成长受到影响，对其的生活照顾也受到影响。最后，因社会的急速发展而产生的特殊儿童群体，如留守儿童、随迁儿童等，在事实上得不到应有的照顾，生理和心理受到影响。

三是非政府组织是保障儿童福利供应的重要力量，但是由于我国东西部经济发展不平衡，再加上政策对非政府组织发展的限制，非政府组织在西部地区的发展较为缓慢。一方面，西部地区目前尚无健全的志愿资金筹集方式，使西部农村特困儿童社会救助缺乏资金保障。另一方面，在特困儿童社会救助中，义工的专业性和稳定性无法得到完全保证，特困儿童有特殊的福利需求，物资的供应和心理的引导缺一不可，但在志愿服务中，缺乏专业化的服务。

四是西部农村社区在西部农村特困儿童的福利供应上的作用有限。一方面，我国西部农村社区福利供应整体水平较低，多表现为制止家庭暴力、维护家庭安定、协助提供资金等，即便是普通儿童获取社区福利服务都存在难度。另一方面，因在工业化、城镇化进程中，在市场经济大环境下，人们更关心的是自身经济利益，西部农村社区内部的邻里互助在特困儿童福利供应中发挥的作用减弱。

综上所述，在西部农村特困儿童社会救助实践中，各福利主体表现出如下特点：第一，政府无专门的管理部门与西部农村特困儿童社会救助的福利服务相对应；第二，非政府组织没有良好的服务环境，为西部农村特困儿童提供的福利有限；第三，西部农村特困儿童的社会福利提供主体彼此独立，缺乏统一指导、执行特困儿童社会救助的调节枢纽。

（三）多元主体嵌入西部农村特困儿童社会救助

福利国家危机之后，在国家改革和社会政策领域，福利多元主义的特点日渐突出。西方福利国家关于福利多元主义的实践表明：基于福利多元主义构建社会工作体系嵌入西部农村特困儿童社会救助实践机制，有利于提高西部农村特困儿童社会救助实践效率。因此，本书提出以福利多元主义理论为指导，以西部农村特困儿童社会救助实际为依据，从以下三方面推动多元社会福利主体参与特困儿童社会救助。

一是以"积极的福利观"取代"消极的福利观"，转变西部农村特困儿童社会救助的理念。政府承担特困儿童社会救助的主导责任，并不意味着政府是万能的、负全部责任，应推动其他社会福利主体在西部特困儿童社会救助实践中发挥积极作用。树立责任型特困儿童社会福利理念，即个人的责任和权利与其所享受的社会福利成正比，培养个人的社会责任感，减轻政府的财政负担，最终使政府和其他社会福利主体形成相互协调、统一、合作的西部农村特困儿童社会救助实践模式。

二是以补缺型社会救助取代机制型社会救助，转变西部农村特困儿童社会救助的模式，以满足特困儿童需求目标。充分发挥市场在西部农村特困儿童社会救助实践中的作用，将有限的福利资源配置到政府无法覆盖的领域，在保证特困儿童社会救助公正的基础上提高救助效率。

三是建设社会投资型国家，转变西部农村特困儿童社会福利内容。特困儿童福利要物资和服务并重，除了保障特困儿童的基本生活外，为特困儿童提供技能服务保障其未来发展同样至关重要，要以主动的进取式福利、预防式福利取代被动的恩惠式福利、补救式福利。西部特困儿童社会救助的现状是重物质轻服务，对特困儿童的生存性救助必不可少，但关于特困儿童的医疗救助、心理救助、教育救助等服务性、发展性的救助也至关重要。

二 儿童需求满足理论与西部农村特困儿童社会救助

根据儿童需要和儿童福利理论，以满足特困儿童因其所处特殊困境而产生的需求、促进其生存和发展为目的，构建社会工作体系嵌入西部农村特困儿童社会救助实践的机制，进行有效的特困儿童社会救助实践。

（一）儿童需求满足理论内涵

儿童福利事业是合目的性的行为，明确的儿童福利需求是为儿童提供高质量福利服务的基础，通过满足需求，达到福利事业的预设目的。陆士桢认为儿童福利能否涵盖儿童的全面需求是评价一个国家儿童福利政策和机制优劣的重要标志。概念的界定，是明确福利服务对象、福利服务范围和领域、福利服务的优先次序以及衡量福利服务标准的基础。台湾学者曾华源、郭静晃将儿童需要归结为八类，分别是：获得吃、穿、住等基本生活条件的生活照顾需求；获得身心医疗照顾和预防保健服务的健康照顾需求；获得良好亲子关系和适当管教关系的良好家庭生活需求；获得充足的就学机会和良好的教育环境的学习需求；获得足够的休闲娱乐场所和设备，形成良好的娱乐态度和习惯的娱乐需求；人身安全和个人权益得到保障，获得免于被伤害的需求；建立自我认同，增进自我成长，获得良好心理发展的需求；获得社会关系、人际交往技巧、生活技能、社会适应能力和形成正确价值观的社会生活能力需求。儿童社会福利需求是建立在儿童权利观念上的，本书以儿童需求理论为指导，根据西部农村特困儿童享有的社会权利，确定其共同需求和特殊需求。

（二）西部农村特困儿童需求及满足现状

西部农村特困儿童享有生存权、受保护权、参与权和发展权，其权利的实现情况直接取决于需求的满足程度。本书根据特困儿童享有的四大社会权利来描述他们的需求现状。

一是维持生存。特困儿童的生存权主要包括生命权和健康权。在生命权方面，根据特困儿童在吃、穿、住三个方面的自我评价，其生命权实现状况一般，只有少数特困儿童的生命权实现状况良好。其实现程度由高到低依次是吃、穿、住，根据调研结果，特困儿童对自己生命权的实现程度的自我评价并不高，这体现在绝大多数儿童认为自己吃得一般或更差，有9.7%的特困儿童认为自己吃得比较差或非常差；针对穿的自我评价则更低，有19.1%的特困儿童认为自己穿得比较差或非常差；关于住的自我评价是最低的，有24.6%的特困儿童认为自己住得比较差或非常差。显而易见，特困儿童生命权的满足还停留在温饱层次。在健康权方面，特困儿童健康权相对生命权实现程度而言，健康权实现程度良好，但和正常儿童存在差距。总体而言，特困儿童的生存权实现程度不理想，饮水不安全、住房破旧、新衣服少，吃、穿、住的需求得不到满足。

二是受保护程度不够。特困儿童受保护权的主要内容包括免于被歧视、安全和救助。一是歧视，特困儿童普遍受到歧视，超过60%的特困儿童在生活中能经常和偶尔感知歧视。二是安全，约40%的特困儿童有时和经常感知被欺负。三是救助，特困儿童的救助主要依赖个人社会关系网络，制度化救助不足。总体而言，特困儿童的受保护权实现程度不高，身心安全得不到保证。

三是参与能力低。针对西部农村特困儿童社会救助，本书认为特困儿童的参与权主要体现在娱乐、家庭生活和参与救助三方面。一是娱乐，特困儿童的娱乐状态并不理想，近一半的特困儿童认为自己娱乐状态一般。一方面西部农村地区的物资有限，种类不丰富，也没有课外书；另一方面，学校和农村缺乏体育设施，能进行的体育活动有限。二是家庭生活，特困儿童对家庭生活的自我评价并不高，认为自己家庭生活在一般以上的比例仅为21.1%。有的儿童因父母外出务工，成为留守儿童，不能得到很好的照顾；有的儿童因父母离异，不能得到完整的家庭；有的父母经常吵架，家庭氛围紧张。三是参与救助，特困儿童由于年龄较小而缺乏自我行动的能力。根据实地调查发现，当特困儿童遇到困难时，一半以上的特困儿童会选择自己解决或找亲戚帮忙。

四是发展动力不足。西部农村特困儿童的发展权主要体现在特困儿童的人际关系、教育方面。一是特困儿童的人际关系，相对于其他需要，特困儿童对自己的人际交往状况评价良好，但受艾滋病影响儿童、患心理疾病儿童和身体残疾儿童的人际关系相对较差。二是特困儿童的教育需要现状，特困儿童受教育比例偏低，且随年龄的增长而下降，其中受艾滋病影响儿童、身体残疾儿童和患心理疾病儿童接受学校教育的机会更少。

（三） 以西部农村特困儿童的需求为导向进行社会救助

由于西部农村特困儿童的生存权、受保护权、参与权和发展权的实现程度不高，西部农村特困儿童社会救助实践的成效不足。提高特困儿童社会救助实践的成效，构建社会工作体系嵌入西部农村特困儿童社会救助实践的机制，要以满足特困儿童的需要，提高特困儿童社会权利的实现程度为导向。

一要提高特困儿童生存质量。生存权是特困儿童享有的基本权利，主要表现在吃、穿、住、健康等方面。现阶段，西部农村特困儿童生存权的实现仅停留在解决温饱问题上，提高西部农村特困儿童社会救助实践的成效，须提高特困儿童生存权的实现程度。一方面，提高西部农村特困儿童生活照顾需要的质量，满足其保障基本生活和养育生活的福利需求。另一方面，针对特困儿童的健康需要，为其提供身心医疗照顾和预防保健服务。

二要保护特困儿童身心安全。根据儿童的受保护权，特困儿童应该被平等对待，当处于危机、紧急情况时应被给予保护。但西部农村特困儿童经常感知受到歧视，被欺负，遇到问题时会更多地依赖个人社会关系得到救助，其受保护权实现程度不高，身心安全得不到保障。进行特困儿童社会救助实践时，要保障特困儿童的人身安全和个人权益，提高制度化救助水平，保护特困儿童的身心安全，满足其免于受到伤害的福利需求。

三要提高特困儿童参与能力。根据儿童的参与权，农村特困儿童参与权的实现程度主要体现在娱乐、良好的家庭生活、参与救助等需求的满足程度上。娱乐是儿童生活和成长中必不可少的一个环节，特困儿童需要足够的休闲娱乐场所和专业的娱乐设备，不仅如此，还应帮助他们形成良好的娱乐态度和习惯以发挥娱乐的积极作用。家庭是儿童的主要生活场所，针对特困儿童对良好的家庭生活的需求，要帮助父母和孩子形成良好的亲子关系和适当的管教关系。由于儿童身心的脆弱性，对外界有较强的依赖性，关于参与救助的需求，特困儿童缺乏行动力，因此要给予特困儿童及时、合适的社会救助。

四要促进特困儿童身心发展。特困儿童发展的实现程度主要体现在其学习需求、人际交往需求以及健康的心理发展需求的满足程度上。在学习方面，应当为西部农村特困儿童提供良好的教育环境、教育救助资源和服务，以满足特困儿童学习方面的需求。在人际交往方面，帮助特困儿童学会沟通，获得人际交往的技巧，提高社会适应能力和形成正确的价值观。在良好的心理发展需求方面，应帮助特困儿童建立自我认同，提高自我成长的能力。

三 儿童回归社会正常化理论与西部农村特困儿童社会救助

以社会工作理论为指导，利用专业社会工作的优势，构建社会工作体系嵌入西部农村特困儿童社会救助实践的机制，改善特困儿童所处的特殊困境，帮助其回归社会，成为"正常人"。

（一）儿童回归社会正常化理论的发展

西方社会工作理论源远流长，学习和总结西方社会工作理论，有利于促进我国社会工作理论和实践的发展，帮助西部农村特困儿童改善境遇，回归社会正常化。通过归纳总结实践经验、借鉴其他学科理论，社会工作理论经历了从无理论指导到单一的精神分析理论的指导，再到综合借鉴心理学、社会学、认识论等多学科理论的发展。通过近一百年的发展，西方社会工作理论日臻完善，较有影响力的社会工作理论有心理动力学派、人文主义理论、认知行为理论、马克思主义理论、生态系统理论、女权主义理论、增权或倡导理论等。从整个发展历程来看，社会工作是一种"助人"的实践活动，帮助案主回归为"正常人"。西部农村特困儿童社会救助是为了帮助特困儿童实现社会权利，满足发展需求，帮助特困儿童改善当前所面临的困境，回归社会正常化。

（二）儿童回归社会正常化理论和实践的矛盾

儿童回归社会正常化实践需要正确的社会工作理论指导。在西部农村特困儿童社会救助实践中，因特困儿童所处的特殊困境，对特困儿童回归社会正常化实践提出更高的要求。但在西部特困儿童社会救助实践中，理论和实践的矛盾突出，缺乏本土化社会工作理论指导特困儿童社会救助。

一是理论和实践的"脱节"。大卫·豪曾指出，实务行动只有通过理论指导，才可能得到发展并达到其目的。在西部农村特困儿童社会救助实践中，一方面，缺乏社会工作专业人才，非社会工作专业人才缺乏相关专业知识背景和技术方法，没有科学的社会工作理论指导其实践；另一方面，从事特困儿童社会救助的社会工作者不能有效地将理论知识应用于实践活动中，在实践中更加重视经验的积累和技巧的获得，未能充分发挥理论对实践的指导作用。

二是实务先行。我国社会工作专业发展初期重视实务层面的操作问题，而不重视理论研究问题，忽视了对理论的学习和研究。社会工作实务向着技能化和经验化发展，将社会工作专业实践推向了单一性的边缘，使社会工作者于无形中被分化为理论研究者和实践者两个阵营。在西部农村特困儿童社会救助实践中，缺乏社会工作专业对口岗位，阻碍了专业社会工作者投入特困儿童社会救助实践中。

三是缺乏西部农村本土化的社会工作理论，社会工作者在理论选择上陷入困境。同西方发达国家相比，我国社会工作发展不成熟，还处于套用西方主流社会工作理论的阶段，我国本土化的社会工作理论体系还未形成。在西部农村特困儿童社会救助实践中，没有总结归纳出西部农村本土化的社会工作理论，主流社会工作理论在西部农村"水土不服"。

（三）对构建西部农村特困儿童社会救助体系的启示

构建社会工作体系嵌入西部农村特困儿童社会救助实践机制，要学习和研究西方社会工作理论，取其精华，去其糟粕，将西方社会工作理论与西部农村地区特殊情况相结合，形成本土化的社会工作理论和实践。

一是以实践为导向。从西方社会工作发展的历程来看，社会工作理论体系建构直接借用心理学、社会学等其他学科的理论体系，实践在其中的作用微乎其微。实践是认识的来源，在构建社会工作体系嵌入西部农村特困儿童社会救助实践的机制时，要以西部农村社会工作实践为基础，在实践中总结经验教训并将其升华为理论，然后以理论指导实践，在实践中检验理论的正确性，周而复始，循环往复，最终形成符合西部农村特困儿童社会救助具体情况的社会工作体系。

二是以科学研究为手段。20世纪90年代以来，美国社工学院得到了政府和民间的大量资助，成立了研究中心以整合学术资源，提升研究水平，并且取得了较好的成绩，赢得了外界对社会工作学术性的认可。目前我国社会工作界问题意识较为薄弱，科学研究能力还有待进一步提升。因此在构建社会工作体系嵌入西部农村特困儿童社会救助实践机制时，要以问题为导向，加强科学研究，一方面，通过科学研究去修订和完善西方社会工作理论，借鉴西方社会工作理论中的有益成分并将其应用于西部农村特困儿童社会救助实践。另一方面，不断深入研究西部农村社会工作面临的实际问题，将其提炼为理论，通过探究关联以形成体系或者框架。

三是以本土思维方式为指导。本土思维方式影响社会工作的构成和实践，对"引进"的社会工作理论提出挑战。以西部农村本土思想资源为支撑构建社会工作体系嵌入西部农村特困儿童社会救助实践机制，考察本土思想资源与社会工作之间的相关性，不仅可以为社会工作的发展提供知识支持，还可以为现有的社会工作实践提供理论框架。

四是以制度传统为支撑。虽然我国的社会工作是一个新兴专业和职业，但我国的一些制度传统早已蕴含社会工作的思想，如群众工作。在社会工作理论体系中加入我国制度传统中的经验，有利于丰富我国的社会工作理论，所以在构建社会工作体系嵌入西部农村特困儿童社会救助机制时应注意研究和总结中国自身制度传统中的经验。

社会工作理论是构建社会工作体系嵌入西部农村特困儿童社会救助机制的理论基础之一。科学的本土化的社会工作理论，有利于促进社会工作体系和西部农村特困儿童社会救助深度融合，推动西部农村特困儿童社会救助实践发展。

第二节　社会工作体系嵌入的现实必要性

随着社会福利政策的日益完善、社会救助制度的日益健全、多元救助主体的日渐成熟以及专业化社会工作人才队伍的日渐壮大，构建社会工作体系嵌入西部农村特困儿童社会救助实践机制有了成熟的现实条件的支撑。

一 儿童社会救助政策发展的需要

政府制定社会福利政策的理念随着政府执政理念的创新而不断发展，民生已然成为发展的重中之重。儿童是社会的未来发展主体，儿童福利成为社会福利中的重要组成部分。

（一）政府政策制定理念的发展阶段

政府执政的理念是推动社会救助政策创新发展不可缺少的要素。[①] 改革开放后，社会救助政策随着政府执政理念的变化而不断向前推进，通过对政府执政理念的分析，可以将社会救助政策的发展分为三个阶段。

一是1979~1987年的社会救助政策缺位阶段。这一时期，刚进入改革开放，经济水平落后，物质匮乏。政府制定政策的理念是以经济发展为中心，主要解决经济发展问题，缺少相关的社会救助政策，处于社会救助政策"缺位"阶段。

二是1988~2002年的提供基本生活保障救助的社会救助政策阶段。这一时期，政府制定政策的理念是建设社会主义市场经济体制。改革开放取得一定成就，经济得到初步发展，但贫富差距拉大，社会弱势群体问题突出，政府在解决经济发展问题的同时，也解决社会发展问题，提出了保障社会弱势群体的基本生活保障的社会政策，社会政策理念开始转型。

三是从2003年至今提供专项救助的社会救助政策阶段。这一时期，政府制定政策的理念是科学发展。从"四位一体"的建设体系发展为"五位一体"的建设体系，民生问题成为发展的重中之重，提出必须在经济发展的基础上，着力保障和改善民生，推进社会体制改革，扩大公共服务范围，完善社会管理，促进社会公平正义，使全体人民学有所教、劳有所得、病有所医、老有所养、住有所居；[②] 提出了专项社会救助政策，以拓展和延伸基本生活保障救助（包括医疗救助、教育救助、住房救助、法律救助等）。

[①] 彭华民：《中国社会救助政策创新的制度分析：范式嵌入、理念转型与福利提供》，《学术月刊》2015年第1期。

[②] 胡锦涛：《高举中国特色社会主义伟大旗帜 为夺取全面建设小康社会新胜利而奋斗》，人民出版社，2007。

（二）中国儿童福利政策发展最新形势

《中国儿童福利政策报告（2016）》显示，从 2015 年 6 月至报告统计结束时间，中央共出台了 30 个与儿童保护相关的文件，关于儿童救助方面的文件有 9 个，儿童权益法治保护成为重点，民政部、公安部联合下发《关于开展查找不到生父母的打拐解救儿童收养工作的通知》，《中华人民共和国反家庭暴力法》终获通过。生活保障方面，出台了 5 个相关文件，以有效解决重残儿童护理、"黑户"儿童户口登记等突出社会问题；医疗健康方面，共出台 5 个文件，以解决儿童用药、残疾儿童康复等热点问题；教育发展方面，共出台 10 个文件，以促进普通教育和特殊教育均衡发展。

政府已将社会重点关注的农村留守儿童问题纳入其重要职责范围，2016 年 2 月，国务院出台《关于加强农村留守儿童关爱保护工作的意见》，关于农村留守儿童问题，首次从中央层面做出全面系统的制度安排。对孤残儿童、困难儿童提供津贴保障，实现大病医保全覆盖；教育政策方面，首次建立城乡一体化的义务教育经费保障机制，实现教育经费"钱随人走"。2015 年 11 月，国务院印发《关于进一步完善城乡义务教育经费保障机制的通知》，一方面，推动教育经费随学生流动；另一方面，对公办和民办学校就读的学生一视同仁，学生都可以享受"两免一补"，积极实现城乡义务教育一体化，推动农业转移人口市民化。此外，《中央财政支持学前教育发展资金管理办法》出台，重点支持中西部和东部困难省份。

教育部制定《特殊教育教师专业标准（试行）》，促进特殊教育教师专业发展，身体残疾的特困儿童也能获得合适的教育机会。基层儿童福利服务体系建设全面铺开。2015 年 10 月，依据中国儿童福利示范项目的经验，民政部社会福利和慈善事业促进司在全国 31 个省份 100 个县的 1000 个村正式启动基层儿童福利服务体系建设试点工作。

二 特困儿童社会保障制度日益健全

儿童社会福利制度是社会工作体系嵌入西部农村特困儿童社会救助的政策支持。随着社会经济的发展，我国的儿童社会福利制度逐步完善。一方面，广义的针对儿童福利的社会福利制度体现在基本生活保障、医疗保障和教育保障三部分。另一方面，针对处于特殊困境的不同儿童有不同的儿童社会福利制度，如弃婴、孤儿、流浪乞讨儿童、受艾滋病影响儿童、打拐解救儿童、残疾儿童及其他儿童等。

（一） 我国普通儿童福利保障制度的发展

我国儿童福利保障制度主要体现在基本生活保障、医疗保障、教育保障方面。

一是基本生活保障方面，1997年国务院下发《关于在全国建立城市居民最低生活保障制度的通知》和2007年国务院下发《关于在全国建立农村最低生活保障制度的通知》，分别将我国城市和农村生活困难的居民纳入最低生活保障制度之中，形成了较为完善的低保制度。2014年2月国务院颁布的《社会救助暂行办法》，第二章第九条明确说明"国家对共同生活的家庭成员人均收入低于当地最低生活保障标准，且符合当地最低生活保障家庭财产状况规定的家庭，给予最低生活保障"[1]，贫困家庭儿童从制度层面上被纳入社会救助保障制度内，据民政部统计，截至2015年底，全国有农村低保对象2846.2万户、4903.6万人[2]。

二是医疗保障层面，儿童最基本权利是健康权，《中国儿童发展纲要（2011—2020年）》以降低儿童出生缺陷率和死亡率为首要目标，新型农村合作医疗保险制度和城镇居民基本医疗保险制度是未成年人医疗保障制度实现的基本途径，2010年6月卫生部、民政部《关于开展提高农村儿童重大疾病医疗保障水平试点工作的意见》的出台是专门针对未成年人医疗保障制度的一次有益探索。

三是教育保障层面，2006年9开始施行新修订的《中华人民共和国义务教育法》，义务教育被纳入国家财政保障范围，取消学费和杂费。同时为确保家庭经济困难的未成年人能够顺利接受义务教育，政府为其免费提供教科书，并补助寄宿生活费。2010年，流动人口子女接受义务教育以及参加升学考试被纳入教育改革范围。2010年，我国义务教育全免费的目标已基本实现，据统计，全国共有义务教育阶段学校24.29万所，比2009年减少1.11万所；招生3140.07万人；在校生有1.40亿人；专任教师有916.08万人；九年义务教育巩固率为93.0%。

---

[1] 《社会救助暂行办法》，中华人民共和国中央人民政府网站，http://www.gov.cn/zhengce/2014-02/28/content_2625652.htm。

[2] 《2015年社会服务发展统计公报》，中华人民共和国民政部网站，http://www.mca.gov.cn/article/sj/tjgb/201607/20160715001136.shtml。

（二）针对困境儿童的福利保障制度的发展

在前文我们提到狭义儿童福利针对特定的儿童和家庭，这类儿童是儿童群体中最脆弱、最需要保护的对象。针对不同困境的儿童，有不同的社会救助政策，下文将按类别梳理现阶段特困儿童的社会保障政策。

一是针对弃婴，民政部、国家发展和改革委员会、公安部、司法部、财政部、国家卫生和计划生育委员会、国家宗教事务局为维护弃婴合法权益，促进弃婴健康成长，联合制定出台了《关于进一步做好弃婴相关工作的通知》，要求切实做好弃婴的接收、体检、户籍登记和抚育工作，着力解决当前民办机构和个人收留弃婴问题，同时要求不断加强弃婴源头治理工作，落实相关部门职责，形成工作合力[1]，为弃婴救助提供可供参考的政策依据。

二是关于孤儿救助，2010年11月，国务院办公厅出台《关于加强孤儿保障工作的意见》，从拓展安置渠道、建立孤儿基本生活保障制度、提高孤儿医疗康复保障水平、落实孤儿教育保障政策、扶持孤儿成年后就业、加强孤儿住房保障和服务、加强儿童福利机构建设等方面进一步健全孤儿保障体系和提高保障水平，促进孤儿福利事业健康发展[2]。

三是流浪乞讨儿童救助，民政部门下设流浪儿童救助保护中心，主要负责对流浪未成年人提供短期救助和照料，帮助他们重返家庭。2011年8月，国务院办公厅出台《关于加强和改进流浪未成年人救助保护工作的意见》，从政策措施上加强和改进流浪未成年人救助保护工作，要求进行更加积极主动的救助保护、加大打击拐卖未成年人犯罪力度、帮助流浪未成年人及时回归家庭、做好流浪未成年人的教育矫治工作、强化流浪未成年人源头预防和治理。[3] 2015年民政部统计数据显示，全国共有478个儿童福利机构，8.9万张床位；275个未成年人救助保护中心，1.1万张床位，全年共救助流浪乞讨未成年人4.7万人次。[4]

---

[1]《民政部　国家发展和改革委员会　公安部　司法部　财政部　国家卫生和计划生育委员会　国家宗教事务局　关于进一步做好弃婴相关工作的通知》，中华人民共和国中央人民政府网站，http://www.gov.cn/zwgk/2013-06/18/content_2427922.htm。

[2]《国务院办公厅关于加强孤儿保障工作的意见》，中华人民共和国中央人民政府网站，http://www.gov.cn/zwgk/2010-11/18/content_1748012.htm。

[3]《国务院办公厅关于加强和改进流浪未成年人救助保护工作的意见》，中华人民共和国中央人民政府网站，http://www.gov.cn/zwgk/2011-08/18/content_1927798.htm。

[4]《2015年社会服务发展统计公报》，中华人民共和国民政部网站，http://www.mca.gov.cn/article/sj/tjgb/201607/20160700001136.shtml。

四是受艾滋病影响儿童救助，从2009年开始，逐步出台了《关于进一步加强受艾滋病影响儿童福利保障工作的通知》《关于发放艾滋病病毒感染儿童基本生活费的通知》《关于进一步落实受艾滋病影响儿童医疗教育和生活保障等政策措施的通知》，以逐渐消除对受艾滋病影响儿童的社会歧视，切实落实受艾滋病影响儿童包括医疗服务、接受教育、基本生活保障等在内的各项政策措施，依法保护受艾滋病影响儿童的隐私。

五是打拐解救儿童救助，2007年国务院办公厅印发《中国反对拐卖妇女儿童行动计划（2008—2012年）》，提出建立反对拐卖妇女儿童行动（简称反拐）合作机制、开展打击拐卖妇女儿童犯罪专项行动等，最大限度预防和减少拐卖妇女和儿童犯罪活动，切实维护妇女儿童合法权益。2011年，国务院办公厅出台《关于加强和改进流浪未成年人救助保护工作的意见》，指出由民政部门安置代养打拐被解救且查找不到父母的儿童。

六是残疾儿童救助，教育救助是残疾儿童社会救助的重要组成部分，《中华人民共和国残疾人保障法》和《中华人民共和国义务教育法》明确规定残疾儿童享有平等教育权。2014年《国务院办公厅关于转发教育部等部门特殊教育提升计划（2014—2016年）的通知》出台，要求扩大残疾儿童少年义务教育规模、积极发展非义务教育阶段特殊教育、加大特殊教育经费投入力度、加强特殊教育基础能力建设、加强特殊教育教师队伍建设、深化特殊教育课程教学改革，切实保障残疾儿童受教育的权利。

七是其他困境儿童救助，为保障困境儿童的健康发展，2013年11月，党的十八届三中全会《中共中央关于全面深化改革若干重大问题的决定》，明确提出"健全困境儿童分类保障制度"，困境儿童保障被提到国家重大改革的议事日程之中。随后，通过民政部在全国推行的适度普惠型儿童福利制度建设试点和未成年人社会保护试点，困境儿童被逐步纳入国家保障体系中。

三 多元社会救助主体融合的需要

政府、社会组织、志愿者是特困儿童社会福利的多元提供主体，政府治理模式创新、社会组织的培育和发展，为构建社会工作体系嵌入西部农村特困儿童社会救助实践机制创造了主体条件。

（一）政府社会治理模式的创新

党的十八届三中全会通过的《中共中央关于全面深化改革若干重大问题

的决定》指出,"全面深化改革的总目标是完善和发展中国特色社会主义制度,推进国家治理体系和治理能力现代化","创新社会治理,必须着眼于维护最广大人民根本利益,最大限度增加和谐因素,增强社会活力,提高社会治理水平"。"社会治理"概念第一次正式亮相于党的文件中,由"自上而下"的政府主导的社会管理转变为"上下互动"的政府与社会共同合作的社会治理,其变化体现在以下几个方面。

一是治理主体多元化。政府在"社会管理"时代扮演着"万能政府"的角色,政府无所不包、无所不能,但社会缺乏活力和良好的自身组织调节能力。党的十八届三中全会后,政府转变治理观念,提出"创新社会治理",逐渐放权于社会,政府、市场、社会等都是社会治理的主体,社会治理主体之间具有平等协作的关系,通过平等协商,服务治理公共事务。

二是治理主体平等化。政府放权于社会,各社会主体共同参与社会治理,分享发展成果。社会组织、私人部门承担部分政府责任,及时建言献策,化解矛盾,解决问题,维护社会稳定。多元社会治理主体之间形成密切的、平等的网络关系,在平等协商的框架之下,形成有效的社会治理。如在20世纪50年代,居委会协调辅助社会管理,我国一些城市成立的以居民组、居民委员会为主的自治组织,是真正意义上的居民自治组织,现在的居民委员会更实现了角色的转换,分担政府的部分行政职能和社会事业管理职能,是政府的主要帮手。

三是治理手段法治化。党的十八届四中全会指出,"全面推进依法治国,总目标是建设中国特色社会主义法治体系,建设社会主义法治国家","实现科学立法、严格执法、公正司法、全民守法、促进国家治理体系和治理能力现代化"。一方面,更加强调国家机关工作人员严格执法和公正司法,增强司法公信力,加强法治工作队伍建设,推进依法行政,加快建设法治政府。另一方面,增强全民法治观念,引导群众依法理性表达诉求,依法维护自身合法权益,推进法治社会建设。

四是治理手段专业化。形成政府、市场、法律、文化、道德等多维度的治理方法,政府扮演宏观调控者的角色,市场扮演资源配置者的角色,法律扮演规范者的角色,文化和道德扮演教化者的角色,充分发挥政府、市场、法律、文化和道德在社会治理中的作用,共同营造良好的社会治理环境。同时,社会治理创新也重视对其他社会规范的应用,如制定和完善市民共约、村规民约,发挥居民自治的积极作用。

各社会治理主体在"社会治理"模式下逐渐参与到社会发展决策中,扮演着日益重要的角色。"社会管理"向"社会治理"的转变，为社会工作体系嵌入西部农村特困儿童社会救助实践提供了现实基础，将有效促进西部农村特困儿童社会救助实践发展。

（二）社会组织的培育和发展

近年来，在我国的社会救助服务中，非政府组织成为其中一股比较引人注目的新兴力量，面对市场和政府在提供社会救助公共物品时所存在的"失灵"问题，其为我国社会救助体系的建立注入了新的活力[①]。随着改革开放的深入发展，非政府组织的规模不断扩大，涌现了大量的社会团体和民办非企业单位。为社会工作嵌入西部农村特困儿童社会救助提供了组织优势。

根据《2015年社会服务发展统计公报》，全国共有社会组织66.2784万个，比上年增长9.3%（见表3-1）；吸纳社会各类人员734.8万人，比上年增长7.7%，全年累计收入为2929.0亿元，支出为2383.8亿元，形成固定资产2311.1亿元。接受各类社会捐赠610.3亿元。具体说来，全国共有社会团体32.9万个，比上年增长6.1%；共有各类基金会4784个，比上年增加667个，增长16.2%；共有民办非企业单位32.9万个，比上年增长12.7%。非政府组织作为我国社会救助领域的一支重要力量，其地位在日益上升，能够有效补充政府社会救助力量，当出现政府社会救助力量不能及的空缺时能够及时填补。由图3-1可以看出我国社会组织数量2008~2015年的增长变化情况。

表3-1　2008~2015年我国各类社会组织的数量

单位：万个

指标	2008年	2009年	2010年	2011年	2012年	2013年	2014年	2015年
社会团体	23	23.9	24.5	25.5	27.1	28.9	31	32.9
基金会	0.1597	0.1843	0.2200	0.2614	0.3029	0.3549	0.4117	0.4784
民办非企业单位	18.2	19	19.8	20.4	22.5	25.5	29.2	32.9

资料来源：《2015年社会服务发展统计公报》，中华人民共和国民政部网站，http://www.mca.gov.cn/article/sj/tjgb/201607/20160715001136.shtml。

非政府组织的活动基础是基层，其能够更为直观地认识处于社会底层人群的需求，其活动及发展空间十分广阔。非政府组织的兴起使中国丰富的人

[①] 刘岚源：《论中国非政府组织在社会救助中的角色定位》，《劳动保障世界》（理论版）2013年第4期。

力资源、物力资源和自然资源得到有效的利用,打破了过去由政府包办一切的社会结构,形成了与企业—市场体系和政府—国家体系并列的第三体系,成为我国社会主义现代化建设的一支重要力量①。

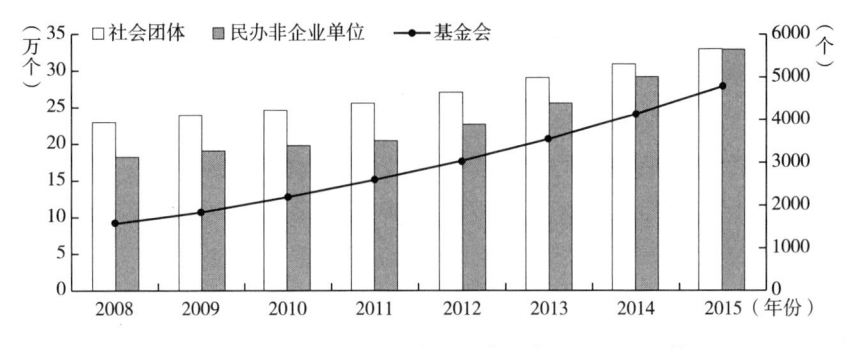

图 3-1 2008~2015 年我国各类社会组织增长趋势

资料来源:《2015 年社会服务发展统计公报》,中华人民共和国民政部网站,http://www.mca.gov.cn/article/sj/tjgb/201607/20160715001136.shtml。

随着西部农村社会发展问题的增多,特困儿童面临的问题日益复杂化,其社会需求随之个性化、特殊化,对西部农村特困儿童社会服务提出多样化、个性化的要求,仅依靠政府进行社会救助无法满足西部农村特困儿童社会救助的需求。因此,在西部农村特困儿童社会救助实践中,"小政府、大社会"是必然趋势。坚持政府主导,强调发挥社会组织在社会服务中的作用,由社会组织承担部分政府责任,其成为社会服务领域的主力军,在社会服务中发挥积极作用。根据成都社会组织信息网公布的数据,截至 2016 年,成都市共有各类社会组织 7476 个,各类社会组织分工合作,在社会服务中发挥积极作用。西部各地区社会组织的逐步兴起和发展,为社会工作嵌入西部农村特困儿童社会救助奠定了组织基础,社会工作以社会组织为平台,参与西部农村特困儿童社会救助实践。

四 专业化社会工作发展的需要

社会工作本身的发展为构建社会工作体系嵌入西部农村特困儿童社会救助实践机制提供了专业支持,同时西部农村特困儿童社会救助工作体系也为本土化社会工作发展提供了机遇。2006 年,党的十六届六中全会提出"建设

---

① 许欢科:《第三部门在中国发展的问题及对策分析》,《实事求是》2010 年第 4 期。

宏大的社会工作人才队伍"，正式将社会工作纳入中央政策体系，此后，社会工作政策与实践得到快速发展。综观整个社会工作政策发展历程，其轨迹首先是教育部、民政部个别参与推动，然后到党中央、国务院整体规划推动，最后是中央和地方、党委和政府联合推动。党的十八届三中全会提出"创新社会治理体制"，党的十八届四中全会提出"深化基层组织和部门、行业依法治理，支持各类社会主体自我约束、自我管理"①，提供了提升社会工作主体性及发展专业政策的历史契机。从党的十七大到党的十八大，国家顶层制度创新推动管理型政府向服务型政府、管控型社会管理模式向服务型社会治理模式的转型，政府执政核心理念由"社会管理"向"社会治理"转变，社会组织承担了政府让渡的部分社会福利和公共服务事务，社会工作在这一过程中得到发展。社会工作的发展主要体现在政策发展、机构发展和人才队伍建设三个方面。

（一）社会工作政策发展现状

中国社会工作政策发展正在经历从无到有、从碎片化走向系统化、从形式性走向实质性的新阶段。② 经济发展是社会政策发展的基础，随着我国经济持续发展，我国出台了大量的社会政策，社会政策对象由弱势群体拓展到社会普通成员，社会政策理念由"以国家为本""以政策为本"转变为"以人为本""以服务为本"，社会政策体系由"碎片化""临时性"发展为"系统化""制度化"，推动了专业社会工作的发展。冯元、彭华民梳理出2006~2015年的23项有关社会工作发展的专门性政策（见表3-2）。

表3-2　2006~2015年我国社会工作政策统计

年份	发文单位	政策名称
2006	人事部、民政部	《助理社会工作师、社会工作师职业水平考试实施办法》
2006	人事部、民政部	《社会工作者职业水平评价暂行规定》
2007	民政部	《关于开展社会工作人才队伍建设试点工作的通知》
2008	人保部、民政部	《关于民政事业单位岗位设置管理的指导意见》
2009	民政部	《关于促进民办社会工作机构发展的通知》

---

① 《中国共产党第十八届中央委员会第四次全体会议公报》，新华网，http://news.xinhuanet.com/zgjx/2014-10/24/c_133739200.htm。
② 冯元、彭华民：《中国社会工作政策发展的背景、动力与价值》，《中州学刊》2016年第1期。

续表

年份	发文单位	政策名称
2009	民政部	《社会工作者继续教育办法》
2009	民政部	《关于开展第一批社会工作人才队伍建设试点工作的通知》
2009	民政部	《社会工作者职业水平证书登记办法》
2011	民政部等十八部门	《关于加强社会工作专业人才队伍建设的意见》
2011	民政部等十九部门	《社会工作专业人才队伍建设中长期规划（2011—2020年)》
2012	民政部	《社会工作者职业道德指引》
2012	民政部、财政部	《关于政府购买社会工作服务的指导意见》
2013	民政部	《关于确定首批企业社会工作试点地区和单位的通知》
2013	民政部	《关于做好首批边远贫困地区、边疆民族地区和革命老区社会工作专业人才支持计划实施工作的通知》
2013	民政部、财政部	《关于加快推进社区社会工作服务的意见》
2013	民政部	《关于加快推进灾害社会工作服务的指导意见》
2013	民政部	《关于开展社会工作服务示范创建活动的通知》
2014	民政部等六部门	《关于加强青少年事务社会工作专业人才队伍建设的意见》
2014	民政部	《关于开展首批全国社会工作领军人才选拔活动的通知》
2014	民政部	《关于进一步加快推进民办社会工作服务机构发展的意见》
2014	民政部	《儿童社会工作服务指南》
2014	民政部	《社会工作服务项目绩效评估指南》
2015	民政部、财政部	《关于加快推进社会救助领域社会工作发展的意见》

资料来源：冯元、彭华民《中国社会工作政策发展的背景、动力与价值》，《中州学刊》2016年第1期。

（二）社会工作机构发展现状

社会工作专业服务机构不断升级。首先，2015年3月18日，中国社会工作协会升级为中国社会工作联合会，成为同性质、同类别社会组织的中枢组织和联合平台。2015年5月22日，中国社会工作学会在北京正式成立，成为社会工作领域首个国家一级学术团体。截至2015年底，全国共有社会工作行业协会455家，比2014年增长57.4%，其中有省级行业协会30家，地市级行业协会129家，县级行业协会296家。其次，社会工作平台进一步完善，社会工作行政管理机构不断健全。截至2015年底，各地在事业单位、城乡社区设置社会工作专业岗位181273个，比2014年增长59.1%。其中，北京、辽宁、上海、江苏、山东、广东等地专业社工岗位数量超过1万个。[1]

(三) 社会工作人才队伍建设现状

一是高校社会工作教育培养了一批具有专业素质的社会工作人才。从1987年9月社会工作专业学科地位被重新确认至2009年底，已经形成了相对成熟的教育体系，包含大专、本科与研究生学历，每年有毕业生万余人，培养了大批社会工作专业人才，促进了社会事业的发展。2010年5月25～26日召开全国人才工作会议，首次将社会工作人才队伍建设纳入《国家中长期人才发展规划纲要（2010—2020年）》之中，提出我国社会工作人才培养的建设目标是："适应构建社会主义和谐社会的需要，以人才培养和岗位开发为基础，以中高级社会工作人才为重点，培养造就一支职业化、专业化的社会工作人才队伍。到2015年，社会工作人才总量达到200万人。到2020年，社会工作人才总量达到300万人"。截至2015年底，开办社会工作专业本科的高等院校有321所，开设社会工作专业专科的高职高专院校有70所，其中具有社会工作硕士（MSW）学位授予权的学校有104所。[2]

二是社会工作者职业水平评级体系逐渐完善。2003年初，民政部下发了《关于加强社会工作队伍建设的通知》，积极倡导有条件的省份开展社会工作职业化制度试点工作，科学规范建设社会工作人才队伍。2006年7月，《社会工作者职业水平评价暂行规定》和《助理社会工作师、社会工作师职业水平考试实施办法》的发布标志着我国社会工作者职业水平评价制度正式建立，就国家制度层面而言，社会工作者被纳入专业技术人才范畴。[3]

第三节 社会工作体系嵌入的民族必要性

自我国改革开放以来，经济社会得到了快速发展，但同时也产生了复杂的社会利益格局和社会矛盾冲突，如贫富差距、东西地区的发展差距等。由

---

[1] 《中国社会工作发展报告（2015）节选》，公益时报网，http://www.gongyishibao.com/newdzb/html/2016-03/08/content_13619.htm?div=-1。

[2] 《中国社会工作发展报告（2015）节选》，公益时报网，http://www.gongyishibao.com/newdzb/html/2016-03/08/content_13619.htm?div=-1。

[3] 中国社会工作协会主编《中国社会工作发展报告（1988—2008）》，社会科学文献出版社，2009，第15页。

于地理环境、历史文化、区域社会发展水平等因素,西部地区在当前呈现独有的特点,即存在贫困人口集中地、少数民族聚居地、宗教信仰集中区。西部地区所具有的民族特性对西部农村特困儿童社会救助提出了特殊的要求,即社会工作体系嵌入具有民族必要性。

一 西部地区特困儿童分布的民族特征

基于本书调研数据,结合相关调研报告,西部地区特困儿童具有如下特征。

(一) 贫困发生率高

儿童处于困境的发生率在很大程度上取决于该群体所生活成长的社会环境。一个地区的贫困发生率在很大程度上决定了该地区特困儿童的发生率。

截至2015年,西部地区贫困发生率仍然维持在两位数水平。2015年全国贫困发生率为5.7%,西部地区的贫困发生率为10.6%,高出全国4.9个百分点。在西部少数民族地区,贫困发生率更高。国家民委对我国西部民族地区的调查显示,2014年西部民族八省份的农村贫困人口为2205万人,占八省份农村人口的14.7%,占全国贫困人口的比重为31.4%,贫困发生率高出全国7.5个百分点。[1]

西部地区贫困率高使得该地区成为我国特困儿童主要集中区域,主要表现如下。第一,西部农村贫困儿童数量多。截至2013年,我国儿童有17.6%处于贫困线以下,数量大约为4008万人,其中西部农村儿童陷入绝对贫困状态的比例高达12.15%;至于农村儿童陷入相对贫困的比例,西部也比东部高出许多。第二,西部农村地区成为中国留守儿童高度集中地区。中国留守儿童数量庞大,相关调查结果显示,2012年全国已有超过6000万名留守儿童。其中,四川留守儿童占比最大,达到11.34%;从农村留守儿童所占农村儿童比例来看,西部省份,如四川、重庆等已超过50%,广西、贵州也超过40%。第三,西部地区孤儿率高于其他地区。从我国孤儿分布区域来看,农村地区孤儿数量占全国孤儿数量的九成。从孤儿数量占人口数量比重来看,西部地区一些省份的孤儿率远高于经济环境好的地区,比如西藏、

---

[1] 《国家民委发布:2014年少数民族地区农村贫困监测结果》,中国慈善新闻网,http://ccn.people.com.cn/n/2015/0415/c366510-26848283.html,2015年4月15日。

青海孤儿率在13‰以上，而北京、上海的孤儿率只有1‰。第四，流浪儿童主要来源于西部省份农村地区。我国流浪儿童中有83.3%来自农村，其中，又以来自中西部省份的流浪儿童为主，如四川、广西、贵州、新疆、湖南、河南、安徽等省份。

（二）特困儿童类别分布具有民族性

西部农村特困儿童的类别分布存在民族差异。西部农村汉族特困儿童群体中，经济困难儿童、孤儿、受艾滋病影响儿童、身体残疾儿童等类别的相对比例要低于少数民族特困儿童的相对比例，但是患严重心理疾病儿童和留守儿童的相对比例要高于少数民族特困儿童的相对比例。尤其是经济困难儿童和留守儿童的比例在民族分布中相差较大。西部农村汉族特困儿童群体中有51.0%属于经济困难儿童，相比西部农村少数民族特困儿童中经济困难儿童的相对比例，约低7个百分点；而汉族特困儿童中的留守儿童比例则高于少数民族特困儿童中留守儿童的比例，约高16.5个百分点。

西部少数民族地区适龄特困儿童接受九年义务教育的比例总体偏低，接受九年义务教育的比例随特困儿童年龄的增长而下降。在特困儿童样本中，接受九年义务教育的比例为83.4%。由于接受九年义务教育儿童的年龄通常在16岁以下，本书将样本按照年龄（16岁）进行划分，16岁以下的西部农村特困儿童接受教育的比例为88.1%。而《国家中长期教育改革和发展规划纲要（2010—2020年）》中期评估义务教育专题评估报告显示，2010~2014年全国九年义务教育巩固率从87.5%上升到92.6%。[①]

（三）西部农村特困儿童需求具有民族性

全国有55个少数民族，其中50个少数民族分布在西部地区，西部地区少数民族人口数量占全国少数民族人口数量的75%左右。其中，人口数量前十位的少数民族中，有7个主要聚居于西部地区，分别是壮族、回族、维吾尔族、苗族、彝族、藏族、侗族等。另外西部地区还有20余个少数民族跨国界居住，如维吾尔族、藏族、回族、彝族等。西部农村特困儿童分布在各少数民族，并在需求满足方面与西部农村汉族特困儿童存在差异。

---

① 西南大学评估组：《义务教育第三方评估情况》，教育部网站，http://www.moe.gov.cn/jyb_xwfb/xw_fbh/moe_2069/xwfbh_2015n/xwfb_151126/151126_sfcl/201511/t20151126_221196.html，2015年11月26日。

在生活总体评价方面,相比汉族特困儿童,少数民族特困儿童对自己生活的评价更加分化一些。汉族特困儿童对自己所受照顾评价较高的比例(34.8%)低于少数民族特困儿童(36.9%),同时对自己所受照顾评价较低的比例(12.7%)也低于少数民族特困儿童(14.2%)。

在基本生存权需求满足方面,西部农村少数民族特困儿童对吃、穿、住的评价要高于西部农村汉族特困儿童。从儿童福利权的各维度来看,存在民族差异。在健康权方面,西部农村特困儿童对自己健康状况以及运动状况的评价存在民族差异,总体上,西部农村少数民族特困儿童在这一维度的需求满足程度要高于西部农村汉族特困儿童。在受保护权维度,相比汉族大龄特困儿童,少数民族大龄特困儿童在生活和学习中受到更多的歧视,少数民族儿童对来源于社会关系网络的支持如亲戚、老师和社会等主体帮助的感知要多于汉族儿童。在参与权维度,少数民族儿童的娱乐状态要好于汉族儿童,少数民族特困儿童的家庭生活状况也要好于汉族儿童,在求助方面,相比少数民族儿童,汉族儿童更可能找亲戚或老师或朋友帮忙,不知道怎么办的比例也要低于少数民族儿童;而相比汉族儿童,少数民族儿童更有可能自己解决或向政府求助。在发展权维度,虽然受教育机会没有民族差异,但特困儿童的学习状态表现出民族差异,少数民族儿童的学习状态要好于汉族儿童;人际关系方面的民族差异主要体现为少数民族儿童的人际关系要好于汉族儿童。

二 社会工作体系嵌入与西部少数民族地区儿童福利政策

从西部农村特困儿童需求满足的民族差异中我们可以发现,西部民族文化中济贫扶弱、互助共济的因子对西部农村特困儿童需求满足产生重要影响,形成了对国家儿童福利政策的有力补充。西部少数民族农村地区的政府和各职能部门除了要执行中央和各部委制定的救助政策外,还要根据本地实际情况,制定切实可行的救助政策。为了解决特殊困难儿童基本生活,教育、医疗等困难,四川省凉山彝族自治州州委、州政府制定出台《关于切实做好特殊困难儿童救助工作的通知》《凉山州特殊困难儿童救助管理实施办法(试行)》《关于进一步加强"特殊困难儿童"援助保障工作的意见》《凉山州人民政府办公室关于进一步加强我州孤儿救助保障工作的实施意见》,这些政策明确了凉山彝族自治州特殊困难儿童救助保障原则、范围、标准、程序、工作职责、资金筹集管理等实施办法。西藏自治区人民政府制定《关于全面推进五保集中供养和孤儿集中收养工作的意见》，全面推进拉萨市五保集中供养和失依儿童集中收养工作。2015年，四川省甘孜藏族自治州政府印发《甘孜藏族自治州社会救助实施办法》。2014年，黔东南苗族侗族自治州印发《关于在全州开展适度普惠型儿童福利制度建设试点工作的通知》；2015年，贵州省政府制定《关于进一步加强留守儿童困境儿童关爱救助保护工作的实施意见》，计划在农村新建1000个"标准化农村留守儿童之家"。

从以上救助政策可以看出，我国在西部少数民族农村地区已经初步形成了国家—部门—地方的特困儿童救助政策体系，对保护特困儿童的生存权、发展权、参与权起到至关重要的作用。但是由于目前我国的特困儿童政策保护体系仍处于起步阶段，在实施对特困儿童的救助过程中出现了多头治理、缺乏协调、资源浪费、重复救助、救助缺失等问题。此外，由于我们在实施过程中不重视对方法和手段的研究，社会政策的实施效果大打折扣，因此在新形势下，亟须总结经验教训，完善我国西部少数民族农村地区的特困儿童政策体系。

社会工作作为一种重要的推进社会政策的方法或手段，秉承以人为本、助人自助的价值理念，与少数民族地区的互助传统不谋而合。因而将社会工作介入西部少数民族特困儿童救助中，用社会工作的新思路、新方法贯彻落实民族政策，能够使针对特困儿童的社会政策发挥理想的效果。就目前救助政策以及政策实施过程中出现的问题，借助社会工作，应进一步完善西部少数民族农村地区特困儿童政策体系。

第四章
社会工作体系建构

本章将从社会工作体系建构的基本原则、基本框架、各主体职责等三个方面较为详细地阐释如何构建西部农村特困儿童社会救助的社会工作体系。

第一节 社会工作体系建构的基本原则

针对特困儿童社会救助的现状和缺陷,在理论和现实条件日渐成熟的基础上,本书提出以整合输入、协调输出和专业传递为基本原则,构建西部农村特困儿童社会救助的社会工作体系。

一 整合输入原则

由于救助资源内容的重复以及救助输入的多头化、非系统化,西部农村特困儿童自我生活评价较低,如何发挥救助资源的合力成为构建西部农村特困儿童社会救助的社会工作体系需要思考的首要问题。整个社会工作体系以救助资源的输入为起点,整合输入原则的本质在于解决救助资源的内容管理问题,是救助资源协调使用和专业传递的基础。

(一) 特困儿童社会救助资源输入现状

实地调查结果显示,西部农村特困儿童社会救助资源在大类上包含行政性救助资源和社会性救助资源,在类和量上,行政性救助资源更为丰富。行政性救助资源主要包含两个方面：一是各类政策、法律、法规等文件性资源；二是农村低保、孤儿专项补助、教育补助等物质性救助资源和家庭收养、医疗救助、心理辅导、司法援助等服务性救助资源。社会性救助资源主要包括：一是物质性救助资源，比如建设学校、捐赠衣物、资助上学、生活物资帮助等；二是服务性救助资源，比如支教、免费体检、法律援助、生活照顾、倾听爱护等。

各类政策、法律、法规等是特困儿童救助的指导性文件，不仅确保行政性救助资源输入的规范性、持续性、落实性，也为社会性救助资源的输入提供指导和规范。不管是行政性还是社会性救助资源，都包含物质性和服务性，二者在具体内容和具体方式上都存在交叉重叠。以政府多头管理、政社分家、社会主体多样为特征的救助资源输入，容易导致西部农村特困儿童社会救助资源输入呈现散沙状态、同一救助资源过多造成浪费、救助资源不合需、急需性救助资源不足等问题。

（二）何为整合输入

整合输入的宗旨在于发挥救助资源的合力，合需且不浪费。儿童具有生存权、受保护权、参与权与发展权，以权利定需求，特困儿童需求具有共性和特性，不同的权利产生不同的共性需求和特性需求。整合输入原则要求将政府、企业、社会组织以及个人等资源主体纳入特困儿童社会工作体系的综合框架，明确救助资源的类型、可能的用途，根据特困儿童不同权利所对应的需求，实现权利—需求—救助资源的对应，即利用社会工作的专业优势建立与权利—需求—资源相对应的救助资源分类表，向社会各界发出合理的救助资源输入信号并将获得的多样化的救助资源进行分类整合，为救助资源的最优化分配铺垫基石，实现实际救助的按需分配目标。

二 协调输出原则

救助资源的输出直接影响救助资源效用的发挥。多头治理、缺乏协调导致有限救助资源被低效率使用，协调输出成为社会工作体系建构必须坚持的基本原则之一。

（一）特困儿童社会救助资源输出现状

从对已经接受过或者正在接受社会救助的受访家庭调查发现，无论是制度化救助还是临时性救助,政府都是核心主体。让受访者将所获救助主体进行排序,不管是制度化救助还是临时性救助,在排序第一的救助主体中,政府被选择的比例都是最高的,而慈善个体比社会组织被选的比例要高。从主动选择推算可选范围,西部农村特困儿童社会救助主体输出虽已呈多元化,但"官僚化、低效率"的政府部门仍为核心主体。这恰与救助资源的输出现状相呼应——政府多部门治理,社会灵活化参与,缺乏协调治理,劣势大于优势。

第一,政府救助稳定但效率不高。政府救助具备资金来源稳定、项目实施法治化等优点,但是仍然存在很多缺点。一方面,特困儿童救助政出多门,教育、民政、人社等部门分别设计和实施救助项目,结局就是"昨天一把米,今天一把米,却不知现缺柴火"。在特困儿童家庭的深度访谈中,当问及对当下救助的评价时,"衣服太多了,穿不完,别再给我们了,我们需要的是……"这样朴实的声音已然不是昙花一现。另一方面,"上层设计、基层执行"式的工作方式,导致救助项目形式化、不合需,让政府救助资源的实际输出者合理输出资源成为重要议题。另外,在第一章特困儿童概念界定时已提到,由于概念界定的不同,很多特困儿童被排除在实际救助之外。在对一位县政府儿童救助工作人员的访谈中,他提到"不管是我们县还是别的县,都存在这样一个现象,艾滋病儿童、残疾儿童、孤儿等困难特征特别显著的特困儿童群体获得救助的概率远远大于其他儿童"。特困儿童需求调查结果更证实了这一点:64.7%被调查特困儿童的生活总体评价为一般及以下,常被排除在社会各界救助关爱之外的汉族大龄特困儿童对自己的生活总体评价最低,其中16岁以上的男性儿童最甚。

第二,民间救助灵活但不稳定。民间救助可多渠道筹集资金,弥补政府失灵的缺陷,具有较大的灵活性和适应性,但由于信息资本有限、资金来源不稳定、资源输出往往掺杂主观愿望和好恶等,其资源输出行为缺乏理性,进而往往不能成为特困儿童家庭求助的主要选择,因此,在求助选择上,受访家长和特困儿童选择政府的比例均远远大于民间救助。

(二) 何为协调输出

资源的输出是特困儿童社会救助的关键。法治化、系统化等使政府救助具有规范、可持续等优点,但是强调等级和分工的官僚制体制也决定了其低效率的劣势;多样化、灵活化等使社会组织救助在适应性更强的同时也缺乏客观、系统设计。有效社会救助,不能仅依赖单一主体,统筹各主体的资源输出行为是社会工作体系构建的基本原则之一。协调输出就是以"救助资源配置依据不同救助资源对处于不同困境之中儿童的不同需求满足效用相等，使各种救助资源的边际效用相等"①为资源输出的调整方式，根据特困儿童的实际需要，统筹政府、社会的资源输出行为，避免浪费、重复、缺位问题，实现资源分配效用的最大化。

三 专业传递原则

资源传递是特困儿童救助的落地性行为，专业是效果的保障和必需。西部农村特困儿童社会救助工作人员缺乏专业素质，致使"下大力气、差效果"。因此，社会工作体系的构建必须坚持把专业传递作为基本原则之一。

（一）特困儿童社会救助资源传递现状

据调查，在西部农村特困儿童社会救助实践中，专业社会工作发展不足，掌握大量资源和熟悉特困儿童信息的基层政府往往是救助资源的传递者，然而不管是文献梳理，还是实地调查，结论都是基层政府不具备传递救助资源的专业能力，既浪费资源，又影响特困儿童回归正常化。

第一，基层政府缺乏专门部门和专业人才。一方面，特困儿童社会救助无专门科室管理，被兼并到其他科室，仅极少数县教育局为协调教育救助活动设立了特困儿童教育救助办公室。另一方面，基层政府工作人员缺乏专业知识背景，无法科学测定特困儿童个体需求和合理评估社会救助资源，设计的救助程序和救助方法缺乏可接受性。

第二，专业社会工作介入不足。在西部农村特困儿童社会救助中，专业社会工作的活动领域窄，专业社会工作者少，不能发挥社会工作在特困儿童社会救助中应有的作用。一方面，专业社会工作者在社会救助中的地位未引起基层政府部门的重视，限制其参与特困儿童救助。另一方面，专业社会工作的服务范围受捐助者主观影响，缺乏选择社会救助服务领域的自主性。尽管目前已经有很多高校开设社会工作专业培养专业人才，但由于活动领域窄、缺乏职业发展空间等，西部农村地区专业社会工作者严重不足。

---

① 苏祥、周长城、陈天柱：《西部农村特困儿童社会救助的需求与供给研究》，《社会保障研究》2014年第4期。

（二）何为专业传递

社会救助的宗旨是帮助特困儿童成为"正常儿童"，救助资源的传递必须引入具备儿童身心发展知识和掌握儿童工作方法的专业社会工作者。任一角度的需求研究均以需求既具有群体共性又具有个体差异性为前提假设，研究成果也反证此假设的科学性。儿童需求共性由基本权利锁定，是群体性角度的需求界定；就单个特困儿童而言，具有个性和特殊性，因此，需要建立合适的救助传递机制，讲求资源传递的方式方法，确保儿童身心均回归正常化，即通过专业的儿童工作者，以儿童需要的方式，精准传递救助资源。对特困儿童的调查显示，朋友、亲戚是其较愿意寻求帮助的主体。在补充访谈中，我们对此进行了原因找寻，"因为他们就在我们身边，知道我们要什么""别人异样的眼神和声势浩大的救助，让我们成了宣传品"等内容真实表明"孩子们需要专业的救助"。

第二节　社会工作体系建构的基本框架

以西部农村特困儿童社会救助实践为基础，在"整合输入、协调输出、专业传递"三项基本原则的指导下，坚持效用最大化，本书提出从组织创新、资源整合、资源输出、专业传递等四个方面构建社会工作体系的基本框架。

一　组织创新：设立协调中心

社会工作体系需要协调各主体参与行为，密切接触儿童成长的区县教育部门在儿童救助方面有丰富的经验和较为详细的信息，因此，本书提出以区县教育部门为组织基础设立协调中心，负责组织、管理特困儿童救助工作。

（一）设立协调中心的必要性

儿童社会救助是一项典型的多主体行为，浪费、混乱、缺位等皆是多元化可能产生的问题。西部农村特困儿童实地调研显示，基层政府是特困儿童社会救助的主导力量，社会组织和慈善个体是重要的参与者，存在缺乏政府各部门协调,更缺乏政社协调,导致推诿、重复救助、救助缺位等问题。设立协调中心、整合救助资源、协调救助行为,是实现救助资源有效利用的必然路径。

(二) 区县教育部门的优势

确定专门部门负责协调特困儿童社会救助,政府必须承担主要责任。一是可以设置实体性质的社会工作委员会,但涉及国家行政机构的扩张和人员的扩充,成本过高。二是可以对基层政府进行组织创新,现有组织结构、现班人马、现行管理区域不仅节省成本,而且上手快同时更具体、更灵活。

以区县教育局为组织基础设立协调中心,负责执行和督导特困儿童社会救助实践,具有显著优势。首先,西部农村特困儿童多正处于学龄阶段,在收集特困儿童信息方面,区县教育部门具有行政优势;其次,区县教育局作为主管教育的部门,具有选拔资深优秀教师作为协调中心工作人员的便利,让优秀教师参与特困儿童社会救助,其专业知识背景和人才培养经验有利于推进特困儿童社会救助实践发展;最后,农村特困儿童社会救助的发展取向主要通过教育实现,在区县教育局设立协调中心,有利于实现特困儿童社会救助发展,促进特困儿童发展。

二 资源整合:与权利—需求—资源对应的救助资源管理模式

根据整合输入原则构建社会工作体系的基本框架,就要由协调中心主导,将救助主体和救助资源纳入一个综合的救助框架,厘清救助资源类型、可能的用途等,进而根据权利—需求—资源逻辑,对所有救助资源进行整合分类管理。

(一) 明确救助内容

救助内容是救助实施的落脚点,是救助资源整合管理的核心。针对以往救助存在的内容不准确、不合需等问题,西部农村特困儿童社会救助的社会工作体系,以"专业的救助满足特困儿童需求"为设计宗旨,以协调中心为主导引入专业的儿童社会工作,以权利定需求,明确特困儿童的共性需求和特殊需求,并将其作为特困儿童救助内容。

（二） 厘清救助资源

根据救助内容，对可资利用资源进行分类，厘清各类救助资源的性质、用途、可持续状况等，是整合分类、管理救助资源的基础。首先，根据救助资源来源，从宏观、中观、微观三个层次对救助资源进行分类。宏观救助资源系统主要包括来自政府及相关行政部门、参公单位、社会组织、企事业单位等的各类资源；中观资源系统主要包括来自社区、学校以及家庭的各类资源；微观资源系统主要包括来自受助者个人、同辈群体以及社会各界志愿者的各类资源。其次，厘清每类资源的性质、具体内容、用途、可持续状况等。

（三） 编制权利—需求—资源三位一体的救助资源分类表

编制权利—需求—资源三位一体的救助资源分类表，合理、准确地发出救助资源输入信号，实现对特困儿童救助资源的标准化管理。由协调中心主导，引入专业儿童社会工作，将权利—需求所确定的特困儿童救助内容与可获得可利用的救助资源进行匹配，编制权利—需求—资源三位一体的救助资源分类表，作为特困儿童社会救助资源整合管理的标准化模式。

三 资源输出：需求评估—协调输出的救助资源输出模式

根据协调输出原则构建社会工作体系基本框架，就是要以特困儿童的需求为导向配置救助资源，建立需求评估—协调输出的救助资源输出模式，提高特困儿童社会救助资源输出的效用。

（一） 需求评估

社会工作体系的运行以特困儿童需求为依据，资源输出作为社会工作体系的救助资源配置环节，必须以特困儿童需求为导向。首先，通过需求评估筛选出需救助的特困儿童；其次，通过儿童社会工作者专业的评估分析，确定单个特困儿童对救助资源的需求程度，进而确定实际社会救助内容，进行救助资源输出。如同是残障儿童，通过需求评估发现，A 最需要的是基本生活保障，而 B 则最需要医疗服务。需要强调的是，以需求确定社会救助对象和特困儿童需求详细分析的专业性很强，均由专门的儿童社会工作者进行。

（二） 协调输出

由协调中心主导协调输出救助资源。首先，在明确了被救助者及其实际需求状况后，如果不改变各主体各自为政的资源输出方式，则仍然不能避免重复、缺位等多主体乱象，故必须由协调中心主导进行救助资源的协调输出。其次，不同的特困儿童对不同的救助资源的需求程度是不同的，救助资源产生的效用也是不同的，按需精准输出救助资源，必须坚持协调统筹输出。

四　资源传递：以专业社会工作者为主体的救助资源传递模式

重资物而轻服务、传递人员不足且缺乏专业性导致西部农村特困儿童社会救助效果不佳，转变社会救助方式是社会工作体系建构必须解决的重要问题。特困儿童各项权利实现状况的调查显示，救助主要为生存类救助，且方式较为单一，评价不高，缺乏专业的救助设计和实施是主要原因。专业传递工作者以及专业的传递方式不仅可以丰富救助方式，增加服务内容和形式，还能紧扣特困儿童身心健康，满足特困儿童合理需求，实现正常化的终极目标。因此，西部农村特困儿童社会救助的社会工作体系必须建立以专业社会工作者为执行主体的救助资源传递模式。

（一） 购买专业社会工作服务

2012年，民政部、财政部专门发布《关于政府购买社会工作服务的指导意见》，特别指出各级政府要为包括特殊困难儿童在内的各类特殊群体提供专业社会服务，由政府向公益服务类社会组织购买社工岗位服务和社会工作服务。

第一，探索适合的服务购买模式。王名、乐园认为，理论上有四种政府购买社会服务的模式，分别是独立性服务购买、依赖性服务购买、竞争性服务购买和非竞争性服务购买。[①] 西部农村特困儿童社会救助合以此为基础，积极探索适合西部农村特殊情况的政府购买社会服务的模式。

第二，引入竞争机制，优胜劣汰，提升资源传递的效率。引入竞争机

[①] 王名、乐园：《中国民间组织参与公共服务购买的模式分析》，《中共浙江省委党校学报》2008年第4期。

制，首先，将特困儿童救助资源"输入"和"传递"相对分离，消除救助资源输入主体的主观、随意输出和传递现象。其次，在救助资源传递环节，坚持竞争原则，谁专业谁传递。

第三，建立政府购买社会服务的机制。凯特尔认为政府成为"精明的买主"需要解决的问题有许多。[①] 西部农村特困儿童社会救助实践中，基层政府处于购买社会服务的初期，需要建立健全政府购买社会服务的社会监督机制和评估机制，以解决竞争机制在政府购买社会服务中的实现问题。首先，政府购买社会服务的信息应当透明化，强化社会监督机制。其次，建立完善的评估机制，使政府购买社会服务的竞争合理化。

（二）同高校合作

基层政府和高校合作可获得双方共赢的局面。第一，西部地区经济发展相对落后，仅依靠地方政府财政支出来购买社会服务，不仅会增加地方财政压力，也会影响特困儿童能够直接获得的专业救助的数量与质量。第二，西部地区的很多高校开设了社会工作专业，其中以四川和重庆的社工发展较好，以四川为例，有20多所高校开办社会工作专业，形成了具有专科、本科、研究生学历的教育系统，每年有大量社工专业的学生需要专业实习和就业，但岗位供不应求，实习与就业都存在大量的专业不对口问题。应通过基层政府和高校合作，培养人才，基层政府引入专业社会工作人才，高校学生获得对口机会，双方各取所需、互利共赢。

第三节 社会工作体系各主体的职责

西部农村特困儿童社会救助的社会工作体系包含政府、社会组织、个体等多个主体，明确各主体职责是社会工作体系有效运行的关键所在。

一 政府作为主导者的主要职责

社会救助是保障国民最低生活水平的重要社会事业，是经济、社会发展

[①] 〔美〕唐纳德·凯特尔：《权力共享：公共治理与私人市场》，孙迎春译，北京大学出版社，2009，第145页。

的稳定器和调控器，政府必须是西部农村特困儿童社会救助的社会工作体系的主导者。

（一）政府主导的优势

在我国西部农村地区，社会治理能力还较为有限，而政府主导优势显著，政府主导特困儿童社会救助的局面将长期延续。政府主导的优势具体为：一是政府在社会救助中实行党政一把手负责制，并将西部农村特困儿童社会救助工作的绩效作为各地政府工作和考核的重要指标，使西部农村特困儿童社会救助走上制度化、规范化的道路，在一定程度上提高了西部农村特困儿童社会救助的效率，也为后续的工作开展奠定了良好的制定基础；二是政府通过比较顺畅的上下渠道，能将西部农村特困儿童社会救助的相关政策和具体实施落实到各地，提高了救助工作的权威性和有效性，特别是政府能够集中力量在很短的时间内办大事；三是政府能够组织党政机关、企事业单位定点挂钩西部农村特困儿童社会救助，动员发达的地区帮扶西部农村地区，最大效率地调动广泛的社会参与。

（二）政府在社会工作体系中的主要职责

新中国成立初期，我国政府借鉴苏联经验，实行高度集权的管理模式，几乎包揽了所有服务性、公益性和福利性社会项目，对社会组织、其他救助主体及公民进行全面的控制，形成了"大政府、小社会"的格局。[①] 改革开放后，市场经济逐渐取代计划经济，政府不再大包大揽，全能政府变有限政府，放开了对社会各方面的管控，社会在社会救助资源有效配置中发挥着越来越大的作用。随后，面对国内不断变化的形势，政府开始尝试转变职能，重新定位自身在社会救助事业中的责任，先后经历了社会管理到社会治理的主旋律变革。[②] 由此，作为西部农村特困儿童社会救助的社会工作体系的主导者，政府主要职责为实现法治化、进行财政投入、引导社会力量发展、培养专业社会工作人才、管理和进行社会救助等。

1. 中央政府的主要职责

中央政府属于宏观管理层，在农村特困儿童社会救助的社会工作体系中承担平衡经济发展与社会救助之间的关系，制定中央一级的法规、救助政策

[①] 郭丽娉：《当代中国政府与公民关系的研究》，山西大学硕士学位论文，2010。
[②] 华建国：《建构新型公民与政府关系的思考》，《福建行政学院学报》2003 年第 1 期。

等，进行财政投入，培养社会工作人才等责任。

（1）平衡经济发展与社会救助之间的关系

发展经济和进行社会救助均是政府的基本职责，平衡经济发展与社会救助之间的关系本质上就是合理处置效率与公平的关系。经济发展是社会救助事业发展的物质基础，共享经济发展成果是社会救助规划和实施的分配原则，不阻碍经济发展是社会救助规划和实施的基本原则之一，政府必须合理规划、设计、实施，保证特困儿童社会救助事业适度发展。

（2）制定中央一级的法规、救助政策等

将针对特困儿童的社会救助制度上升到法律层面是保障特困儿童救助制度有效运行的基础，只有通过法律的约束和规范，才能保证特困儿童社会救助工作有效运行。[1] 在计划经济时期，我国特困儿童救助政策还很欠缺，农村地区除了"五保"政策之外基本没有与特困儿童相关的其他社会救助政策。改革开放之后，社会进步和社会问题凸显，逐渐推进我国特困儿童立法工作。进入21世纪后，我国立法工作进入辉煌时期，其中针对特困儿童救助的立法工作尤为突出，中央制定和颁布了一系列法律法规和政策性文件来保障特困儿童救助工作顺利开展，分别涉及孤残儿童、流浪儿童、留守儿童、受艾滋病影响儿童、患心理疾病儿童以及服刑人员子女等。[2]

中央政府的立法立规行为，一是逐渐深化了社会各界对特困儿童群体结构复杂性的认识，为省级政府法规和政策的制定提供了基础。比如，中央政府从法律层面对孤儿群体进行界定："失去父母、查找不到生父母的未满18周岁的未成年人，由地方县级以上民政部门依据有关规定和条件认定"，由此，地方政府、社会组织、学界对孤儿的工作和研究均有了初步标准。二是实现社会各界特困儿童社会救助工作法治化发展，如全国人民代表大会通过《中华人民共和国未成年人保护法》，国务院出台《中国儿童发展纲要（2011—2020年）》；民政部印发《儿童社会福利机构基本规范》、国务院印发《关于当前发展学前教育的若干意见》、卫生部印发《新生儿疾病筛查管理办法》和司法部印发《未成年犯管教所管理规定》等，均为各救助主体参与西部农村特困儿童社会救助提供了依据和规范。

---

[1] 蒴小明：《我国农村社会救助发展中的国家责任研究》，首都经济贸易大学博士学位论文，2007。

[2] 杨雄主编《儿童福利政策》，上海人民出版社，2012，第1页。

(3) 进行财政投入

社会救助是重要的社会事业，经费需求大，政府必须在财政上大力支持。我国财政收入主要来源于税收和国有企业利润上缴等，其中税收占比最大，而中央和地方的税收权力决定了社会救助事业财政的主要来源是中央财政拨款。西部农村特困儿童社会救助的经济补贴、相关服务和基础设施建设都离不开中央政府的财政投入，如中央政府投入1.2亿多元，先后在四川省、云南省和新疆维吾尔自治区等西部地区建设流浪儿童救助保护中心。

(4) 培养专业社会工作人才

为提高儿童救助的效果，中央一级应该从人才规划到人才培养全方位狠抓专业社会工作人才培养。目前，中央政府已经开展了一系列培养专业社会工作人才的举措，比如在人才规划中明确提出社会工作专业人才培养的质量和数量；增设社会工作学士点、硕士点、博士点；进行资格认证；疏通社会工作人才保障制度；制定社会工作专业服务购买规定等。

2. 地方政府的主要职责

地方政府属于微观管理层，在农村特困儿童社会救助的社会工作体系中承担因地制宜地制定地方法规、政策，进行财政投入，培养专业社会工作人才，管理和进行社会救助等责任。

(1) 制定地方性救助法规、政策

在西部农村特困儿童社会救助中，地方政府各职能部门除了贯彻中央政府的宏观法规、政策外，还将依据西部各省份所辖区域特困儿童的特点进行具体化和可操作化的法规、政策建设，往往各区域会根据不同情况由民政、教育、卫生等相关部门制定、出台适宜的具有可操作性的救助政策。如四川省凉山彝族自治州人民政府除了贯彻中央政府的文件外，还根据凉山彝族自治州的特殊性，出台了《凉山州特殊困难儿童救助管理实施办法（试行）》《关于进一步加强"特殊困难儿童"援助保障工作的意见》等针对当地特殊困难儿童的政策性文件。

(2) 进行财政投入

中央财政拨款是各省份进行社会救助的主要经费来源，但是地方财政仍然负有发展社会救助事业的职责。首先，地方各级政府应根据本地特困儿童社会救助的实际支出需要，在建设规划、年度财政预算中积极计划，合理进行财政投入。其次，地方各级政府还应投入资金建设特困儿童专项救助基金，以应对风险。

(3）培育专业社会工作人才

中央一级在宏观层面发展专业社会工作，地方政府应该落实、执行中央政策，因地制宜地引进、培养专业社会工作人才。目前，西部地区做得较好的城市是成都市。成都市通过以下举措积极建设良好的社会治理模式，具体做法是：大力引进、培育、发展社会组织；依托教育优势，鼓励专业社会工作研究和讨论，培养大批专业社会工作人才；创造良好环境，留用专业社会工作人才。西部各个地方政府可以积极借鉴、学习，为构建特困儿童社会救助的社会工作体系打好专业基础。

（4）管理和进行社会救助

地方政府负有在职责范围内，管理本辖区内社会救助事业的权利和义务。首先，地方政府必须合理管理和进行自身承担的社会救助工作。地方政府是制度性特困儿童社会救助的主体，负责诸如生活救助、权益保护、医疗救助、教育救助等特困儿童救助项目，参与部门多，分工协作程序复杂，必须优化自身工作行为。其次，组织、管理民间救助行为。民间救助力量是特困儿童社会救助的重要力量，具有灵活性、多样性，但也易产生偷税漏税、违法集资、权益侵占等问题。因此，一方面，地方政府要大力组织、发展民间救助力量，发挥其效用；另一方面，政府必须加强对民间救助力量的管理，促进其合法化、规范化。

具体来看，地方政府在管理和进行社会救助中的职责主要包括以下几个方面。

第一，组织和管理救助政策的执行。地方政府各部门、民间救助主体在进行西部农村特困儿童社会救助时，以特困儿童的相关救助政策为前提，只有当不同的特困儿童群体都有了政策的保障时，才能解除进行特困儿童救助的后顾之忧。然而，在政策的执行中会出现各种各样的问题，为保证特困儿童救助政策有效执行，县级以上政府及相关特困儿童救助部门应该加强对西部农村特困儿童社会救助工作的监督检查，完善相关监督管理制度，并在此基础上提出具体的监督办法。

第二，组织和管理救助项目的实施。随着社会经济的发展，西部农村特困儿童社会救助项目日益增多，参与主体越来越多元化，救助资源越来越广泛、内容越来越丰富、量越来越多、质越来越参差不齐，必须以区县教育部门为组织基础建立协调中心，以整合输入、协调输出、专业传递为基本原则，组织、管理政府以及民间救助项目的实施。以贵州省"碧江模式"为例，铜仁市碧江区建立"三级联动"机制，定期对农村特困儿童进行摸底排查，对这些儿童的父母外出务工情况登记造册，同时建立救助资源整合、传递账目，实现特困儿童救助工作透明化，确保对特困儿童救助工作的有效组织和管理。

第三，特别强调和关注村委会的职责履行行为。按照《中华人民共和国村民委员会组织法》规定，村委会主要的职责是宣传宪法、法律、法规和国家的政策，办理公益事业，做好服务和协调工作，向人民政府反映村民的意见、要求和提出建议。[①] 农村居民委员会作为农村基层自治组织，长期以来转接了民政部门的很多救助职能，地方政府理应注重发挥村委会在西部农村特困儿童社会救助的社会工作体系中搭建救助平台、组织救助服务工作、反馈村民意见和要求等方面的作用。以西部某村开展的"宣传政策法规，保障合法权益"主题宣传活动为例，活动以向村民发放宣传资料的形式展开，其间，村委会工作人员向家庭关心的特困儿童救助政策法规做了详细的解答，让广大村民了解有关特困儿童救助的政策法规，为社会工作体系的运转做好了基础铺垫。

（三）政府主导存在的不足

现今，西部农村特困儿童社会救助工作中，虽然政府部门的工作在不断改进，但仍然存在很多不足。

1. 立法立规存在的不足

（1）特困儿童相关法律法规不健全

首先，现行法律法规大多停留在宏观层面，缺乏实际可操作性；其次，因我国缺乏一部专门的儿童保护法律，中央和地方的立法立规呈现部门分割化、制度合力不足的情况；再次，生活救助、医疗救助和教育救助被广泛关注，但是缺乏心理关怀、正常化指导等方面的法规政策；最后，与残疾儿童、孤儿等特困儿童中的特殊群体相关的政策法规较多，而一般性的特困儿童救助政策法规不足。

（2）地方法规政策缺乏因地制宜性

西部各地方政府对于不同类型特困儿童的界定、资格认定与中央政府法律法规的界定完全一致或者照搬先进案例，没有根据区域的不同特点进行调整，在实际救助过程中易造成部分儿童被忽视、救助不公平等诸多后续问

---

① 《中华人民共和国村民委员会组织法》，中国人大网，http://www.npc.gov.cn/npc/c30834/201901/188c0c39fd8745b1a3f21d102a57587a.shtml。

题，难以保证西部特困儿童救助最优化发展。

2. 政府职责履行交叉与缺位并存

（1）交叉、重复问题严重

目前，我国西部地区大多还未明确专门的特困儿童救助管理单位，政府对西部农村特困儿童的救助以民政部门为主，但资金和救助对象的管理分属多个行政部门，包括教育局、团委、妇联等，职责交叉、重复问题严重。政府各部门救助实践虽然涉及西部农村特困儿童的多种需求，但许多救助重复率较高。以西部某县开展的针对农村特困儿童的教育救助为例，该县教育局为特困儿童提供了教育救助，团委也联系公益组织开展对特困儿童的教育救助，同时妇联也联系了FXB项目－村庄模式开展对艾滋孤儿的教育等救助活动。各部门职责交叉，重合的救助资源通过条块化的行政体系传递，导致救助工作缺乏联动机制和有效协调机制，提高了救助难度。①

（2）执行力不足，救助缺位

执行力是政府工作的生命力，是推动西部农村特困儿童社会救助体系完善的重要保障。②然而目前西部地方政府在特困儿童救助实践中，存在执行力不足、救助缺位问题。一是敷衍执行。西部某些地方政府在执行特困儿童救助政策过程中，并没有根据相关儿童政策制定出具体可行的工作开展方案，存在消极应付、敷衍了事的现象，同时许多地方政府工作人员对上级发布的任务不重视，搞形式主义，做表面文章，政策的执行往往停留在一般的宣传号召层面。二是机械执行。在西部农村特困儿童社会救助过程中，一些政府部门的工作人员用教条式、应付的态度照搬现成的做法，同时不顾政策实践过程中出现的新情况、新问题，仍然用陈旧的方式方法解决新问题、新情况。根据课题调查数据分析，当询问儿童"在你生活中，有谁帮助过你"时，结果为：亲戚（81.5%）、老师（57.5%）、朋友（54.9%）、邻居（44.3%）、政府工作人员（33.4%）、社会上的好心人（27.1%）、其他（1.3%）。上述数据说明，在特困儿童对救助主体的感知中，代表政府救助的主体"政府工作人员"在其中发挥的作用较为有限。

3. 财政投入不合理

虽然确立了自上而下的财政拨款程序，但在实际运作中，仍存在很多问

---

① 徐祖荣：《非政府社会救助：社会救助主体多元化的必然选择》，《山东省青年管理干部学院学报》2007年第5期。
② 《温家宝在加强政府建设推进管理创新会议上的讲话》，中华人民共和国中央人民政府网站，http://www.gov.cn/ldhd/2006-09/07/content_381124.htm。

题。一是西部农村特困儿童社会救助财政投入总额不足，很多地方政府在受访时喊缺钱；二是财政地方分配不合理，我们通过访谈了解到，少数民族地区获得的财政拨款在额度上远远多于汉族地区，且"会哭的孩子有肉吃"，财政未按需分配；三是财政投入的领域分配不尽合理，据调查，生活、教育、生理医疗是财政投入的主要领域，心理医疗、娱乐等的投入完全不合需。

4. 民间救助的引导、组织不到位

引导社会组织及其他救助主体参与农村特困儿童社会救助事业是政府的主要职责之一。然而，政府的大包大揽、缺乏对民间救助力度的引导等现实导致西部农村特困儿童社会救助仍然是把政府作为单一主体，民间救助发展落后，违背了福利多元主体协同作用的目标。在过去接受过或正在接受救济的受访家庭调查中发现，无论是临时性救助还是制度化救助，政府都是核心主体，而救助内容都主要是生存性救助。可见，政府主导西部农村特困儿童社会救助的比重过大，使社会组织和其他救助主体的参与性受到限制，未能发挥民间救助力量在资金筹措、专业服务、多样化服务等方面的作用。

5. 对专业社会工作重视不足

目前，在西部农村特困儿童社会救助实践中，政府虽然已经认识到专业社会工作的重要性，也制定了一些人才规划和发展规划，但是缺乏落实。一是很多地方政府明确提出要通过引进、项目扶持、提供办公场所等方式鼓励专业社会工作组织在本地发展，但是通过查看资料和访谈，我们了解到的现实是没有具体着地性的方案和细化规定，专业社工前来咨询得到的是诸如"具体不清楚，请等消息""没有经费，只鼓励自筹经费项目"等答案。二是部分西部地区高校已经培养了大批社会工作专业人才，但是他们实习和就业无路，或者薪资低、无社保，这使大量社会工作专业人才流向发达地区或者其他行业。

（四）完善政府履职行为

政府是西部农村特困儿童社会救助的社会工作体系的主导者，负有实现法治化、进行财政投入、引导社会力量发展、培养专业社会工作人才、管理和进行社会救助等职责，必须调整和完善自身履职行为。

1. 完善立法立规行为

（1）健全特困儿童相关法律法规

首先，开展广泛的实地调研，提升立法立规的实际可操作性；其次，推动特困儿童救助专项法的制定,尽快制定"特困儿童社会救助法"等相关法律,统一各部门依法履职行为;再次,制定心理关怀、正常化指导等方面的法规政策;最后,明确法律法规的概念界定。

(2) 因地制宜地完善地方法规政策

西部各地方政府要开展广泛的调研,把握本地特困儿童的类型、特点以及现有救助的情况,在地方性法规和政策制定过程中,既坚持不违背中央统一规定,又因地制宜,坚持本地化,确保地方法规和政策的合法性和地方效用性。

2. 加强政府执行力建设

(1) 以基层教育部门为组织基础建立协调中心

由于历史和现实的原因,政府各部门职责交叉、重叠广泛存在并将长期存在,专设社会救助部门费财费力,以基层教育部门为基础建立协调中心是解决西部农村特困儿童社会救助政出多门、多头治理、政社分家等问题的最优路径,本书在社会工作体系的基本原则和基本框架部分已详细分析,此处不再赘述。各级政府需要做的就是从上而下,从建立制度、经费、管理办法、监督制度等方面积极推动协调中心成立和运行。

(2) 增强政府执行力

执行力是政府工作的生命力[1],执行者及其执行行为是增强执行力的决定性因素。据调查,西部农村特困儿童社会救助工作中,政府履职行为还存在诸如滥用职权、挪用救济款、重亲厚友、资格审批不严格等问题,其中工作人员综合素质不高、缺乏有效监督是主要原因。

首先,必须提高政府各部门工作人员的综合素质。一方面,创新聚才机制,实现人才不仅引得进、用得好,而且留得住;另一方面,注重对工作人员专业技能和职业素养的培训,有才且有德,确保职业执行力。其次,完善绩效考核机制。建立完善的绩效考核标准和考核制度,将执行力纳入工作人员晋升、薪资待遇考核之中。最后,完善监督机制。一方面,强化执行系统监督,明确监督责任和监督内容,坚决杜绝形式化、不公平化,全面推行首长负责制、行政复议与自问自查等相结合的综合监督机制。另一方面,发挥社会监督效用。通过积极的、广泛的政务公开,提高特困儿童救助的透明度,让社会各界可监督、能监督、想监督。

---

[1] 《温家宝在加强政府建设推进管理创新会议上的讲话》,中华人民共和国中央人民政府网站,http://www.gov.cn/ldhd/2006-09/07/content_381124.htm。

3. 合理进行财政投入

财政投入是西部农村特困儿童社会救助社会工作体系的主要物质基础，直接影响着社会工作体系的运作效果。首先，必须合理化各级政府的财政负担水平，提高财政投入额度。其次，根据各地方特困儿童总数和困难程度，合理分配财政投入。最后，从总体上把握特困儿童的需求内容和需求程度，增加对心理健康、娱乐等领域的财政投入。

4. 积极引导、组织民间救助

首先，加强与民间救助的合作。依托协调中心，政府在西部农村特困儿童社会救助中应始终坚持与民间组织合作的原则，实现信息公开化，鼓励企业、社会组织、慈善团体、志愿者等民间救助力量参与。一方面，让西部农村特困儿童救助的资金来源更宽泛、救助活动更灵活；另一方面，发挥民间救助的专业性和广泛性作用，通过双方的协作，构筑完善的西部农村特困儿童社会救助网络模式。其次，积极支持民间救助力量发展。可以通过加大税收优惠力度、加强救助评估奖励、人才支持、集中专业孵化等方式促进民间救助力量发展。

5. 大力支持专业社会工作人才发展

专业社会工作人才是西部农村特困儿童社会救助的社会工作体系运行的关键要素，必须大力支持专业儿童社会工作的发展。首先，各级政府自上而下制定详细的发展方案和发展方式，配套经费、场所等资源，落实发展政策。其次，通过鼓励创办、积极孵化培育社会组织以及合理满足政府内部岗位需求等方式，为专业社会工作者创造正规就业岗位。再次，严格劳动者保护相关制度，规范社会保障参与行为。最后，可通过适当补助、规范薪资体系、增加政府奖励等方式提升专业社会工作者的薪资待遇水平。

二　专业社会组织作为执行者的主要职责

专业社会组织是指以专业的社会工作者为主要组成人员，具有专业的社会工作技能、工作方法的社会组织。本书提出以基层教育部门为组织基础建立协调中心，以负责协调管理特困儿童社会救助工作，但是由于基层教育部门缺乏专业的社会工作人员，必须通过购买专业社会服务、专业社会组织劳务外派等形式，引进专业社会工作方法，实现资源的整合输入、协调输出和专业传递。由此，专业社会组织是西部农村特困儿童社会救助的社会工作体的执行者，具有多渠道筹集救助资源、构筑救助桥梁、进行专业救助等职责。

（一）专业社会组织执行的优势

专业社会组织的发展大致经历了三个阶段。一是全面限制、管控阶段。新中国成立初期，计划经济体制再加上政府垄断的社会管理体制，使政府对社会组织进行绝对的全面监控。二是初步发展阶段。改革开放后，政府不再是唯一的救助主体，同时期，自下而上的救助模式成为国际主流，社会组织也就是在这样的大背景下成为社会救助的重要组成部分。到20世纪80年代，社会组织作为政府和企业之外的第三个角色进入社会各个领域。三是迅速发展阶段。"社会治理"与"小政府、大社会"等建设理念、方向的提出，使社会组织日渐被重视，有与政府和企业并驾齐驱之态势，在专业社会救助等领域的作用日渐凸显。

美国非营利组织研究学者莱斯特·萨拉蒙认为政府应主要充当特困儿童社会救助资金的提供者和引导者，[①] 而不是具体救助服务的执行者，在提供西部农村特困儿童救助服务时，政府应该提高对第三方机构（社会组织）的依赖性。首先，在政府没有关注或者政府关注滞后的领域，专业社会组织会起到补充作用。其次，专业社会组织形式多样，运作灵活，多方面参与特困儿童社会救助。最后，专业社会组织拥有专业的社会工作者，以"助人自助"为理念，借助专业的技能和方法，促进特困儿童回归正常化终极目标实现。

（二）专业社会组织在社会体系中的主要职责

社会组织作为西部农村特困儿童社会救助社会工作体系的执行者、操作者，具有募集救助资源、搭建救助桥梁、进行专业救助等主要职责。

1. 募集救助资源

首先，专业社会组织是救助资源的直接提供者，如中华少年儿童慈善救助基金会提供3000万元人民币，资助西部农村地区的孤儿、流浪儿童、问题儿童和其他特殊困难儿童，为他们提供成长、教育、娱乐、医疗、心理等方面的帮扶；《呼和浩特晚报》联合自治区青少年发展基金会开展的"同心童愿·圆梦六一"关爱留守儿童捐助活动，为当地的留守儿童送去了体育用品

[①] 〔美〕莱斯特·萨拉蒙：《非营利部门的崛起》，谭静译，《马克思主义与现实》2002年第3期。

和学习用具。其次，专业社会组织需要把握西部农村不同类型特困儿童最迫切的需求，通过及时、合理地开发慈善项目，向全社会募集慈善资源。比如，红十字基金会设立救助善款筹集的专用账户，向全社会募集慈善救助资源用以救助特困儿童，如四川省德阳市红十字基金会2014年开展的博爱送万家活动，筹集了23.409万元慰问金和慰问物资，救助了2548户贫困家庭的儿童；2014年由简阳市总工会组织的群团助学活动启动，其中，总工会共募集资金58.6万元，市团委共募集46.42万元，市妇联共筹得资金14.3万元，市惠民帮扶中心共筹集资金3万元，在全市的共同努力下为650多名特困儿童提供了助学金。

2. 搭建救助桥梁

我国在进行特困儿童社会救助过程中，救助主体分类繁多，在进行救助时常常出现互不衔接的现象，很难形成合力，社会组织作为连接政府、企业以及爱心人士的重要桥梁，能够有效链接各救助主体，共同致力于进行特困儿童救助，如：中华少年儿童慈善救助基金会启动的"起点工程"项目关注和帮扶我国贫困地区儿童，特别是西部农村地区0~6岁的弱势儿童，对其进行早期教育，基金会通过联合其他慈善团体和爱心人士支援西部农村地区早期教育工作，弥补当地幼儿教育的不足；重庆市妇联以需求为导向，推行特困儿童关爱服务项目试点工程，打造"1+1+N"结对帮扶模式，并在实践中形成了多方帮扶的特困儿童帮扶体系，推动家庭监管、学校教育和社会关爱无缝衔接，让本地区的儿童享受到基本的家庭养育、学校教育和社会关爱。

3. 进行专业救助

根据本书的设计，专业社会组织是西部农村特困儿童社会救助的开展者。第一，协助基层教育部门专业设计、建立、运作协调中心；第二，在协调中心主导下，以权利—需求—资源为逻辑，整合各类救助资源；第三，在协调中心主导下，以需求评估—协调输出为逻辑，设计救助方案，确定救助顺序、救助程序、救助资源传递方式等，协调输出各类救助资源；第四，以符合特困儿童个性需要的方式，专业传递救助资源；第五，积极参与救助效果评估，进行救助项目的总结、反馈、改进。

（三）专业社会组织发展存在的不足

社会工作体系的运作需要专业社会组织的全程参与，就西部农村特困儿童社会救助需要而言，专业社会组织发展存在很多问题。

1. 专业社会组织定位不明确

理论上，专业社会组织是独立于政府、企业之外的第三方，以专业优势独立参与社会治理。事实上，专业社会组织定位不明确，导致其在特困儿童救助中未能发挥应有的作用。首先，我国当前对社会组织的规范主要是从法规、部门规章以及规范性文件出发，并没有一部完整的对社会组织性质、地位、权利、义务、管理制度等各方面的实质性法律。其次，在我国，尤其是较为落后的西部地区，政府不愿放手加上社会组织发展较晚，不成熟的社会组织还未能完全第三方化，很多时候，其在实质上成为政府的下级单位。

2. 对政府资金的依赖程度过高

理论上，社会组织涉足领域较多，社会资本丰富，能够多方筹集运作资源。但是，我国约有1/2的社会组织依赖政府财政支持，而社会募捐和其他相关收入只占其总收入的5%。[1] 对政府资金依赖程度高，一方面严重影响了社会组织的独立运作，可持续发展堪忧；另一方面使社会组织多渠道广泛募集社会救助资源的优势未能发挥效用，实现福利多元化遥不可及。

3. 管理不规范

现今，我国社会组织总体数量持续增加，其在西部农村特困儿童社会救助中表现活跃，然而，由于管理不规范，"慈善丑闻""公益腐败"等现象频频出现，严重影响了社会组织的形象，民众诚信度大大降低。调研结果显示，社会公众对当前的社会组织活动表示不信任，受访者认为政府扶持和个人努力是西部农村特困儿童家庭脱困的重要因素，而各类社会组织的作用并不明显。有媒体以"郭美美事件之后你还会给红十字会捐款吗"为主题开展投票活动，在回收的近20万次有效投票中，高达77.67%的社会公众表示不会再给红十字会和类似的慈善机构捐款。[2] 由此可见，社会组织重整迫在眉睫。

4. 专业社会工作人才不足

专业是社会工作体系建构的基本原则，缺乏专业社会工作人才的社会组织对西部农村特困儿童社会救助毫无作用。目前，我国社会组织成员主要由专职人员、兼职人员以及志愿者组成，高素质人才占比小、专业社会工作人

---

[1] 邓国胜：《非营利组织评估》，社会科学文献出版社，2001，第58~59页。
[2] 《受"郭美美事件"影响 中国红十字捐款大缩水》，联合早报网，http://www.zaobao.com/special/report/social/guomeimei/story20110804-94924。

员占比更小已是常态。根据清华大学社会组织与社会治理研究所对1230家社会组织职员的调查，我国社会组织的人力资源结构呈"两头小、中间大"形态，初中文化程度以下占11.03%，高中和中专文化程度占31.7%，大专文化程度占27.4%，大学本科文化程度占27.8%，研究生文化程度占2.07%。[①] 本书对西部各省份相关人员的访谈显示，50%左右的专业社会组织有2~3名专业社会工作人员，30%左右的专业社会组织只有1名专业社会工作人员，20%左右的专业社会组织有4名以上专业社会工作人员。

5. 个体意志化、散点化参与

据调查，在西部农村特困儿童社会救助实践中，目前，专业社会组织参与存在严重的个体意志化、散点化问题。一是在救助对象选择、救助项目设计上，创始人或者主要负责人的个体意志作用强烈，缺乏合需性；二是在救助具体参与上，各社会组织缺乏合作，衔接互补能力不足。

（四）优化专业社会组织发展路径

专业社会组织是西部农村特困儿童社会救助的社会工作体系的执行者、操作者，必须对症下药，优化发展。

1. 明确定位

首先，从法律上明确社会组织定位。通过完整的实质性立法或立规，明确社会组织的性质、地位、权利、义务、管理制度等。其次，加强社会治理模式改革，不仅从理念上，还从行为上，加强"放管服"改革，明确社会组织的第三方地位。

2. 限制对政府的依赖

首先，政府从上而下通过财政支出预算的形式，限制社会组织从政府获得运作资金的额度，迫使社会组织寻求社会资源。其次，社会组织自身要端正社会性定位，广泛积累社会资本，多方筹集运作资源。

3. 管理规范化

为重塑社会组织，杜绝违德违法，必须规范化内在和外在管理。第一，规范化内在管理。首先，社会组织自身要建立规范化的管理制度，严格对人、财、物等的管理，以严格的运作制度、监督制度、惩戒制度杜绝内部违德违法；其次，加强以公益、服务等为宗旨的教育，增强廉洁软实力，提升

[①] 葛道顺：《我国非政府组织从业群体研究报告》，豆丁网，https://www.docin.com/p-1416934013.html。

工作人员职业道德素质。第二，规范化外在管理。首先，全面实施严格的信息公开披露制度和公开透明财务管理机制。① 社会组织通过公众查询系统，及时向各救助者公布社会捐助资金和物资的来源以及用途，进行完全透明化的特困儿童救助。其次，建立健全全民、全方位管理机制，通过政府监管、媒体曝光、公众参与等实现对社会组织行为的全方位监督。

4. 培育专业社会工作人才

工作人员是具体操作者，专业与否直接影响着社会组织的专业度。首先，社会组织要通过内部专业培养、委托高校培养、培训机构培训等多种方式提升员工专业度；其次，合理化招聘，杜绝任人唯亲、低价用人等，引进专业的社会工作人才。

5. 科学化、协作化参与

为解决社会组织参与西部农村特困儿童社会救助存在的个体意志化、散点化问题，首先，社会组织内部要打破权威迷信和个人主义怪圈，积极进行实地调研，科学制定救助方案，合需开展救助行为；其次，要依托协调中心，加强各社会组织之间的联系，统筹救助行为，实现良好的衔接互补。

三 其他主体作为参与者的主要职责

政府是西部农村特困儿童社会救助的主导者，专业社会组织是执行者，二者并驾齐驱，在特困儿童救助中发挥积极作用。但值得注意的是，家庭、亲属以及志愿者/捐赠者等其他主体在西部农村特困儿童社会救助工作中也具有独特优势，并与政府和专业社会组织相互配合，在实践中形成多种参与救助的模式②，最终共同解决西部农村特困儿童问题，保障儿童的基本权益。

（一）其他主体在西部农村特困儿童社会救助中的主要职责

1. 家庭是儿童生活的基本单位

相关研究证实，家庭对儿童的生存和发展具有一定的决定意义，尤其是对儿童早期的发展。良好的早期环境，特别是父母的角色，不仅有助于儿童身心健康、能力培养以及未来的发展，还会减少儿童出现身体、心理和学

---

① 刘亚莉、张楠：《英国慈善组织财务信息披露制度的启示》，《中国注册会计师》2012年第5期。
② 史传林：《非政府组织参与农村社会救助的优势与模式》，《学习论坛》2008年第12期。

习等方面的问题。可见，作为最基本社会单位的家庭是儿童生存和发展的关键。①

新中国成立后，儿童的相关福利保障（特别是儿童的基本照料）主要由家庭承担，并在很长的一段时间里，绝大部分儿童能够得到基本的抚育。改革开放后，伴随着社会经济发展，家庭结构与功能转变，传统的非正式抚育模式受到了影响，为数不少的儿童无法从自己的家庭得到必要的养育。另外，由于西部农村地区经济落后，很多家庭资源匮乏，在衣、食、住、行、用等方面都不能满足儿童的基本需求。课题调研结果显示，西部农村特困儿童家长绝大部分对当前的生活满意度不高，82.0%的总体评价为一般及不满意。当具体问及对生活中的"衣食住行用"满意度时，调查结果显示，受访者家长中有32.7%表示"食"的满意度最高，选择"行"为满意度最高的比例仅有9.7%；而受访者家长中有29.4%将"住"排在满意度最低的位置，对"食"表示满意度最低的比例仅有13.8%。可见，这些被调查的家庭本身就处于弱势地位，也需要政府和社会组织提供相应的救助，所以在家庭参与特困儿童救助的初期阶段，更多以求助者的角色参与西部农村特困儿童社会救助，从而提升家庭抚育儿童的能力。也就是说，家庭参与特困儿童社会救助的最终目的是实现自身养育功能的回归。所以，在开展西部农村特困儿童社会救助工作的后期阶段，家庭回归养育者角色，通过流浪儿童回归家庭、留守儿童享受到父母的关爱、疾病儿童得到基本的照料等，实现家庭的监护职责。

2. 亲属是儿童救助的重要提供者

依据马斯洛需求层次理论，如果第一层次需求（衣、食、住、行、用）无法得到满足，那么儿童的生理机能就无法正常运转，更严重的甚至会威胁到儿童的生命。因此，只有当西部农村特困儿童的第一层次需求得到满足，才能追求更高层次的需求。目前，在西部农村地区，由于经济困难，许多父母选择外出务工，大量的留守儿童、失依儿童以及心理障碍儿童等出现。在我国传统道德观念的影响下，除父母外，亲属也会承担起抚养留守儿童、照顾失依和心理障碍儿童的责任，使这些儿童能够得到临时的救助。同时，《民法通则》第十六条提到，"未成年人的父母已经死亡或者没有履行能力的，由下列人员中有监护能力的人担任监护人：（一）祖

---

① 刘继同、左芙蓉：《"和谐社会"处境下和谐家庭建设与中国特色家庭福利政策框架》，《南京社会科学》2011年第6期。

父母、外祖父母；（二）兄、姐；（三）关系密切的其他亲属、朋友愿意承担监护责任，经未成年人的父、母的所在单位或者未成年人住所地的居民委员会、村民委员会同意的"①。

根据课题调研，西部农村特困儿童在享有社会救助之前有一段空白期，在这一时期，特困儿童由于享有的救助身份没有得到确认而暂时得不到相应的社会救助，而此时，来自亲属的帮助刚好可以填补社会救助的空白，让这些儿童不至于流离失所。我国一直处于人情交往的发展模式中，血缘更是不可脱离的社会关系，当父母由于多种因素不能或者没有意愿抚养他们的子女时，具有亲缘和血缘关系的亲属会发挥重要作用，并展现出互帮互助的力量，从而实现"幼有所养"。②

3. 志愿者/捐赠者参与儿童救助

志愿者/捐赠者致力于免费、无偿地为社会救助贡献自己的力量，其服务工作已经渗透到特困儿童生活、学习和娱乐的方方面面。值得注意的是，志愿者/捐赠者作为一支有着强大生命力的队伍，在完善西部农村特困儿童社会救助体系时，扮演着重要角色。

课题调研发现，志愿者通常从四个方面参与西部农村特困儿童社会救助工作。首先是宣传救助政策。志愿者队伍与社会弱势群体有着天然的联系，在西部农村特困儿童社会救助中，能够深刻了解特困儿童的实际需要，真实反映特困儿童的心声，倡导政府制定和完善帮助特困儿童的制度性优惠政策，同时，志愿者能够深入特困儿童群体及其家庭，面对面地进行相关救助政策法规的宣传和解读，并号召西部农村特困儿童及其家庭对相关救助政策法规予以关注，使政策法规全面推行。其次是联络救助主体。志愿者作为特困儿童救助中各实施主体的联络者，利用自身优势，将政府、民间救助机构和爱心团体及个体捐赠者的救助资源链接、整合，保证各救助主体相互配合，实现有效救助。再次是提供救助服务。志愿者/捐赠者的服务工作已经渗透到儿童生活、学习、娱乐等方方面面，救助服务的包括为特困儿童分配救助资金和物品、给予特困儿童法律和心理上的援助、为患病儿童提供医疗救助等多个方面，如中华儿慈会西部儿童救助基金会的志愿者深入偏远的西部农村地区，通过"脑积水救助计划""复杂先心救助计划""脊柱畸形救

---

① 《中华人民共和国民法通则》，法律图书馆，http://www.law-lib.com/law/law_view1.asp?id=3633。
② 杨雄主编《儿童福利政策》，上海人民出版社，2012，第14~17页。

助计划""西部医疗巡诊"等针对西部农村特困儿童的医疗救助志愿项目来帮助患病儿童。最后是传播救助精神。志愿者在参与西部农村特困儿童社会救助行动中始终坚持"致力于社会主义精神文明建设，致力于经济社会协调发展和全面进步，致力于多层次社会救助体系建设"的宗旨，本着"奉献、友爱、互助、进步"的原则，充分利用各种形式的特困儿童救助活动，宣传志愿者精神，不断增强社会公众的社会责任感，促使慈善机构、爱心人士和捐赠者致力于西部农村特困儿童救助工作。

（二） 存在的局限

1. 专业化程度不高

调查数据显示，受访特困儿童家长受教育程度在初中及以下的比例达到93.59%，其配偶受教育程度在初中及以下的高达98.82%，这不仅导致经济困难，也使很多家长难以承担特困儿童身心引导的职责。亲属大多基于名声、可怜、血缘等为留守儿童、失依儿童等提供的更多是临时性的物质帮助和生活照料，难以关注其身心健康。而志愿者/捐赠者只是一批由于兴趣和爱心而参与到特困儿童社会救助中来的人士，大多活动属于自发而起的个人救助活动，他们缺少专业的知识和技能。

2. 救助能力有限

据调查，西部农村特困儿童家庭绝大部分人均年收入位于国家贫困线以下，还有35.2%的家庭年收入在0.5万元以下。家庭经济能力有限，父母没有能力抚养孩子，更多的是以求助者的角色出现。亲属作为儿童救助的重要提供者，有一定的能力帮助特困儿童，但无法长期提供帮助。志愿者/捐赠者的身份在法律层面还没有被完全明确，其权益还得不到保障，且救助资金多源于个人，缺乏长期保障。

（三） 改进措施

家庭自古以来就是儿童生存和发展不可或缺的基本单位，而亲属则往往是困境人群寻求救助的第一人，志愿者/捐赠者是较为零散的救助来源。西部农村特困儿童社会救助不仅需要政府、专业社会组织提供的正式救助，还需要注重家庭、亲属、志愿者/捐赠者作用的发挥。

1. 促进多种养育模式的建设

为使特困儿童的身心健康发展，各级民政部门和儿童福利工作者就特困儿童的养育方式进行了探索，形成了多种养育模式：第一是集中供养型，由民政部门投资，特困儿童生活在福利机构，由福利机构直接供养；第二是助养型，特困儿童生活在福利机构，由社会组织或志愿者资助；第三是家庭寄养型，由民政部门出资，福利机构为特困儿童选择合适的家庭，通过家庭形式为儿童提供生活照料和服务；第四是领养型，依照《中华人民共和国收养法》领养特困儿童，使领养家庭成员成为特困儿童的合法监护者等。①

2. 推动专业救助发展

社会工作者简称社工，是遵循助人自助的价值理念，为有需要的个人和家庭提供救助服务，协调社会关系，解决和预防社会问题，以促进社会公平公正为责任的工作人员。社会工作者既可以是政府部门、社会组织的工作人员，也可以是社会独立工作者，他们拥有社会救助专业技术与方法，在社会救助的各个领域都可以发挥极大的作用。目前已经开展的特困儿童救助工作问题层出不穷，主要原因之一就是我国缺乏本土化的专业社会工作者。一方面，为提高社会救助的效果，必须通过多种途径大力培养专业社会工作者，建立专业社会工作者的职业发展通道，保障特困儿童社会救助的人力资源充足性、专业性、职业性。另一方面，由协调中心主导，对家长、涉及亲属、志愿者/捐赠者进行有关社会工作法规、政策、知识、技能的宣传与教育，对其救助行为进行组织和管理，提升社会非组织性救助行为的效果。

---

① 王素英：《从家庭寄养看中国儿童福利事业发展趋势》，《民政论坛》2001 年第 2 期。

第五章
特困儿童社会救助的社会工作体系运行情况

我国东西部社会经济发展差异较大，西部农村地区相对落后，儿童权益保障实践存在很多问题，亟待完善和转型。以实践为导向的社会工作所秉持的理念和方法与特困儿童需求满足有着天然的契合性，且随着政府治理模式转变、社会组织培育以及社会工作职业体系的逐步完善，社会工作嵌入西部农村特困儿童社会救助已具备条件，本书已经在第三章从理论、现实、民族三个方面分析和阐述了社会工作体系嵌入的理论必要性、现实必要性、民族必要性，在第四章阐述了社会工作体系建构的基本原则、基本框架并讨论了各参与主体的职责。在此基础上，本章将从具体运行主体、救助内容确定、救助资源整合、救助资源传递四个方面对特困儿童社会救助的社会工作体系的运行情况进行探讨。

第一节 具体运行主体

一 协调中心是管理主体

根据基层教育部门在特困儿童社会救助中的天然优势，本书提出以基层教育部门为组织基础建立协调中心，在整合输入原则、协调输出原则和专业专递原则的指导下组织、管理特困儿童救助的具体工作过程。

首先，特困儿童救助协调中心将对自己所管辖区域的儿童进行基本信息调查，统计数据，进行录入。依据"以权利定需求，以需求定对象"的思路，组织专业社会工作者进行特困儿童需求评估，获得本地特困儿童各类需求及迫切程度信息，建立特困儿童个人档案，以作为救助资源整合、传递的依据。其次，协调中心将作为桥梁，连接救助资源的提供者（实施者）和救助对象，实现精准救助。救助协调中心对来自政府、社会、机构及个人的救助资源按救助资源与需求匹配体系进行整理和归类，建立救助资源管理系统。紧接着，根据儿童的需求迫切度，指导专业社会工作者建立个性化的救助方案，精准化传递救助资源。最后，协调中心通过定期或不定期的回访调查等方式，对救助过程进行监管，以便于灵活地调整救助方式，保证受助儿童最迫切需求得到满足。在整个救助过程结束之后，协调中心将对救助成效进行评估，进行救助反馈，跟进救助对象，完善其个人救助档案信息，同时发现救助过程存在的问题，及时改正。

二 专业社会工作者是操作主体

王思斌认为社会工作者可以分为普通社会工作者、实际社会工作者、专业社会工作者。本书所探讨的特困儿童社会救助是一项专业技术含量较高的工作，涉及特困儿童的需求测定、特困儿童拥有资源的评估、不同救助标准的制定、特困儿童救助程序的设计以及个性化的服务等内容。[1] 因此，特困儿童救助的社会工作体系所需要的具体操作者是接受过专业教育和训练，具有社会工作专业价值观和职业观的专业化工作人员。[2] 他们或服务于政府部门，或服务于社会组织，或是独立的社会性工作者。在具体的操作过程中，其职责如下。

（一）评估特困儿童需求，为各救助主体提供儿童需求信息

首先，在具体的特困儿童需求评估中，社会工作者要充分考虑内在和外在多种因素，发现不同困难下的儿童的不同需求，如对于四川受灾儿童，在"5·12"汶川大地震后，四川农村地区出现大量伤残儿童、失依儿童和失学儿童等，受灾儿童的需求不断增加，同时他们的需求差异也逐渐增加，而随着时间的推移，受灾儿童的需求也发生变化。对于具有不同特质的受灾儿

---

[1] 洪大用：《社会救助的目标与我国现阶段社会救助的评估》，《甘肃社会科学》2007年第4期。
[2] 管向梅：《后转型期社会工作介入社会救助的研究》，《社会工作》（学术版）2011年第10期。

童，如伤残儿童、失依儿童、心理障碍儿童等，需要专业社会工作者第一时间进行直接接触性服务，正确地判断其需求。伤残儿童第一时间需要医疗救助和心理辅导，后期需要基本生活费用的补助等，这需要社会工作者进行相应的评估，保证受灾儿童健康成长。其次，社会工作者作为西部农村特困儿童的需求评估者，其专业性、职业性保证他们能够对不同类型的特困儿童进行情况摸底和追踪调查，并确定这些儿童申请社会救助的资格。最后，将相关信息整理成册以供政府以及非政府组织了解，从而为救助主体提供受救助对象的相关信息，保障救助顺利开展。

（二）引导、衔接各救助主体

政府、社会组织和个人由于缺乏专业救助技能，需要社会工作者这样的集专业性与职业性于一体的救助队伍进行引导和衔接。社会工作者开展救助工作的前提是对救助资源进行系统分析，将正式和非正式的救助资源链接起来，共同解决与特困儿童社会救助工作相关的问题。① 因此，开展西部农村特困儿童救助工作需要形成高效联动、紧密衔接的工作网络，社会工作者作为这一工作网络的重要组成部分，其独特的优势最终将推动西部农村特困儿童社会救助体系完善。

第一，连接政府各部门。我国政府部门分类繁多，在进行特困儿童救助中常常出现各自为政、互不连接的现象，因此很难形成合力，导致救助资源被极大浪费，社会工作者作为高效联动、紧密衔接工作网络中的重要组成部分，充分发挥自身优势，实现政府各部门之间的连接。

第二，连接政府与救助机构。社会工作者既了解当前我国针对西部农村特困儿童群体救助的政策，熟悉救助的渠道，能够承担起为特困儿童群众提供救助信息、寻求救助资源的职责，又可以充分发挥其在链接社会救助资源、引领慈善团体和爱心人士、整合其他服务力量等方面的优势，调动更多社会救助机构来弥补政府救助的不足。

第三，连接救助者与受救助者。社会工作者的优势是有效助人，他们能够把那些需要接受救助而又不知道去哪里寻找救助资源的特困儿童与提供救助资源和服务的机构、组织联系起来，把争取来的救助资源和服务传递到特困儿童手中，以满足西部农村特困儿童的特殊需求。如成立社会救助站，衔

---

① 马凤芝：《社会工作过程》，载王思斌主编《社会工作导论》，北京大学出版社，2011，第170~172页。

接救助资源,根据特困儿童的需求,提供各项救助服务。

(三) 整合救助资源

西部农村特困儿童社会救助资金"政出多门"。有世界银行和其他国际组织为特困儿童社会救助提供的多种扶贫贷款,有中央财政直接投入的扶贫开发资金、医疗救助资金、教育补助资金、转移支付中的五保供养资金等,还有各级地方政府投入的五保供养资金、临时性救济资金以及特困救助资金等,可见当前我国的特困儿童救助资源十分丰富,急需整合。而社会工作者作为专业化、职业化的人才,在社会救助中擅长的正是对救助资源的整合,在具体的操作中通常表现为"社工+义工"模式,并成功整合了社会人力资源、救助资本和救助信息。

第一,整合人力资源。依据特困儿童社会救助工作的战略调整和社会组织管理的转变,引领社会工作者朝着同一救助目标前进是整合人力资源的前提。本书是指社会工作者发动来自社会各个方面的慈善组织、爱心企业和志愿者等参与到特困儿童救助公益活动或互助共益活动中,为需要帮助的特困儿童提供更加贴心的服务,使人力资源达到最优配置,以实现有效的针对西部农村特困儿童的社会救助。

第二,整合救助资本。特困儿童救助中涉及的资本包括政府救助资源和社会救助资源,只有社会工作者整合了这两方面的救助资本时,才能充分发挥社会组织在提供西部农村特困儿童社会救助服务、反映特困儿童的具体利益诉求、实现慈善机构和爱心人士的广泛参与、促进特困儿童社会救助体系完善等方面的积极作用。随着西部农村特困儿童问题的逐渐增加,儿童对于生存与发展需求的增加和维护自身权益意识的增强,对于特困儿童救助体系提出了更高的要求,有效整合各方救助资源,构建稳定的社会救助体系,更好地满足西部农村特困儿童的需求,是社会工作者有效开展特困儿童救助工作的重要内容。

第三,整合救助信息。加强信息化建设是推动新形势下我国西部农村特困儿童社会救助事业发展的必由之路。但西部农村特困儿童救助的实施主体各自为政的问题仍然比较突出,既影响了西部农村特困儿童救助中的信息共享,又容易使西部农村特困儿童救助过程出现重复建设问题。因此,必须全面、系统地推行各类特困儿童救助信息有机整合,不断提高新形势下社会工作信息化水平。

（四）传递救助资源

社会工作者的一个重要角色是传递者，任何一个社会工作者都不可能一个个帮助有困难的儿童，这不仅是因为社会工作者的能力是有限的，也因为社会工作者的角色定位并不限于帮助特困儿童直接解决问题，还包括了解掌握特困儿童的需求，把他们的需求向上传递到服务提供者和政策法规制定者那里去，与此同时，要把上层的政策和服务的相关信息向下传递。在社会工作组织在进行西部农村特困儿童社会救助时，社会工作者通常采用个案、小组和社区等方法进行救助，其目的在于促进西部农村特困儿童社会救助资源有效传递。

第一，传递救助政策。社会工作者是一个具有专业性、职业性的群体，对于当前中央及地方政府的相关特困儿童救助政策、法规和各种规章都有所了解，因此，社会工作者将政策、法规、条例等传达给救助西部农村特困儿童的群众。一方面，社会工作者能够很快地了解到西部农村特困儿童的基本情况，能够为有特殊需求的儿童提供及时的保障和救助；另一方面，社会工作者深入特困儿童家庭，可以很直接地观察到特困儿童救助政策实施后的效果和存在的缺陷，以及西部农村特困儿童群体在生活上的改善程度和心理上的变化等。最后社会工作者还能将救助过程中发现的问题及时向政策制定部门反馈，对政策的完善提出自己的建议，从而为更好地开展西部农村特困儿童社会救助工作提供保障。

第二，传递救助服务。面对西部农村不同类型的特困儿童问题，以及不同程度的复杂性，社会工作者利用自身的专业知识，分类解决，如对于生理方面有特殊需求的儿童而言，社会工作者常常扮演辅导咨询和个案管理的角色；对于行为有偏差的儿童、心理有问题的儿童以及有生活障碍的儿童，社会工作者通常运用个案工作或小组工作的方式对其进行心理辅导与行为矫正，也可以通过亲子教育的训练，增强家长的监管能力，协助家长调整自身情绪困扰和管教态度，间接促进亲子关系改善与家庭和谐。[①]

第二节 救助内容确定

本书坚持"以权利定需求，以需求为导向"开展社会工作嵌入西部农村

[①] 孙莹：《建立我国特殊困难儿童社会支持系统的基本策略：培育和发展社区和非营利组织》，《青年研究》2004年第9期。

特困儿童社会救助的设计与实践,因此在救助内容的确定上,首先明确儿童的基本社会权利,再以权利为基础确定西部农村特困儿童社会救助工作中特困儿童自身、家庭、学校、社会等主体的共性需要和特殊需要。

一 儿童基本社会权利的确定

儿童的健康成长,离不开其社会基本权利的正常行使,当权利受到阻碍时,必然会导致相应需求得不到满足。因而,本部分内容将对儿童的基本权利进行梳理,进而明确需求,确定救助内容,实现精准救助。

(一) 生存权

儿童的生存权是指每个儿童都应该享有的生命权以及维持基本健康生活需求的生活条件保障权。[1] 中国在1991年加入联合国《儿童权利公约》之后,颁布了《中华人民共和国未成年人保护法》,并在此基础之上出台了一系列与儿童相关的法律法规,为儿童生存权的保护工作提供法律依据,为我国儿童成长营造了良好的环境。

联合国《儿童权利公约》对于儿童生存权的具体内容做了明确的规定,即第六条规定,"缔约国确认每个儿童均有固有的生命权","缔约国应最大限度地确保儿童的存活与发展"。该条规定将儿童的生存权明确为包括生命权和健康权两个方面。我国也声明将在遵守《中华人民共和国宪法》和《中华人民共和国未成年人保护法》相关法律的前提下履行第六条的义务。联合国《儿童权利公约》第二十四条又对儿童的健康权和医疗保障权进行了规定:儿童有权享有最高标准的健康保障,并享有医疗康复设施。因此,中国学者在此基础之上添加了获得医疗保障权这一项。另外生活条件保障权也被认为是生存权中的一个重要部分。[2]

(二) 受保护权

儿童受保护权指儿童有不受任何形式歧视、虐待及被忽视的权利。任何成年人有义务保障儿童有安全健康的生存环境,避免儿童受到伤害。

根据联合国《儿童权利公约》,儿童受保护权包括三个方面内容:极端困难下儿童的获得救济权、受社会剥削儿童的获得保护权、少年司法制度下

---

[1] 洪聪:《儿童生存权研究》,重庆大学硕士学位论文,2015。
[2] 洪聪:《儿童生存权研究》,重庆大学硕士学位论文,2015。

儿童的特别保护权。《禁止使用童工规定》第二条规定，"国家机关、社会团体、企业事业单位、民办非企业单位或者个人工商户（以下统称用人单位）均不得招用不满16周岁的未成年人（招用不满16周岁的未成年人，以下统称使用童工）"。其他关于儿童受保护权的内容包括：法定监护人对儿童有抚养义务、教育义务以及保护义务，禁止一切形式的歧视、忽视、虐待和遗弃，尤其是残疾儿童、女童、养子女、继子女及非婚生子女的保护责任应该受到重视；在受到任何危险的时候，儿童有权获得法定监护人的及时保护和完善的救护措施，如陪伴及时就诊等；残疾儿童的父母及其他法定监护人必须予以特殊照顾、心理保健与教育训练，促使其尽可能具备社会生活能力。

（三） 参与权

根据联合国《儿童权利公约》，儿童的参与权是指未成年人对与他们有关的事情，有发表意见和参与实践活动的权利。石一堂和高建波认为儿童权利即儿童参与家庭、文化和社会生活的权利。[1] 儿童的参与权是确保儿童的各项权利能够真正得到实现的一项具有基本价值的权利。[2] 十届全国人大常委会第二十五次会议将参与权列为未成年人的法定权利。

联合国《儿童权利公约》将儿童参与权内容确定为以下四点。一是具有主见能力，儿童都有权利表达自己的想法和意见。主见能力包括儿童认知水平、对问题的理解、独立程度和家庭等因素。二是儿童对关系本人的所有事项都有权利发表意见。所有事项包括关于个体或群体的相关决策。三是对儿童的意见应该通过儿童的年龄和成熟程度来看待。四是儿童可以通过各种形式来自由发表言论的权利，除了书面形式的表达外，也可以通过影像、舞台等大众媒体的展览、表演等形式表达自己的看法和意见。[3]

（四） 发展权

联合国《儿童权利公约》对儿童发展权的定义是儿童享有充分发展其全部体能和智能的权利，包括享有接受正规和非正规的教育的权利，享有促进其身体、心理、精神、道德等全面发展的权利。发展权是儿童权益最重要的权利之一。我国在儿童发展权的保障方面主要有教育保障、文化生活完善等形式。

---

[1] 石一堂、高建波：《西部农村学校儿童参与权实现的现状与目标——以"爱生学校"为例》，《全球教育展望》2007年第4期。
[2] 贺颖清：《中国儿童参与权状况及其法律保障》，《政法论坛》2006年第1期。
[3] 马晓琴、曾凡林、陈建军：《儿童参与权和童年社会学》，《当代青年研究》2006年第11期。

儿童发展权主要包括受教育的权利、参与社会生活和文化活动的权利、享受咨询和信息的权利、发表意见的权利、娱乐和休闲的权利、宗教信仰的权利、性格发展的权利、享受和睦家庭的权利以及身份、国籍等方面的权利。除此之外，儿童发展权还应该包括获得父母指导和教养的权利、脱离家庭的儿童有获得特殊保护的权利、享受适当生活水准的权利等[①]。

二 救助内容确定

通过对儿童基本社会权利的详细介绍，阐述了儿童实现健康成长过程中的必要条件。接下来本部分将通过儿童健康成长必要条件与西部农村特困儿童的实际情况进行对照，发现儿童权利实现受阻的点和面，找到对应的需求，以确定具体的救助内容。根据本书对特困儿童的界定——"不足十八周岁，由于生理性或社会性原因，生存权、受保护权、参与权和发展权没有得到保障而陷入特殊困境之中的未成年人"，对西部农村特困儿童救助内容的确定将结合马斯洛层次需求理论，从两个维度展开：第一个维度是儿童的权利，即生存权、受保护权、参与权和发展权；第二个维度是特困儿童需求的共性和特殊性。

（一）涉及特困儿童生存权的需求

儿童的生存权是从生理角度确定的有关儿童生命存活的基本权利，以及获得生命存活所必需的基本生活保障的权利。基于儿童的生存权，儿童不仅有衣、食、住的需求，还有医疗保健和运动的需求。通过对西部农村特困儿童关于衣、食、住，医疗，运动等涉及生存权的相关方面的调研数据以及对特困儿童救助相关文献资料的分析，为让特困儿童达到一般儿童的生存状态，本书认为西部农村特困儿童生存权方面的具体需求如表5-1所示。

表5-1 西部农村特困儿童生存权需求

需求	个人、家庭	学校	社区	社会
共性需求	家庭经济补助、儿童意外伤害应急措施、婴儿保障相关法律、营养状况检测、孤儿补助、五保户政策、农村低保政策、男女平等观念、儿童监护管理责权	学校卫生管理、运动场及其他运动设施建设	社区环境打造、寄养及收养政策、领养家庭辅导、福利院运行及管理	妇幼保健和检测系统、医疗保险、预防接种和儿童免疫计划、儿童医疗保障、先天疾病预防、灾害救济、临时救济、计划生育政策

---

① 杨国平：《论儿童发展权及其法律保护》，贵州大学硕士学位论文，2008。

续表

需求	个人、家庭	学校	社区	社会
特殊需求	心理健康咨询、家庭情感支持	—	社区照顾、院舍照顾、居家照顾	艾滋病防治、疾病医疗康复

（二）涉及特困儿童受保护权的需求

儿童受保护权指儿童有不受任何形式歧视、虐待及被忽视的权利。成年人有义务为儿童营造一个安全健康的生存环境，防止儿童受到伤害和剥削。儿童受保护权主要体现为不受歧视、安全地成长、获得救助等。由于特殊的社会经济、文化环境，西部农村特困儿童受保护权的实现状况较差。本书通过对相关调研数据以及对特困儿童救助相关文献资料的分析，认为西部农村特困儿童受保护权方面的具体需求内容如表5-2所示。

表5-2 西部农村特困儿童受保护权需求

需求	个人、家庭	学校	社区	社会
共性需求	预防家庭暴力、被忽视、受歧视、虐待、贩卖儿童，单亲家庭儿童保护，儿童监护权	预防校园暴力、安全教育（生命、财产、生理卫生）	环境文化建设、安全设施完善	食品卫生、儿童保护权益宣传和教育，未成年人保护相关法律完善，儿童意外事故应急处理办法
特殊需求	流浪儿童救助、孤儿救助、紧急庇护、遗弃儿童救助、心理健康维护、失踪儿童找回	特殊学校设施（未成年人犯罪、行为矫正学校，特殊儿童学校）	未成年人犯罪的社区矫正	未成年人保护组织

（三）涉及特困儿童参与权的需求

儿童的参与权是确保儿童的各项权利能够真正得到实现的一项具有基本价值的权利[1]，是社会对儿童参与个人及社会生活的认可和尊重，体现了儿

---

[1] 贺颖清：《中国儿童参与权状况及其法律保障》，《政法论坛》2006年第1期。

童作为人所应该具有的基本的权利。一般儿童的参与权主要表现在参与家庭生活、选择与参与文化娱乐活动、参与社会救助等方面。本书通过相关调研数据以及对特困儿童救助相关文献资料的分析，认为西部农村特困儿童参与权方面的具体需求如表 5-3 所示。

表 5-3 西部农村特困儿童参与权需求

需求	家庭	学校	社区	社会
共性需求	自主管理自己的财务、交友、教育选择、职业取向、娱乐休闲活动的选择与参与	班级管理（选举）、学校集体活动组织参与意愿、学校管理（学生评议、校纪校规）	对社区公益、文娱、宣传活动的参与	参与权法律保障
特殊需求	家庭教养方式指导	儿童的参与理念及能力培育	—	保障参与权的社会宣传教育

（四）涉及特困儿童发展权的需求

发展权是指儿童享有充分发展其全部体能和智能的权利，主要体现在儿童有接受教育、获得职业发展、人际交往等所有涉及促进儿童在社会中独立、积极、健康成长的各个方面的需求。本书通过相关调研数据以及对特困儿童救助相关文献资料的分析，认为西部农村特困儿童发展权方面的具体需求如表 5-4 所示。

表 5-4 西部农村特困儿童发展权需求

需求	个人、家庭	学校	社区	社会
共性需求	家庭教育观念，独立生活能力培养，良好的家庭支持网络	课堂学习、学业辅导、两免一补、就学津贴、学校心理辅导、学校设施水平、师资力量、德育工作、良好的朋辈关系、正确的婚恋观、职业生涯规划培训	社区营造积极健康的氛围、建设社区活动场所与设施	进行图书馆、博物馆、体育馆等文化教育基地建设，实现教育相关法律和政策的完善
特殊需求	工具性及情感性支持、不良行为矫正、心理健康咨询、正确的消费需求引导、自杀预防中心	社交能力培训、社会适应能力培养、特殊教育、教授与就业相关的法律知识	职业能力培养、就业信息传递	提供就业援助性政策、出台关于净化青少年儿童成长环境的相关政策

第三节 救助资源整合

西部农村特困儿童救助存在的一个非常严重的问题就是多头治理、缺乏系统整合导致救助活动效果不佳。社会工作体系运行非常重要的一个环节就是通过救助资源的系统整合，减少资源的浪费与重复传递。关于如何进行救助资源的整合，本书认为应该首先明确救助资源的类型、可能的用途等，再根据救助的内容进行分类整合。本节将据此对救助资源整合进行设计，需要指出的是本节只对现存的特困儿童社会救助资源进行探讨。

一 资源类型

根据调查，救助资源大致可分为三个层次——宏观、中观和微观，每一层次又包含若干具体资源。

（一）宏观资源系统

宏观资源系统主要包括来自政府及相关行政部门、社会团体及事业单位、各类公益组织、NGO 及社会服务机构、企业组织等资源。

政府及相关行政部门的资源。政府为少年儿童成长提供绝大部分的基础性资源和财政支持。积极开发社会政策中蕴含的丰富资源，积极倡导与儿童、青少年权益维护相关的政策法规的出台，不断充实社会福利资源，最大限度地发挥福利资源的功效，让其更好地受益。政府是服务资源的主要来源和主导力量，政府能够有效整合各种社会力量，为儿童、青少年建构较为科学、系统和有效的服务体系，只有在政府的大力倡导下，相关资源才能得到有效整合和利用。因此，在儿童、青少年相关工作中，政府的作用是居于主导地位的。政府可以在资金方面为其提供更有力的保障，建构起适度的社会福利服务保障机制，建立一个对贫困儿童成长有利的政策环境。可以通过政府出资购买服务的方式帮助处于困境中的少年儿童；另外，政府主动制定相关政策保障服务工作落到实处，如进一步完善农村低保、五保户、孤儿补助等政策法规；构建与青少年相关的专项救助政策，涉及教育津贴、两免一补、医疗保险、专项救助资金等。

社会团体及事业单位的资源。在现有体制下，许多社会团体和事业单位会有关于帮助儿童、青少年成长的项目。共青团中央下设少年部，专门负责全国儿童的教育培养及校内外的儿童保护；妇联设有儿童部，具有教育和保护少年儿童的职责；全国及各省份也都设有未成年人保护委员会，依法保护未成年人的合法权益，提供包括法律性的和社会性的帮助；全国建有统一的中国少年先锋队，通过开展丰富多彩的活动，促进儿童健康成长。另外，中华慈善总会、中国青少年发展基金会和红十字会及各类民间慈善组织都会针对儿童提供应对特殊困境的社会救助，如普适和专项的医疗救助、教育补助、西部支教、紧急庇护、中途之家和救助中心、儿童院舍照顾等。这些措施和组织针对儿童提供解决其特定困难的社会救助，如《城市生活无着的流浪乞讨人员救助管理办法》规定，救助站应当根据受助的需要提供符合食品卫生要求的食物、符合基本条件的住处和对在站内突发急病的，及时送医院救治；对没有交通费返回其住所地或者所在单位的，提供乘车凭证。个人或基于同情、人道主义、价值观念或社会关系等也能为特困儿童提供特定的社会救助，如西部支教。

各类公益组织、NGO及社会服务机构的资源。一些非政府组织可以为少年儿童提供有助于其成长的服务，并且这些组织中拥有一定数量的专业工作者、多种类型的服务项目，也拥有相对丰富的资金，可以通过这些组织为儿童提供服务。社会服务机构是社会政策和社会福利资源以外的又一个重要的资源，在儿童服务方面发挥重要作用，并且拥有相当丰富的实践经验。社会服务组织是少年儿童服务的载体，政府一般不直接向其提供服务，而是将资源通过社会服务组织提供给他们，因此社会组织发挥着服务传递的功能。社会组织是社会服务的主要源泉，社会组织借助自身特点，更容易深入地了解服务群体，能准确把握他们的需求，更具针对性地为陷入不同困境的青少年提供服务。

企业组织的资源。青少年服务的企业组织也是提供青少年就业服务的重要资源。以企业为活动场所和载体为青少年提供就业服务，既可以依靠企业为服务提供充足的资金支持和保障，也可以就近及时解决某些就业问题。另外，企业组织能为青少年提供各具特色的服务项目，为其提供接触社会的实践机会，推动青少年能更好地接触和融入社会。

（二）中观资源系统

中观资源系统包括来自社区、学校及家庭的各类资源。

1. 社区资源

对于儿童、青少年而言，学校和家庭、所在的社区是他们接触较多的环境，这里隐藏了许多可利用的资源，如社区里的老人可以帮助维护学生的安全，社区活动场所可用来拓展学生的活动空间，提供健身娱乐设施，等等。社区是儿童、青少年生活的主要场所之一，社区根据实际情况，可以设立各类兴趣型少年儿童社团，开展各类活动，在培养其自我教育意识和管理能力方面，丰富他们的日常生活。随着社会的发展，社区逐渐承担起了相应的少年儿童服务义务，为其成长创造和谐的社区环境。在司法矫正领域，2003年以来，国家逐渐开始了社区矫正工作试点，并取得了显著的成效。社区可以作为犯罪少年接受行为矫正服务的场所，并且通过不断完善社区发展建设和管理机制，创造良好的社区环境，充分利用社区的有利因素来提高犯罪青少年矫治的成效，同时进行青少年犯罪的预防工作。

2. 学校教育资源

学校承担着青少年教化和知识传播的功能，只有有效的教育实践和科学的教育政策，才能实现对青少年的良好教育。学校还能主动对失学少年进行后续教育，对某些有不良行为的青少年进行行为规正，起到教化的作用。学校里专业的老师、同辈群体之间的交流和沟通以及硬件环境都对青少年的健康发展起到积极的促进作用。学校是少年儿童学习资源的最大提供者，也是其实现社会化的主要场所。充分利用学校资源，以学校为服务提供的载体，针对学龄儿童开展相应的教育和培训工作，使其建立起基本的知识框架，形成正确的世界观、价值观和人生观，以及通过道德理想教育、法制安全教育、身心健康教育等，培养和增强其社会适应能力。对于即将面临就业问题的青少年进行就业培训，帮助他们对当前的就业形势、自身能力以及可能面临的就业问题有正确的认识，帮助他们提升就业能力。教师资源是儿童、青少年工作的必要资源之一，教师往往更加了解他们，并在教学实践中积累了丰富的经验。教师的参与往往能够让针对儿童、青少年的服务更加有效。学校应该成为服务提供过程中的支撑性资源。以学校为互动场所，以老师为服务提供载体，以同龄人之间的互动为动力的社会服务更容易产生积极的效果。

3. 家庭资源

家庭是儿童、青少年成长的重要环境，也是少年儿童服务工作的又一重要资源。家庭能为他们提供良好的成长环境、亲密的关系，在日常生活中进行正确的教育和引导，促进其树立正确的世界观，人生观、价值观，养成良好的性格。少年儿童的成长离不开家庭，其对个人和社会起着多层次、多方面的作用。家庭资源是针对少年儿童服务的支撑性资源之一，家庭的支持与否往往会成为服务成功与否的重要因素。家庭中父母承担教育的责任，家庭是少年儿童最重要的防护所，家庭的功能是其他手段难以实现和达到的。另外，许多困境儿童的出现根源于家庭方面的问题，因此，从家庭入手介入救助或提供服务是一种必不可少的手段。家庭在困境儿童的生活、教育、就业、个性养成等方面的积极参与，以及消除困境是家庭对孩子的一个重要功能。积极发挥和挖掘家庭保护网的作用，可以使困境儿童的现状改善。

（三）微观资源系统

微观资源系统包括受助者个人、专家学者、社会工作者及其他志愿者性资源。

1. 个人资源

解决好儿童、青少年面临的各种问题的一个关键是充分调动他们的积极性。他们自身是最大的财富。在成长过程中，他们能在正确的引导下，不断学会生存技能和促进自身发展。不断探索有益于自身健康发展的资源，积极与同辈互动，积极参与社会事务和政治事务，促进自己的权益得到较好的保障。儿童、青少年自身生活技能的提高、自信心的增强、维权意识的增强和能力的提升，以及他们所拥有的各种支持系统对青少年的成长都有积极作用。

2. 专家学者、社会工作者及其他志愿者资源

专家学者及其他志愿者资源是服务开展的重要智力来源和服务援助系统，社会工作者能够积极链接业内外各种丰富的资源，为服务对象提供优质的服务。特别是专家学者资源，他们蕴藏着丰富的智力资源和专业知识，这些智力资源和专业知识在现代社会福利和救助工作中发挥着越来越不可替代的作用。社会工作者作为儿童、青少年的良师益友，可以通过运用专业的社工介入手法，从社工价值观出发，帮助处于困境的儿童、青少年，链接救助资源，寻找解决办法，同时通过在意识层面帮助青少年的成长，协助其构建良好的人生观、价值观，成为独立个体，在社会中发挥自己的积极作用，实现助人自助的工作目标。社会工作者是社会服务的传递者，儿童和青少年的问题是否能有效解决，在很大程度上取决于社会工作者提供的服务。社会工作者能够明确每个个体所存在的价值和意义，与儿童、青少年一起，改变困难处境，实现自我增权，在良好的专业关系基础上保证服务的有效传递。同时，社会工作者能够不断从实践中总结、反思，为困境儿童提供服务，同时也为政府科学决策提供现实依据。志愿者资源作为特殊的人力资源，是指具有志愿精神，能主动承担社会责任而不在乎报酬的人，志愿者能够以某种形式向他人、公众或社会提供服务，尤其在社会救助方面，各领域的志愿者能为受助者提供各种类型的服务，不断补充正式和非正式资源提供过程中缺乏的部分，使受助者得到更完整有效的帮助。

二 各类别资源与需求的匹配

根据上文确定的救助对象的需求，本部分将从共性需求和特殊需求两个方面来对救助资源和救助需求进行匹配。

（一） 生存权与需求

1. 共性需求的资源匹配

在满足生存权的共性需求的资源匹配方面，救助资源包括以下七个方面。

第一，农村五保供养制度。按照《农村五保供养工作条例》规定，政府将给予符合供养资格的农民生活和物质帮助，主要承担吃、穿、住、医、葬方面的帮扶工作。依照条例，政府还针对年老、残疾和未满16周岁，无法定抚养、赡养人及生活来源的农民提供五保供养待遇。针对学龄儿童，五保供养制度为其提供接受义务教育所需的费用。

第二，农村最低生活保障制度，是在每个农民不能维持其最低生活水平时，由国家按照法定标准向其提供满足最低生活需求的物质援助，属于社会救助的主要组成部分，是"社会的最后一道安全网"。农村最低生活保障对象是家庭人均纯收入低于当地最低生活保障标准的农村贫困群众，并且这个标准应该随当地生活必需品价格进行调整。农村最低生活保障制度的实施，旨在履行职责，保障广大农民的基本权利，根据其实际需要提供帮助，并努力促使其摆脱困境。

第三，临时救济，作为应急性救济制度，是农村最低生活保障制度的重要补充，在农民因发生重大事件而生活困难时，保障其基本生活。这项制度在维护社会稳定方面具有重要作用。临时救济的对象是不符合五保供养条件和农村特困户救济标准的，因受到灾害、疾病、意外伤害等社会或家庭重大事件的影响，而陷入贫困境地的个人或家庭。救助方式主要是不定期的扶贫帮困措施。救济经费来源渠道较多，包括政府财政支出和社会慈善救济等，如辽宁的扶贫帮困手拉手结对子、建立扶贫超市等形式。

第四，灾害救助，主要是在自然灾害对农村居民的生命财产，以及生产生活造成严重危害，导致其基本生存难以维持时，国家、社会紧急提供维持其最低生活水平的资金或物质，包括灾害发生时对灾民的紧急救助，以及灾后重建时维持灾民基本生活的补助，例如，在"5·12"汶川特大地震的救助过程中，国家和社会提供资金、物资和服务以满足农村居民因灾害产生的救助需求。

第五，农村医疗救助主要是一种政府对农村特困人口因无经济能力而无法实现基本治疗而设立的帮扶制度。重点在于政府主导、社会广泛参与。当前我国政府逐步推动覆盖城乡全体居民的社会保障体系的建立和完善。在贫困儿童医疗保障体系方面，将着重从社会保险、社会救助和慈善事业三个方面开展工作，建立完善的医疗保障体系，如在农村要求将贫困儿童纳入农村新型合作医疗制度，设立"爱心医院"、开设"慈善门诊"等为贫困儿童的医疗卫生提供低价优惠服务。对于基本医疗制度保障仍无法解决的患重（大）疾病的贫困儿童，全国也普遍建立了城乡医疗救助制度以给予帮助。

第六，学校卫生服务。学校承担着保护儿童、青少年健康和成长的责任。学校对青少年健康保护主要分为卫生保健和体育两方面。首先，在学校卫生保健上，定期开展学生健康情况监测工作；对学生进行健康教育，主要包括生理健康教育和心理健康干预；培养学生良好的卫生习惯，合理安排学生的作息，预防近视，保护视力；改善学校卫生环境和教学卫生条件，加强学校卫生管理和卫生保健队伍建设，加强对传染病、儿童、青少年常见疾病的预防和治疗；坚持正面教育，严禁体罚学生。其次，在学校体育工作上，《中华人民共和国未成年人保护法》规定："学校应当全面贯彻国家的教育方针，实施素质教育，提高教学质量，注重培养未成年学生独立思考能力、创新能力和实践能力，促进未成年学生全面发展。"学校需要做好体育课教学工作；搞好学校课外活动；组织课余体育训练和竞赛活动；加大对器材、场地、设备、经费的投入力度等。

第七，儿童食品卫生及营养健康方面的工作开展。如2012年，由卫生部和全国妇联主办的贫困地区儿童营养改善试点项目10月15日在山西省太原市启动。中央财政提供专项补助经费，让特困地区的婴幼儿可以免费获得辅食营养补充品，以预防婴幼儿营养不良和贫血。

2. 特殊需求的资源匹配

满足生存权相关特殊需求的资源，主要有三个来源。

第一，艾滋病防治。关于受艾滋病影响儿童的医疗救助，河南省的经验较典型。该省针对儿童和家庭的具体情况开展受艾滋病影响儿童的医疗救助工作，即对其进行分类后实施救助，如针对感染艾滋病毒的儿童，提供全免费抗病毒和抗机会性感染治疗；针对艾滋病致孤儿童，政府为他们提供免费的基本医疗保障；对于其他受艾滋病影响的儿童，让其参加新型农村合作医疗，或将其纳入城乡医疗救助体系。

第二，残疾儿童康复。对于残疾儿童而言，必要的治疗和康复手段是可以改变他们身体功能的缺陷的。残疾儿童康复模式主要有家庭康复模式、机构康复模式和社区康复模式。主要的康复措施包括社会康复、职业康复和教育康复。具体康复项目又可分为医疗服务与救助服务、辅助器具、康复训练与服务三项。由此可见，通过将残疾儿童康复工作纳入社会卫生改革和社区卫生服务体系中，有利于保证他们享有康复的权利。加强专业康复服务机构建设，大力发展社区康复事业，通过家庭、康复机构、社区三者之间的协调，积极开展残疾儿童康复工作。

第三，社会层面的物资捐助及志愿服务。社会和个人的物资捐助能够促进形成良好的互帮互助社会风气，同时，物资捐助可以整合社会较闲散的资源，有针对性地为需要救助的对象提供相应的物质支持，最大限度地发挥该资源的作用。全社会的物资捐赠一方面能保证量上的充足和种类上的充足，因此针对比较广泛的救助对象能起到有效的救助作用。另一方面，物资捐赠，花费的时间较短，在各种突发状况的应急救助中起到很大的作用。如自然灾害发生以后，短时间内，社会救助能够向陷入困境的群体提供物质上的支援。对于贫困地区，各种医疗设备、器械的捐赠为他们提供了一个较好的医疗环境，保证生命在受到威胁的时候能得到及时的治疗。志愿服务是指，社会上各类人士通过志愿服务提供力所能及的服务。社会各类相关人士组成的医疗志愿服务队伍，定期或定点提供相应的医疗服务，协助培养农村居民形成健康的生活习惯，改善他们的生活环境。

（二）受保护权与需求

1. 共性需求的资源匹配

与受保护权相关的共性需求的资源，主要有五个来源。

第一，政府和相关部门的法律法规保护。全国人大通过制定关于儿童和特困儿童的法律来保护他们的权益。针对特定儿童群体的权益保护法律有《中华人民共和国收养法》《中华人民共和国残疾人保障法》等，国务院成立妇女儿童工作委员专门研究有关儿童工作，并出台针对儿童普适性需求满足的政策法规《学校卫生工作条例》等，针对特困儿童的政策条例有《关于加快实现社会福利社会化的意见》《残疾人教育条例》等。针对未成年人保护也出台了《中华人民共和国未成年人保护法》，明确规定了父母或者其他监护人出卖、遗弃、虐待、暴力伤害未成年人，有吸毒、赌博、酗酒等恶习，或胁迫、诱骗、利用未成年人乞讨等7种情形，都可被剥夺监护权。

第二，家庭生活指导。社区为家庭提供家庭咨询和服务，帮助父母或监护人正确履行保护和监管儿童的责任，如为贫困家庭儿童提供现金和实物的资助，减免教育、医疗等公共服务的费用，实施以儿童早期教育和照料服务为主的家庭政策等。建立完整的儿童照顾网络，如一些家庭式或社区式的托儿所，可以解决双职工家庭的幼儿照顾问题；家庭辅导和咨询服务，可以预防儿童和家庭问题的发生，对已经发生问题和对于危机的家庭、儿童进行及时的干预和治疗，从而有助于儿童形成健全的人格。

第三，儿童替代性养护。替代性服务的需求，主要来自家庭功能的解体，或是由于环境多重问题与压力，双亲能力不足，对儿童、青少年的成长与发展造成严重影响。对此，我国主要的替代性养护类型包括：集中供养型，由政府投资，福利机构直接提供服务，或由社会其他主体（企业、组织、个人）提供养育费用，由福利机构进行集中照顾；寄养型，选择适合的家庭或鼓励亲属收养孤儿，政府为寄养家庭提供必要的资金和培训指导等服务；领养型，鼓励个人根据《中华人民共和国收养法》领养孤残儿童，使领养家庭成员成为孤残儿童的合法监护人，负责孤儿的生活和教育费用；代养型，由个人提供家庭式照顾服务，如"周末妈妈"形式；机构形态的家庭照顾型，这一类救助模式由政府提供经费，在福利机构中由工作人员和若干儿童组成家庭，如在河南、安徽、云南等地的"阳光家庭"模式。

第四，安全教育工作的开展。首先，学校是儿童安全教育的主阵地。将安全知识教育列入教学计划，开展多样化的教育活动。充分认识到儿童也是积极主动的权利主体。其次，儿童的校外安全需要调动整个地区的力量共同参与保护。尤其是在西部农村地区，基层社会组织在儿童保护中起到重要作用。最后，加大对儿童安全建设责任和义务的宣传力度，在西部农村需要注重以"尊重"的态度促进农村儿童安全教育开展。引导全社会树立正确的儿童安全观，用保护和尊重的态度进行农村儿童安全教育，促进留守儿童健康成长。

第五，儿童的性安全保护及教育工作的开展，其中最重要的是西部农村女童的性安全保护工作的开展。根据全国妇联2013年发布的报告，我国农村有留守女童2800多万名。留守儿童遭受侵害的事件屡屡发生，而一系列的性侵伤害事件，大部分和留守女童相关。政策层面，在留守女童安全方面，已有《儿童权利公约》《中国儿童发展纲要（2011—2020年）》《中华人民共和国未成年人保护法》《中华人民共和国刑法》《关于依法处理监护人侵害未成年人权益行为若干问题的意见》等相关法律法规，但缺乏专门的应对政策，已有的法律法规可操作性不强，监督制度不健全。农村地区缺少未成年人救助保护机构。

2. 特殊需求的资源匹配

与受保护权相关的特殊需求的资源，主要有两个来源。

第一，专业人员心理辅导。儿童心理层面的健康是容易被忽视的问题。在教育系统中，开展心理咨询和辅导工作，包括开设专门的心理咨询室并配备专业人员，从事学生辅导工作；在医疗卫生系统中，开展治疗康复工作，设立专门的儿童心理健康门诊；在民政系统中，开展儿童的心理健康规划和评估工作，为政策规划做准备，并且做好需求评估和资源整合工作，在社区层面建立支持网络，全方位地为儿童的心理健康提供保护。

第二，流浪儿童救助中心的建设。流浪儿童是社会、家庭、学校教育以及自身多重因素导致的结果，虽然我国还未出台专门的儿童权益保护法律，但我国的流浪儿童救助机构以民政部门下的救助站为主，由其对流浪儿童进行临时性救助。流浪儿童在接受救助期间，不仅能得到吃、住、行、医的基本服务，还能接受以自我保护、法律常识、心理干预、行为矫治等为主题的教育服务，这为他们重返社会奠定基础。

（三）参与权与需求

1. 共性需求的资源匹配

满足参与权相关共性需求的资源主要来源于教育相关硬件设施的建设和教育活动的开展。规范农村学校布局，根据保障学生就近入学的需要，教学点的设置应以降低儿童上学成本为出发点，保证儿童上学安全。加强农村中小学基础设施建设，推动加强农村学校食堂、宿舍、操场等基础设施的建设。在西部农村地区开展安全隐患的调查和排解工作，将社区居民、家长、教师调动起来，共同参与学校安全建设。

2. 特殊需求的资源匹配

满足参与权相关需求的资源主要来源于相关部门要认真落实《中小学幼儿园安全管理办法》，创新学习管理方法，调动学生、家长在学校教学活动和个人成长方面的参与积极性。另外，全面提高学校安全管理水平。如国务院印发的《关于加强农村留守儿童关爱保护工作的意见》中提出"到2020年，未成年人保护法律法规和制度体系更加健全，全社会关爱保护儿童的意识普遍增强，儿童成长环境更为改善、安全更有保障，儿童留守现象明显减少"的时间表和行动计划。

（四）发展权与需求

1. 共性需求的资源匹配

满足发展权相关共性需求的资源，包括以下几个方面。

第一，政府"两免一补"政策性的救助资源。保障适龄儿童就近入学，国务院提出了"两免一补"政策，即对农村义务教育阶段家庭经济困难的学生实施免书本费、免学杂费、补助寄宿制生活费，且率先在西部地区实行。《中华人民共和国义务教育法》也有相应规定，即充分调动政府和社会力量，对五保户、特困户、低保户等进行救助。这一政策的实施，减轻了许多贫困家庭教育支出的压力，让许多贫困儿童重新回到学校，从而提高了义务教育阶段学生的入学率，也使学龄阶段的儿童获得良好教育的权利得到保障。

第二，学校心理辅导工作。当前各级教育主管部门与学校都在加强学生心理健康教育。有针对性地开设心理健康教育课程，其对于农村特困地区学生容易出现的心理问题、人际交往、社会适应及职业选择等方面都应有所涉及。另外，学校建立相应的心理健康组织，通过专业化的管理，制订和实施心理健康教育计划，建立心理辅导中心，为学生提供基本的心理咨询服务。

第三，共青团和少先队活动的德育工作。共青团和少先队对特困儿童、青少年进行救助。学校开设思想道德课程，加强对留守儿童的思想道德教育和行为习惯训练，加强对留守儿童社会主义、爱国主义和集体主义的教育。学校充分利用集体活动对儿童进行思想道德教育，如2016年，河北省根据国务院文件（国发〔2016〕13号）和省委、省政府脱贫攻坚工作的要求，针对不同情况的留守儿童提供具有不同特点的关爱服务。

2. 特殊需求的资源匹配

满足发展权相关特殊需求的资源，包括以下几个方面。

第一，社会提供的心理咨询、专业心理服务。在西部农村，家庭教育观念和教育方式是儿童成长过程中遇到的首要问题，通过开家长会、开设讲座、提供个别服务等方式争取家长配合，树立良好的家庭教育理念。

第二，偏差行为的矫治工作，可以借助社会工作者提供的专业服务开展亲子教育，协助父母调整自身情绪和管教态度，促进亲子关系改善。另外，针对有偏差行为的儿童开展个案、小组工作，进行矫治和预防。学校方面，应提高教师各方面素质。

第四节 救助资源传递

西部农村特困儿童社会救助的社会工作体系运行更重要的是从社会工作的专业助人理念出发，借助专业工作方法，提供专业性的社会救助服务，实现"助人自助"的工作目标。其中主要采用的手法包括个案工作、小组工作以及社区工作等。同时，在救助过程中向社会大众传播正确的救助理念，更加注重救助对象"全人"的发展。在救助需求、救助对象以及救助资源已经确定的情况下，提供哪些专业的救助服务以及如何提供服务就成了进行救助的最后一把钥匙。接下来，本书将从系统理论出发，在与儿童生存发展相关的各个层面开展工作，并且，针对西部农村特困儿童因特殊生活环境或某些特别因素出现的特殊需求，将工作内容区分为一般性工作和特殊性工作。通过这些具体的工作内容将社会救助资源传递到受助儿童手中，确保儿童能够积极健康地成长发展。

下面将通过表格的形式阐述专业社会工作者有关西部农村特困儿童救助的具体工作内容。当然，表5-5、表5-6、表5-7、表5-8所列举的工作内容只是根据本书在西部农村地区进行的调查数据，以及对当前已经开展和可以开展的工作进行了罗列，以后，通过不断地实践探索，也可以对表格进行补充，使特困儿童救助的社会体系运作所涉及的社会工作更加完善，使特困儿童的权益得到更好的保护。

表 5-5 生存权对应的社会工作开展

服务开展	一般工作	特殊工作
个人及家庭层面	①建立个人和家庭档案，定期评估需求，调整资源输入结构 ②向特困儿童个人及家庭提供救助政策信息，保证其能够享受到相应的救助资源 ③帮助父母认识到自己在法律上应有儿童照顾、养育以及保护的义务 ④加强对儿童和家长有关营养知识的教育	①个案工作开展，为特困儿童及家庭提供情感支持，以维系家庭的完整和健康 ②向待产特困家庭提供各项支持性救助服务 ③婚前产检推广，提高生育质量、降低婴儿死亡率 ④新婚困难家庭生育指导 ⑤链接医疗康复资源，为患有残疾的特困儿童提供相应的减免康复治疗 ⑥开展辅助性的家庭服务（居家服务、托儿服务）
学校层面	①收集学生信息，建立特困儿童信息档案 ②推动学校卫生工作发展，定期开展体检、传染病预防、健康卫生教育 ③组织开展校园体育训练，鼓励学生积极参与，提高身体素质	组织开展各类小组活动，建立特困儿童朋辈支持系统，预防及治疗心理疾病
社区层面	①调动居民共同参与社区生活环境建设的积极性，保障儿童能有一个良好的居住环境 ②链接医院、高校等资源，开展免费的社区儿童健康检查 ③宣传预防接种以及儿童免疫计划	①社区照顾运行管理 ②筛选符合居家照顾条件的特困儿童，培训愿意提供照顾的家庭成员，并对照顾过程进行跟进和评估，确保儿童得到良好照顾
社会政策及文化层面	①院舍照顾体系的监督管理 ②收养、领养政策宣传，规范收养、领养制度，建立特困儿童收养领养档案，定期进行回访调查，确保被收养、领养儿童健康成长 ③通过工作中的数据资料研究，进行政策倡导，积极推动政府在儿童福利、权益保护方面的立法 ④对男女平等观念进行宣传教育	①倡导建立贫困地区孕妇、婴儿及儿童营养保障制度 ②进行艾滋病防治宣传，建立艾滋病治疗发展小组，建立互助系统

表 5-6　受保护权对应的社会工作开展

服务开展	一般工作	特殊工作
个人及家庭层面	①为受到伤害的儿童提供心理咨询，以预防心理问题 ②增强家长的监护人意识及进行法律的宣传教育 ③建立特殊家庭（单亲、判刑、艾滋病等）档案，及时进行跟进，提供需要的物质及精神资源，维持家庭功能（物资救助、就业帮扶、情感支持网络等） ④向受保护权遭到侵害的儿童提供法律援助，维护其权益	①为遭到家庭暴力伤害的儿童提供中途避难营，提供安全保护、收容和安置服务 ②针对有暴力倾向的家庭成员开展个案工作，对该家庭成员进行行为矫正，向受害者提供庇护 ③提供外展服务，为流浪儿童及被遗弃儿童提供满足需求的救助资源（能力培养、返家、继续教育等） ④协助被拐卖和失踪儿童家庭与公安部门沟通 ⑤对已经出现流浪儿童的家庭，采用家庭治疗模式，帮助儿童重新融入
学校层面	①通过与学生的互动，了解学生家庭及生活情况，及时发现问题，提供个案服务 ②开展各种形式的安全教育活动，包括生理卫生安全、财产安全等，学习自我保护方法 ③进行外展服务，及时发现并处理校园暴力行为 ④开展校园法律课堂，明确每个人的权利、责任、义务，预防犯罪 ⑤营造互助团结的校园氛围，防止消极情绪蔓延	①为受到校园暴力侵害（被嘲笑、被孤立、被欺辱等身心受到伤害）儿童提供心理、情绪支持，向个人及家庭提供法律援助，维护其合法权益 ②开展个案或小组活动，对具有越轨行为的学生进行行为矫正 ③为犯法的学生提供法律援助，以保证判处的合理性
社区层面	①社区环境监督，杜绝黄赌毒及暴力行为，营造积极向上的社区文化氛围 ②通过小组或社区活动的形式进行预防家庭暴力的宣传和教育工作 ③推动社区安保工作更加完善	①为儿童、青少年犯罪的社区矫正工作提供心理、认知及行为指导 ②推动社区建立自己的儿童、青少年短期避难所，为困境儿童提供基本保护
社会政策及文化层面	①进一步推动儿童保护相关法律、政策完善 ②倡导儿童食品卫生监督及相关法律法规制定及完善 ③进行儿童保护理念宣传和倡导	①完善家庭暴力及校园暴力案件的处理方法及法律 ②联合未成年人保护组织，为弱势未成年人提供保护和支持

表5-7 参与权对应的社会工作开展

服务开展	一般工作	特殊工作
个人及家庭层面	①协助家庭建立良好的亲子互动关系 ②让家长认识到孩子参与自身发展、家庭生活的重要性，培养家长让儿童参与的意识、能力和积极性 ③在孩子和家庭面临特殊时期、特殊事件的时候提供必要的资讯和协助（升学就业等） ④开展小组活动，协助儿童增强个体参与自身发展、家庭生活的意识、能力和积极性 ⑤引导儿童正确选择和参与健康的娱乐休闲活动	①开展个案和小组活动以对家庭教养方式进行指导 ②通过家庭治疗模式向部分有需求的家庭提供帮助，建立良好的家庭关系 ③对有不良休闲娱乐习惯（网瘾等）的青少年进行行为矫正
学校层面	①协助连接学校、老师和学生，调动并协助学生参与班级及学校的管理，逐步培育参与意识和能力 ②通过开展活动或相关课程让学生认识到参与权的内容、方式与重要性等	对于部分参与积极性、参与能力较差的学生进行相应的培训，针对性地给予指导
社区层面	①组织开展各类社区活动，并邀请社区青少年、儿童参与，调动其积极性 ②社区积极营造参与氛围，鼓励并协助儿童实现参与权	建立社区儿童档案，保障每个儿童都有同等的权利参与到社区事务当中（尤其注意特困儿童的参与权保障）
社会政策及文化层面	①协助特困儿童参与社会救助，争取合法权益 ②对儿童参与权的重要性进行宣传与倡导 ③推动完善维护儿童参与权有效实现的法律法规	打击不健康的儿童娱乐行为，取缔不良娱乐场所，呼吁对娱乐场所从严管理

表5-8 发展权对应的社会工作开展

服务开展	一般工作	特殊工作
个人及家庭层面	①协助家庭建立良好的亲子互动关系 ②让家长认识到孩子发展权的内容和重要性，引导家长尊重和支持孩子实现发展权 ③在家庭面临特殊时期、特殊事件的时候提供必要的资讯和协助（升学就业等） ④开展小组活动，协助儿童认识自身发展权，引导儿童获得发展体能和智能的方式、能力 ⑤引导儿童自主选择和决定自身发展相关事务的能力（技能、教育、交友等）	①开展个案和小组活动以对家庭教养方式进行指导 ②通过家庭治疗模式向部分有需求的家庭提供帮助，建立良好的家庭关系 ③对有错误人生追求（拜金主义等）的青少年进行行为矫正

续表

服务开展	一般工作	特殊工作
学校层面	①协助连接学校、老师和学生，调动并协助学生参与班级及学校的管理，培育其发展意识与能力，促进其体能和智能的发展 ②通过开展活动或开设相关课程让学生认识到发展权的内容、方式与重要性等	对于部分在发展权认知、发展权实现方面有特殊困难的学生进行相应的培训，有针对性地给予其指导
社区层面	①组织开展各类社区活动，并邀请社区青少年、儿童参与，观测其发展权实现状况，促进其体能和智能发展 ②社区积极营造参与氛围，鼓励并协助儿童实现发展权	①建立社区儿童档案，关注社区儿童发展权的实现（尤其注意保障特困儿童发展权的实现）
社会政策及文化层面	①协助特困儿童参与社会救助，争取合法权益 ②对儿童发展权重要性进行宣传和倡导 ③推动完善维护儿童发展权有效实现的法律法规	打击使用童工、掴掇和逼迫儿童入歧途等非法行为

综上，首先，本章依据对西部农村特困儿童的调研以及对各类研究文献的整理分析，即"以权力定需求，以需求定对象"的方式确定救助对象，避免了以往对救助对象囊括不全的现象；其次，通过将救助资源和救助需求进行匹配，并以此作为进行救助工作的指导，保证救助对象最迫切的需求能够得到满足，实现救助资源效益最大化，这更符合"精准救助"的要求。

随着社会的发展，社会救助必然会从物质需求救助提高到其他更高层次需求层面，更加注重受助者的发展性需求，以提高救助者自身能力为导向，建立发展式社会工作体系，强调"助人自助"的救助理念，通过运用社会工作的价值观和科学工作方法，更深入地了解救助对象的需求并有针对性地提供服务，从而取得较好的救助效果。此外，社会工作参与的价值还体现在能够帮助政府、社区与其他社会组织建立联系，从而形成一个良好的社会服务网络，以对制度化救助进行补充，主要表现在心理疏导、资源链接、动员协调社会力量等方面。这些对解决实际困难和满足基本需求都发挥了积极的作用。这也是本书提出依据西部农村实际情况，建立基于基层政府的社会工作体系来开展特困儿童救助工作的原因之一。

第六章
特困儿童社会救助的社会工作体系运行效果评估

社会工作嵌入西部农村特困儿童社会救助的目标是满足特困儿童需求，保障其权利。在前面的章节，本书已经分析和阐述了西部农村特困儿童社会救助的相关现状以及构建社会工作体系的必要性、具体建构内容等。在此基础上，这一章将从评估概述、评估原则、评估指标、评估操作四个方面对西部农村特困儿童社会救助的社会工作体系的运行效果进行评估。

第一节 评估概述

要对西部农村特困儿童社会救助的社会工作体系运行效果进行评估，首先应该明确的就是评估的价值以及评估的内容，这是评估设计与评估操作的前提。

一 评估价值

"广义地说，社会福利项目是旨在满足社会成员社会、经济、健康和娱乐需要的服务。"[1] 社会福利项目的实施过程和实施结果与社会存在非常明显的作用与反作用，不仅强调做正确的事（即效果），还强调正确地做事（即效率），必须通过评估来保证效果。特困儿童社会救助是典型的针对儿童弱

---

[1] 方巍、张晖、何铨：《社会福利项目管理与评估》，中国社会出版社，2010，第4页。

势群体的社会福利项目，不仅具备范围界限模糊、服务面广且影响大、受外界因素影响大、结果难以评价等一般性特点，还具备救助对象自主能力差、救助标准难以确定等特殊特点，因此，要保证救助工作的效果就必须对救助工作的各个环节进行实时监控、有效评估、及时改进。特困儿童社会救助的社会工作体系运行效果评估就是评价、考察、确定社会工作嵌入特困儿童社会救助的社会工作体系的效果和价值，一方面是对此社会福利项目存在的必要性和可行性进行论证和分析，另一方面是为项目的改进提供参考和借鉴。社会工作嵌入西部农村特困儿童社会救助的社会工作体系的基础路线是：用专业的社会工作方法评估确定特困儿童的需求—整合资源—精准传递资源—监控实施情况—评估效果—不断改进。因此，特困儿童社会救助的社会工作体系效果评估必然是整个救助工作非常重要的一环。

二 评估内容

要对西部农村特困儿童社会救助的社会工作体系运行效果进行科学的评估，首先，必须明确以西部农村特困儿童的需求为基准的项目操作过程及其影响因素；其次，将科学而专业的评估方式融入救助项目操作的全过程。现根据前面章节关于西部农村社会救助工作的社会工作体系的基准点以及过程运行等内容进行设计，结合社会工作实务基本过程以及一般管理工作的基本过程，确定社会工作嵌入西部农村特困儿童社会救助的社会工作体系的操作过程，进而明确效果评估的内容。

本书设计的西部农村特困儿童社会救助工作的社会工作体系运行大体分为六个环节（如图6-1所示）。

第一个环节：以基层教育部门为组织基础建立协调中心，根据西部农村特困儿童的权利，了解其需求，采取专业的方式评估，以确定救助目标与救助资源。

第二个环节：根据救助目标，由协调中心主导，以专业社工为执行者，按照西部农村特困儿童需求的类别将救助资源进行科学的整合归类。

第三个环节：由协调中心主导，以专业社工为执行者，采取专业测评的方式评估特困儿童个体性需求。

第四个环节：由协调中心主导，以专业社工为执行者，采取专业的方式进行救助方案的设计，方案的内容主要包括资源的匹配、资源传递方式、资源传递程序、进度等。

第六章 特困儿童社会救助的社会工作体系运行效果评估

第五个环节：由协调中心主导，组织救助方案的实施、进行全程监控。

第六个环节：由协调中心主导，组织救助效果的评估和进行救助项目的评估总结、反馈、改进。

从项目操作过程环节可以看出，救助效果评估处在项目操作的最后环节，但是贯穿项目操作的全过程，结合西部农村特困儿童救助工作存在的问题，本书所确定的社会工作嵌入西部农村特困儿童社会救助工作效果评估的内容主要包括需求确定的合理性评估、资源匹配的合理性评估、资源传递方式的合理性评估、救助对象需求的满足度评估四个方面。

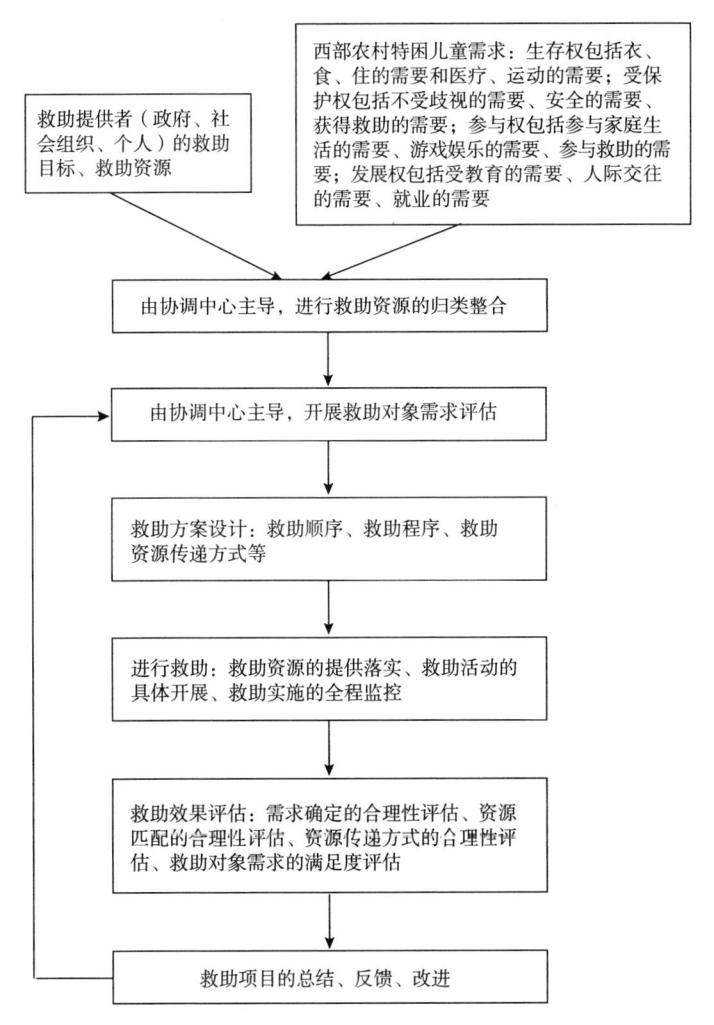

图6-1 社会工作嵌入西部农村特困儿童社会救助项目的过程

第二节　评估原则

根据西部农村特困儿童救助工作存在的问题以及本书的效果评估设计，为了切实保证和提高西部农村特困儿童社会救助的社会工作体系运行的效果，本书进一步确定了西部农村特困儿童社会救助的社会工作体系运行效果评估工作的原则，具体如下。

一　客观公正原则

特困儿童社会救助是一种旨在保证儿童弱势群体基本生存和发展的公共物品，其所使用的资源来源于政府财政拨款、社会组织捐赠和个人捐赠，具有救助对象不付费和成本意识薄弱的特点，因此，特别要求特困儿童社会救助工作必须严格遵循客观公正原则。第一，在社会工作体系运行效果的评估工作中，只有经过充分的调查研究，对大量的事实材料进行详细的分析和研究，实事求是，克服人在认识过程中的晕轮效应、首因效应、主观臆断、盲目跟从等弊端，才能正确地测量和评估，保证社会救助工作的质量和效果。第二，公正是公共产品和公共服务提供必须坚持的原则。社会救助主体在具体的救助工作中必须依照救助资源和救助对象的实际情况公正地履行自身职能。第三，社会救助效果的评估工作受到法律监督，严格按照法律所规定的标准和原则开展评估工作是社会救助项目效果评估的准绳。第四，社会救助项目效果评估的最终目标和社会救助的目标是一致的，必须坚持客观公正，人人平等。

特困儿童社会救助是一项专业技术含量较高的工作，涉及救助对象的需求测定、救助对象拥有资源的评估、不同救助标准的制定、救助程序的设计、个性化的社会服务等内容。[①] 在社会救助项目的效果评估中，客观公正原则的基本内容应该包含两个方面：一是实事求是收集救助对象需求信息、救助资源信息、实施过程信息等，客观全面地进行评估；二是公平地执行法律、规章制度所规定的相关标准，贯彻法律面前人人平等原则。具体来讲，

---

① 洪大用：《社会救助的目标与我国现阶段社会救助的评估》，《甘肃社会科学》2007年第4期。

社会救助项目效果评估坚持客观公正原则，应该从对特困儿童社会救助相关主体正确的角色定位、实体公正以及程序公正三个方面入手。

（一）社会救助相关主体正确的角色定位

根据调研，西部农村特困儿童社会救助工作存在的问题之一是严重的多头治理、缺乏协调，从而导致资源浪费、效率低下、特困儿童需求得不到满足，本书所设计的西部农村特困儿童社会救助的社会工作体系运行过程方案中，提出以基层教育部门为组织基础建立协调中心，以负责按照特困儿童需求协调政府各部门、社会组织以及个人所提供的资源与行为，统筹设计救助方案、监控实施情况。在具体的工作中，由于专业化的要求以及协调中心本身缺乏专业人员的现实，鼓励协调中心通过购买服务岗位或者购买服务等方式充分利用社会专业资源。在效果评估主体的选择上，综合考虑自评和他评的优缺点，本书主张采取第三方测评的方式，由协调中心向专业社会组织购买评估服务。

（二）实体公正

所谓社会救助项目效果评估的实体公正，主要指社会救助项目评估所遵循的法律规章制度、标准、指标体系等必须是客观公正的。本书通过实地调研和文献资料分析，广泛地收集信息，力求建立客观公正的社会工作嵌入西部农村特困儿童社会救助效果评估的指标体系。

（三）程序公正

程序公正主要是指具体的评估工作程序必须是客观公正的。以往的西部农村特困儿童社会救助的效果评估存在很大的随意性、随时性、随机性等，本书认为社会工作嵌入西部农村特困儿童社会救助体系的效果评估工作要实现程序公正，必须从以下几个方面入手：一是采取公开招标的市场化竞争原则选择评估主体；二是在评估内容上坚持投入—过程—产出的项目操作全过程评估（在本节第五个原则即全过程原则中将详细阐述）；三是在评估方式和方法上要综合定性评估和定量评估的方法和工具；四是要建立标准化的评估程序和评估工作制度，减少随意性和不公正性。

二 科学性原则

评估是一种对客观事物价值的认知和评价，必须建立在对客体对象认知和主体需要认知的基础之上，必须遵循主体和客体的发展规律。[①] 社会救助工作必须既符合救助对象的客观发展规律，又符合社会的客观发展规律。因此，特困儿童社会救助项目效果的评估必须遵循科学性原则，采用科学的方法。特困儿童社会救助效果评估科学性原则就是指评估主体、评估方法、评估标准、评估工具、评估程序、评估操作、评估监控、评估结果是科学的、合理的，是符合客观规律的。

由于西部农村特困儿童社会救助的社会工作体系运行以特困儿童需求为基点，旨在通过特困儿童需求的满足实现对其权利的保障，因此必须明确的是：首先，此项目的评估必须遵循特困儿童发展的身心规律，坚持以需求为基点进行评估设计和评估操作；其次，此项目的评估必须遵循我国社会经济发展的客观规律，不能使福利超前，也不能使福利不足。实现科学的评估管理，要重点强调以下几点：第一，科学地确定西部农村特困儿童的需求内容，将救助对象需求满足贯穿项目全过程；第二，建立科学的评估指标体系；第三，采用科学的评估办法，以专业实力为导向把第三方测评机构作为评估主体；第四，注重对评估结果的理论检验和实证分析。

三 供需合理原则

社会福利需求就是指人们在所处的环境中，经过客观比较和主观感受，觉察到自身在某些方面有所匮乏并产生危机感，但自身又缺乏通过经济手段来解决的能力，因而需要政府或其他社会组织进行特定的干预，从而获得必需的物质或服务，以解决困难、摆脱困难、恢复或增进福利。[②] 特困儿童社会救助是针对儿童弱势群体的一种准公共物品，是典型的福利需求满足行为，在供给和消费的过程中较易发生搭便车、过度使用、错位使用、公地悲剧、定价困难、供给不合理等问题，必须处理好供给与需求的关系，应需提供、按需提供。特困儿童需求是西部农村特困儿童社会救助工作的社会工作体系设计和运行的基点，在救助设计与实施中必须坚守供需匹配原则。

通过我国西部农村特困儿童社会救助工作的调研材料，可以得出的一

[①] 吴迪：《社会进步评价尺度研究》，中共中央党校博士学位论文，2012。
[②] 郭士征主编《社会保障学》，上海财经大学出版社，2009，第318页。

个重要结论就是：特困儿童社会救助存在的根本性问题是供需匹配不合理。从理论上看，特困儿童需求的满足需要从三个方面入手，即需求、供给、供给与需求的衔接匹配。根据供需匹配的理论逻辑（如图6-2所示），在社会工作嵌入西部农村特困儿童社会救助效果的评估中，首先，要做好特困儿童的需求测算。由于特困儿童生理和心理都处于发展阶段，本身缺乏必要的自主行动能力和资源获取及支配能力，对外界介入的帮助有很大的依赖性。尤其是西部偏远农村的儿童，由于区域经济的发展没有办法得到更好的照顾，他们更容易陷入困境。因此，特困儿童需求的评估需要从个人和社会两个层面进行考虑。社会层面先满足特困儿童的相关需求；个人层面应保证能维持其基本生存。另外，除了关注特困儿童的一般需求外，还应该关注特殊困境造成的特殊需求。因此，在需求测算中要特别注意特困儿童需求的特点，建立有针对性的需求测算指标体系，在测算方式方法上要特别照顾特困儿童的心理健康。其次，要做好供给现状测算与未来预测，以协调中心为组织基础进行救助资源种类、质量、数量、可持续性的测量和统计。最后，要做好供给与需求的匹配。基于本书的项目操作过程设计，为达到合理供需匹配的目标，必须对救助资源进行分类整合、对专业传递和救助对象满意度的方方面面进行定量与定性相结合的综合性评估。

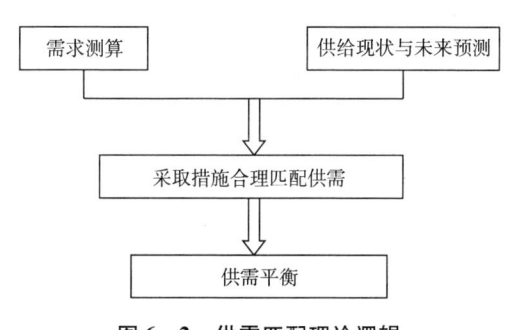

图6-2 供需匹配理论逻辑

四 价值尺度合理原则

特困儿童社会救助的价值和影响，既需要认识，也需要评价。特困儿童社会救助效果评价的价值尺度是一种由救助主体确定的尺度，将从事救助活动的人的自身需要、利益和目的纳入构建价值观念、实现主体价值追求的尺度,其根本性要求是对特困儿童社会救助的认知评价活动必须合乎目的性。[①] 根据马斯洛需要层次理论,人的需要从低到高分为五个层次,只有较低层次的需要得到满足后才会产生较高层次的需要。而权利也有层次性,有基本性权利和发展性权利。对不同需求的满足,得到的保障权利是不同的,可以变相地认为较低层次的需要的满足对应的是基本性权利的保障,较高层次需要的满足对应的是发展性权利的保障。也就是说,不同层次的需要与不同层次的权利是相对应的,比如通过生存需要的满足实现对生存权利的保障、通过安全需要的满足实现对受保护权的保障。本书的基点是通过需求的满足实现对特困儿童权利的保障。具体操作中,由于社会救助资源是有限的、特困儿童的权利和需求是具有层次性的,必须设立与之相对应的救助目标和救助标准,从而就产生了被救助的先后顺序、需求满足的先后顺序。据此,社会工作嵌入西部农村特困儿童社会救助效果评估体系的具体价值尺度应该基于权利确定需求内容与满足顺序,从低层次到高层次逐步满足需要,从基本性到发展性逐步实现权利保障。

本书所确定的儿童权利包括生存权、受保护权、参与权和发展权:①生存权,包括衣、食、住、行的需要和医疗、运动的需要;②受保护权,包括不受歧视的需要、安全的需要、获得救助的需要;③参与权,包括参与家庭生活的需要、游戏娱乐的需要、参与救助的需要;④发展权,包括受教育的需要、人际交往的需要、就业的需要(见图6-3)。

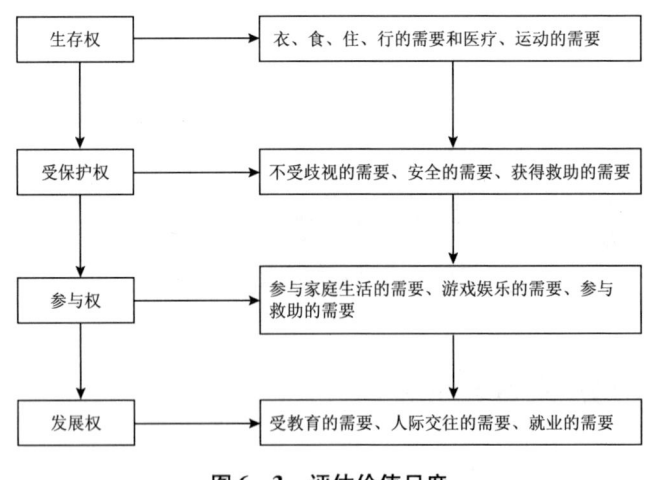

图6-3 评估价值尺度

[①] 吴迪:《社会进步评价尺度研究》,中共中央党校博士学位论文,2012。

五 全过程原则

特困儿童社会救助效果评估就是"利用不同的研究方法和设计,对社会干预和人类服务项目的概念化、设计、策划、行政、执行、效果、效率和效用等方面进行诊断和提升"[1],不仅强调对投入、过程和产出的诊断,还强调质量的提升。全面的质量管理强调以特困儿童及其他相关方满意为衡量依据,以把特困儿童作为关注焦点为原则推行全员参与的质量管理、全过程的质量管理、全系统的质量管理。[2] 只有在特困儿童社会救助过程中进行良好的质量把控,才能实现结果的质量要求。要实现和保证社会工作嵌入西部农村特困儿童社会救助体系的质量,在效果评估中,必须坚持全过程原则,关注进行具体救助前的需求、救助目标、救助资源评估及整合,关注救助资源的传递和匹配过程,关注救助对象的需求满足度。

通过调研发现,西部农村特困儿童社会救助现今存在的问题主要有缺乏合理的实施操作标准、具体实施操作管理混乱以及收效不大等,为解决这些问题,必须重视投入—产出的全过程。本书旨在通过社会工作的专业干预实现对救助对象的权利保障,可以变相地认为干预行为即为投入,最终成效即为产出,中间的过程揭示的是项目干预行为与成效之间的实现机制,要保证特困儿童社会救助的质量,实现最小投入下的最大产出,必须进行投入、过程机制、结果的三维评估。特困儿童社会救助投入导向的评估主要侧重于对项目成本、效益、效果的评估,测量和考核的是投入是否具备经济性;特困儿童社会救助结果导向的评估关注的是项目作用对象的需求和满意度,测量和考核的内容主要是项目作用对象的需求和满意度;特困儿童社会救助过程机制评估主要包括对项目执行过程的监控和对项目影响机制的分析,不仅关注项目方案的实施过程,还关注项目方案实施产生的影响以及项目干预是如何实现项目目标的。[3]

---

[1] 朱晨海、曾群:《结果导向的社会工作评估指标体系建构研究——以都江堰市城北馨居灾后重建服务为例》,《西北师大学报》(社会科学版) 2009 年第 3 期。
[2] 方巍、张晖、何铨:《社会福利项目管理与评估》,中国社会出版社,2010,第 122 页。
[3] 方巍、张晖、何铨:《社会福利项目管理与评估》,中国社会出版社,2010,第 224~225 页。

第三节　评估指标

本章第一节和第二节分别对社会工作嵌入西部农村特困儿童社会救助体系效果评估方案和评估原则进行了设计和阐述，接下来本节将基于目标、内容、影响因素等，采取过程机制评估设计理念，从救助对象需求确定的合理性、资源匹配的合理性、资源传递方式的合理性、救助对象需求满足度四个方面进行评估指标体系的构建。需要特别指出的是，由于具体情境存在差异，不存在绝对适用的评估指标体系，因此本书主要是从理论层面对社会工作嵌入西部农村地区社会救助体系效果评估的指标体系进行构建。具体阐述逻辑为先进行维度介绍，再进行具体指标汇总。

一　救助对象需求确定的合理性

从福利需求理论的逻辑出发，福利需求的提供和满足需要考虑三个方面的内容，包括：一是福利需求的具体内容；二是满足福利需求的最优方式；三是福利需求的落实和满足情况。因此，救助对象需求确定的合理性评估是指评估需求确定的过程和结果是否合理。本书倡导由协调中心通过购买服务岗位或者购买服务的方式，使用社会工作专业方法评估特困儿童的个体性需求，评估主体是专业的社会工作者，因此，对评估主体，即社会工作者专业素质的测评是实现救助对象需求确定合理性的第一个保障。需求评估的指标是设计和开展需求确定工作的标准，是救助对象需求确定合理性的第二个保障，即基础性保障。需求评估的方法和程序是需求评估工作具体开展中的操作行为，是救助对象需求确定合理性的第三个保障。

（一）评估主体素质结构考察指标

美国心理学家麦克利兰认为素质结构是为达成某项绩效目标要求工作人员必须具备的一系列不同素质要素的组合。[1] 中国学者况志华、张洪卫把人员素质分为三类，即生理素质（健康和体格）、心理素质（价值观、能力和

---

[1] McClelland, D. C., "Testing Competence Rather Than for Intelligence," *American Psychologist*, 1973 (1).

人格)、知识素质(社会化知识和工作化知识)。① 刘茜提出社会工作者的素质结构要素应该包括政治素质、个人特质、业务能力。② 刘华丽提出专业的社会工作者应该是乐观积极的、关爱他人的，合理定位自我的，自尊、自信的，尊重他人的、信任他人的、接纳他人的、友爱他人的，成熟的、务实的、有活力的。③ 马贵舫提出社会工作者的素质结构包括政治素质、利他主义道德素质、心理素质、知识素质、智能素质。④ 朱雨欣、胡家琪提出社会工作者的素质从三个方面进行考核，即价值观、知识、职业能力。⑤ 综合学者们的观点，本书确定的需求评估主体专业素质考察指标体系如下（见表6–1）。

1. 政治素质

政治素质是指一个人所持有的世界观，以及建立在这个世界观基础之上的政治理论、政治心理、政治信仰和政治价值观等，包括政治心理素质、政治伦理素质和政治信仰素质。⑥ 社会工作人员的政治素质会影响其价值选择，决定其所从事的社会工作的性质、功能、作用。特困儿童社会救助具有鲜明的政治色彩，是社会主义的重要事业，必须服务于人民、服务于社会主义现代化建设。因此，正确良好的政治素质是社会工作人员做好特困儿童社会救助工作的必备素质之一。

2. 知识素质

知识技能是指个体学习到的直接和间接经验、信息等的综合，包括各种知识以及对各种知识运用的方法和技巧等。⑦ 根据胡家琪和朱雨欣关于知识素质的观点（即知识素质分为专业性知识、业务性知识和整合性知识），专业的社会工作者不仅需要掌握社会学、社会心理学、社会调查与研究等的专业性知识，还需要掌握具体操作方法、程序、技巧、经验等业务性知识，以及法律法规政策类的整合性知识。⑧

---

① 况志华、张洪卫编著《人员素质测评》，上海交通大学出版社，2006，第8页。
② 刘茜：《我国社会工作者胜任素质模型研究》，《山西高等学校社会科学学报》2011年第6期。
③ 刘华丽：《专业社会工作者的涵义与要件》，《华东理工大学学报》（社会科学版）2004年第2期。
④ 马贵舫：《社会工作人才基本素质透视》，《社会工作》（上半月）2007年第10期。
⑤ 朱雨欣、胡家琪：《社会工作人才素质指标体系初探——以西部农村为考察对象》，《人民论坛》2010年第26期。
⑥ 马贵舫：《社会工作人才基本素质透视》，《社会工作》（上半月）2007年第10期。
⑦ 况志华、马士斌：《人力资源素质及其结构分析》，《南京理工大学学报》（社会科学版）1997年第5期。
⑧ 朱雨欣、胡家琪：《社会工作人才素质指标体系初探——以西部农村为考察对象》，《人民论坛》2010年第26期。

3. 心理素质

个体心理素质分为价值观、能力和人格等，价值观是个体对于客观现实的价值评量倾向，是个体行为活动的动力体系。[①] 社会工作旨在用专业的工作方式服务于案主，对主体的道德要求极高，强调社会工作者应该具备利他主义的价值观。能力是指在已有的知识基础上形成的技能或能力，社会工作者要保质保量完成工作必须具备良好的沟通表达能力、组织协调能力、人际交往能力、应变能力。[②] 人格是个体所具有的品质、特性和行为方式的总和，是个体对人、对事、对己在知、情、意等心理活动中所表现出来的特征。[③] 一方面由于弱势群体的特殊性，社会工作者在工作中要仔细观察，注重关怀案主的心理感受；另一方面，由于社会救助工作对救助对象的身心具有直接的影响，社会工作者理应耐心、稳重。

表 6-1 需求评估主体素质结构评估指标体系

维度	指标
政治素质	政治伦理素质
	政治心理素质
	政治信仰素质
知识素质	专业性知识
	业务性知识
	整合性知识
心理素质	价值观
	能力
	人格

（二）需求评估指标

特困儿童的需要分为共性需要和个性需要：共性需要是指儿童生存和发展必须满足的普遍性需要，具有群体性特征，本书通过调研和文献研究已经总结获得，在第五章已做具体阐述；个性需要是从个体出发，讨论个体由于

[①] 况志华、马士斌：《人力资源素质及其结构分析》，《南京理工大学学报》（社会科学版）1997年第5期。

[②] 朱雨欣、胡家琪：《社会工作人才素质指标体系初探——以西部农村为考察对象》，《人民论坛》2010年第26期。

[③] 况志华、马士斌：《人力资源素质及其结构分析》，《南京理工大学学报》（社会科学版）1997年第5期。

某些特殊原因而产生的个体性需求，通过以普遍性需要为方向对个体进行调查和测量才能确定。因此，在特困儿童需求评估中理应基于儿童的共性需要建立特困儿童需求评估指标体系。"社会救助需求评估的目标不仅在于分析和确定救助对象的需要内容，还应该进一步延伸至有关基本需要的判断以及造成救助对象基本需要等达不到满足的原因分析，才能从根本上指导整个救助工作。"[①] 因此，建立特困儿童需求评估指标体系不仅要反映其需要的内容，还要反映造成其需要得不到满足的原因。

1. 基于生存权的儿童需求

生存权是指儿童有权利通过物质福利与消费、医疗卫生服务、健康运动、关爱与照顾等获得良好的生存状态，是儿童的基本权利。衣、食、住所需要的物质资源和照料是否满足直接决定儿童的基本生存情况，而健康的身心是儿童基本生存得以良好延续的保证。本书根据调查和分析得出：保障儿童生存权必须满足其衣、食、住、行的需要和医疗、运动的需要。

任何一个组织和个体的生存都是在一定环境中，通过资源的获得与消费得以实现的，收入、消费、环境是影响和反映人们基本生存的三大指标。满足儿童的衣、食、住需要，首先必须保证他们获得相应的收入，儿童的身心状况决定了他们自身是很少有收入的，用于基本生活的资源主要来自父母或者其他监护人、政府、社会组织或者个人捐助，只有部分16周岁以上的特困儿童拥有自身劳动收入。法定监护人有抚养照顾儿童的义务，有代表儿童行使民事行为的权利和义务，由于某些特殊原因（如法定监护人外出打工），对儿童进行监护的人不一定就是其法定监护人，事实监护人才是对儿童生存和发展产生直接影响的人，儿童的收入和消费也主要取决于事实监护条件下的收入和消费情况。综上所述，本书认为影响儿童基本生活资源收入的因素主要有事实监护条件下的收入来源、收入结构、收入数量、收入的稳定性；影响儿童基本生活资源消费的因素主要有事实监护条件下的消费结构、消费数量、消费稳定性。而生活环境对于儿童生存权实现的影响主要在于居住环境、事实监护情况。居住环境主要包括房屋及其设施设备、自然环境，事实监护情况主要包括监护类型、监护人生活素质、监护人与儿童日常关系。

完整意义上的健康不单单是身体的健康，还包括心理的健康，健康的维持离不开健康的日常生活习惯、必要的医疗和合理的运动。根据生命周期理

---

① 方巍、张晖、何铨：《社会福利项目管理与评估》，中国社会出版社，2010，第201页。

论，儿童和老年人是较易受到疾病伤害的群体，是需要健康照顾的群体。特困儿童中有的是天生残疾，有的是被疾病困扰，有的是缺乏医疗意识……因而，他们的医疗需要也是各种各样的。公共卫生服务是儿童基本保健和医疗服务的主要来源，由于特困儿童残疾情况、疾病情况不同，其对医疗服务的需求也存在很大的差别。我国的医疗服务事业现今仍然存在医疗资源不足、医疗服务质量低、医疗资源分布地区不平衡等问题。要满足儿童的健康照顾需求，一方面必须分类别、分层次地整合资源，有针对性地提供医疗服务，另一方面必须建立匹配儿童身心发展要求的照料模式，儿童的日常生活习惯、日常健康照顾大部分来自监护人和学校。运动是拥有健康体魄和心态的保证，是儿童健康生存的保证，健康的运动理应是特困儿童的需要。根据儿童的经济条件、体育知识、身心状况的特殊性，本书认为影响儿童健康运动的因素主要有运动资源、运动知识、运动行为能力、事实运动行为。

因此，本书认为对基于生存权的儿童需求评估主要分为三个维度（见表6-2）。第一个维度是事实监护情况，监护情况是贯穿儿童生存与发展全过程的环境因素，指标主要包括事实监护类型、事实监护人生活素质、事实监护人与儿童日常关系，通过儿童的事实监护现存状态与其希望状态进行对比发现儿童的监护需要与需要满足方式。第二个维度是物质生活，具体指标建设主要从物质生活资源、物质生活消费、居住环境三个方面入手，通过事实监护条件下的收入、消费实际情况的对比以及对生活环境的认识发现特困儿童的衣、食、住方面存在的具体福利需求。事实监护条件下的收入指标包括收入来源、收入结构、收入数量、收入稳定性；事实监护条件下的消费指标包括消费结构、消费数量、消费稳定性；居住环境指标主要包括房屋及其设施设备、自然环境。第三个维度是医疗保健与运动，医疗需要情况的调查主要从儿童身心的基本保健、可获得并使用的医疗保障、残疾情况、疾病情况、运动情况五个方面进行。其中，儿童身心的基本保健主要是指儿童已接受的基本保健以及可获得并使用的基本保健资源；可获得并使用的医疗保障主要包含儿童可获得并使用的社会医疗保险、医疗资源数量与质量、医疗服务质量三个指标；残疾情况主要包含残疾类别和残疾等级两个指标，疾病情况主要包含疾病类别、疾病严重程度两个指标。通过现存可利用的医疗资源与特困儿童的实际医疗需求的对比得出特困儿童的医疗救助需求。运动情况主要从运动资源、运动行为能力、运动知识、事实运动行为四个方面进行调查，发现特困儿童运动方面的福利需求。

表6-2 基于生存权的儿童需求评估指标体系

维度	指标	子指标
事实监护情况	事实监护类型	现存状态
		希望状态
	事实监护人生活素质	现存状态
		希望状态
	事实监护人与儿童日常关系	现存状态
		希望状态
物质生活	事实监护条件下的收入	来源
		结构
		数量
		稳定性
	事实监护条件下的消费	结构
		数量
		稳定性
	居住环境	房屋及其设施设备
		自然环境
医疗保健与运动	儿童身心的基本保健	可获得并使用的基本保健资源
		已接受的基本保健
	可获得并使用的医疗保障	社会医疗保险
		医疗资源数量与质量
		医疗服务质量
	残疾情况	残疾类别
		残疾等级
	疾病情况	疾病类别
		疾病严重程度
	运动情况	运动资源
		运动行为能力
		运动知识
		事实运动行为

2. 基于受保护权的儿童需求

受保护权是指每一个儿童的生存和发展都有不受危害、被保护的权利，包括免受歧视、虐待和忽视的权利。儿童是最为脆弱的群体之一，歧视、经济剥削、虐待、伤害、生活困难等成了儿童被社会关注的缘由，社会、学校、家庭、个体都应该深刻认识并采取果断的方式保护好儿童的身心。本书通过调研和分析得出：基于受保护的权利，儿童有不受歧视的需要、安全的需要、获得救助的需要。

在生活和学习中不被歧视、获得尊重是儿童生存和发展必须的条件，很多学者都提出歧视是儿童尤其是特困儿童面临的主要问题之一，这严重影响儿童的身心健康发展。儿童的身心状况、监护人的身心状况、监护人的职业、家庭经济条件等都是儿童遭受歧视的缘由，而儿童歧视分为主观感知性和主观未感知性两种。儿童主观感知性歧视，一种是指儿童在对比过程中，自身主观产生，但实际不存在的歧视；另一种是现实存在并且被儿童感知到的事实歧视。儿童主观未感知性歧视是指事实存在，但是未被儿童感知的歧视。主观感知性歧视直接影响儿童的身心，相较于儿童主观未感知性歧视，其对儿童的影响更为直接和深刻。心理学家认为只有主观感知到的事物才是真正存在于主观世界的，需要是人由于内在觉察到某种缺乏所产生的状态。因此，本书在探讨儿童不被歧视的需要评估时只针对主观感知性歧视。正确把握歧视意识和歧视缘由是解决歧视问题的关键所在，歧视存不存在、严不严重取决于个体的歧视意识，歧视缘由也分主观认知缘由和客观事实缘由。因此，对儿童不受歧视需要的评估，本书认为主要应该从歧视意识和歧视缘由两个方面进行。

相较于成年人，儿童由于身心弱势、认知弱势等，更加容易受到各方面的伤害。再加上随着社会的发展，各种威胁安全的因素接踵而至，儿童免于被伤害的需求就更加迫切了。通过调查发现，影响儿童安全需要满足程度的因素主要有环境安全、安全意识、安全知识、安全行为能力。首先，儿童的生活离不开社会、学校和家庭（由于传统意义的家庭不再是儿童养护的唯一方式，这里的家庭主要是指儿童居住的场所以及同居人），公共安全、学校安全、家庭安全都是儿童的迫切需要；其次，儿童及其事实监护人的安全意识、安全知识、安全行为能力、具体安全行为也是影响儿童安全的主要因素。因此，对特困儿童安全需要的评估，本书认为应该主要从安全环境和儿童及其事实监护人的安全意识、安全知识、安全行为能力、具体安全行为五个方面入手。

儿童的身心特点决定了其在社会、学校、家庭中的弱势地位，其较易受到伤害、贫困、歧视、剥削等的影响，只凭自身力量难以解决这些困境。因此，在遭遇困境时，儿童有从外界寻求并获得救助的需要。现今，一方面由于政府的力量是有限的，推行社会自治、引入社会组织和个人的力量是社会救助事业必然的选择，使儿童获得救助的渠道是多方面的；另一方面，由于救助资源是有限的，救助主体的目标、素质等也是丰富多样的且有好有坏，使儿童救助需要的满足存在很多问题。也就是说，救助的可获得性、可利用性、可接受性与适合性成了影响儿童救助需要满足的主要影响因素。可获得性是指儿童及其监护人寻求并获得救助的能力，对救助相关政策和渠道的知晓和了解是影响救助可获得性的直接因素；可利用性是指儿童及其监护人能够获得并利用救助资源的数量与质量；可接受性是指儿童及其监护人能够接受救助所对应的代价；适合性是指可获得利用的救助资源符合儿童救助需要产生的缘由，即儿童面临的困境。因此，对儿童救助需要的考评，本书认为应该主要从儿童及其监护人寻求救助的意识、寻求救助的知识技能和能力、寻求救助的行为能力、寻求救助的事实行为、困境类型、困境程度、已获得救助的已获得救助的类型和数量、效果等八个方面进行。

因此，本书认为对基于受保护权的儿童需要的评估主要分为三个维度（见表6-3）。第一个维度是歧视情况，包括歧视意识和歧视缘由两个指标。其中，歧视意识的测量评估分为歧视是否存在、歧视严重程度两个方面；歧视缘由分为主观认知缘由、客观事实缘由两个方面。从主观感知、事实情况的对比中探寻如何满足儿童不受歧视的需要。第二个维度是安全情况，包括安全环境、儿童及其事实监护人的安全能力。了解儿童身处的社会、学校、家庭安全状况，发现儿童及其事实监护人的安全意识、安全知识、安全行为能力、具体安全行为，从而探寻满足儿童的安全需要应该如何作为。第三个维度是救助情况，包括儿童及其事实监护人的救助能力、儿童困境情况、儿童已获得救助情况三个指标。一方面，通过儿童及其事实监护人寻求救助的意识、知识技能和能力、行为能力以及寻求救助事实行为的调查从主观上提高儿童获得救助的可能性；另一方面，通过儿童的困境类型和困境程度与儿童已获得救助的类型、数量和效果的对比，发现儿童的具体救助需求。

表6-3 基于受保护权的儿童需求评估指标体系

维度	指标	子指标
歧视情况	歧视意识	歧视是否存在
		歧视严重程度
	歧视缘由	主观认知缘由
		客观事实缘由

续表

维度	指标	子指标
安全情况	安全环境	社会安全
		学校安全
		家庭安全
	儿童及其事实监护人的安全能力	安全意识
		安全知识
		安全行为能力
		具体安全行为
救助情况	儿童及其事实监护人的救助能力	寻求救助的意识
		寻求救助的知识技能和能力
		寻求救助的行为能力
		寻求救助事实行为
	儿童困境情况	困境类型
		困境程度
	儿童已获得救助情况	已获得救助的类型、数量
		已获得救助的效果

3. 基于参与权的儿童需求

参与权是指每一个儿童都有参与家庭、文化和社会生活的权利，儿童有权就所有影响他们生活的各种事项发表自己的意见，并让成年人听到他们的意见。[①] 儿童的有效参与不仅可以促进儿童所面临的各项问题的解决，还可以让儿童在社会生活的参与中正确认识社会、认识他人、认识自我，提高儿童的社会生活能力。本书通过调查与分析得出：基于参与权，儿童有参与家庭生活的需要、游戏娱乐的需要、参与社会救助的需要。

家庭是儿童生活的基本单位，也是关系最为密切的单位。儿童的身心特点决定了其对社会的参与主要是通过家庭来实现的，对家庭生活的参与不仅是儿童参与权的一部分，也是儿童实现社会参与的基础步骤。儿童最为理想的养护方式就是家庭养护，但是由于某些特殊原因，不得不对部分儿童采取替代性养护方式，这里认为养护生活即为家庭生活。不管是哪种养护方式，儿童都有权对养护中事关自身利益的各个事项发表自己的意见和看法，并被听取、反馈、采纳。现实情况是，由于儿童自身或者事实监护人方面的原

[①] 吴鹏飞：《嗷嗷待哺：儿童权利的一般理论与中国实践》，苏州大学博士学位论文，2013。

因，儿童的养护参与需要并没有得到很好的满足。具体来看，一是有很多儿童和事实监护人都没有儿童参与家庭生活的意识；二是有很多儿童有参与家庭生活的意识和想法，但是由于惧怕被拒绝、被骂等，而不敢开口；三是有很多儿童发表了自己的意见，但是并未得到事实监护人正确的回应，参与毫无意义。满足儿童参与养护生活的需要，必须清楚儿童参与养护生活的障碍。因此，本书认为对儿童参与家庭生活（即养护生活）需要的评估主要应该从儿童及其事实监护人的儿童家庭生活参与意识、儿童家庭生活事实参与行为两个方面进行。

游戏娱乐是儿童的主要活动形式，也是儿童参与社会文化生活的主要形式，更是一种主要的社会文化现象。吴鹏飞认为儿童游戏权是指为社会或法律所承认和支持的，体现儿童的尊严与平等、自由和全面发展价值的，具有普遍性和反抗性的，由游戏自由权、游戏社会权及个体发展权构成的统一体。[①] 儿童通过游戏娱乐不仅可以体验、学习社会文化，提升自身社会适应性，还能够促进社会文化发展。儿童游戏娱乐需要的满足主要涉及游戏娱乐参与机会和参与度，其影响因素主要包括游戏娱乐的设施设备、游戏娱乐的指导照顾、游戏娱乐的参与时间、游戏娱乐的人文环境。因此，本书认为对于特困儿童游戏娱乐需求的评估应该主要从以上四个方面入手。

救助是儿童遭遇困境时获得帮助的最为重要和常见的方式，事关儿童生存和发展，儿童有权参与救助设计、救助过程以及救助评估。但是由于儿童的身心特点，他们大部分不具备单独参与救助的能力和知识，在救助的参与中，或多或少地由事实监护人代为发表意见和建议。因此，对于儿童参与救助需要满足的评估，一方面要考虑儿童自身的参与能力与参与现状；另一方面要考虑事实监护人在儿童救助参与中扮演的角色和发挥的作用。据调查，事实监护人在儿童救助参与中发挥作用的方式有的是通过对儿童的意见干预间接影响救助的，有的是通过代表儿童参与直接影响救助的。

因此，本书认为对基于参与权的儿童需求的评估主要从三个维度进行（见表6-4）。第一个维度是家庭生活参与，即养护生活参与，主要包括参与意识、事实参与行为两个指标。其中，参与意识是指儿童自身参与意识以及事实监护人的儿童参与家庭生活参与意识；事实参与主要包括儿童的家庭生活的参与内容、参与率以及事实监护人对儿童参与的尊重与反馈。通过从意

---

① 吴鹏飞：《嗷嗷待哺：儿童权利的一般理论与中国实践》，苏州大学博士学位论文，2013。

识层面到行为层面的评估,发现儿童家庭生活参与的福利需求。第二个维度是游戏娱乐,主要包括游戏娱乐的设施设备、游戏娱乐的指导照顾、游戏娱乐的参与时间、游戏娱乐的人文环境四个指标,从参与机会和参与度上全面考核儿童游戏娱乐的福利需求。第三个维度是救助参与,主要包括儿童救助参与能力、参与现状、事实监护人角色三个指标。其中,儿童的救助参与能力受到自身参与的意识、参与的知识技能和能力、参与的行为能力、事实参与行为的影响;参与现状主要是了解儿童参与内容、参与率以及参与尊重和反馈情况;事实监护人角色主要是了解事实监护人对儿童救助参与的干预情况,分为直接代为参与和间接干预。通过对这三者的分析和认识,探寻儿童救助参与的福利需求。

表6-4 基于参与权的儿童需求评估指标体系

维度	指标	子指标
家庭生活（养护生活）参与	参与意识	儿童自身参与意识
		事实监护人的儿童家庭生活参与意识
	事实参与行为	参与内容
		参与率
		事实监护人对儿童参与的尊重
		事实监护人对儿童参与的反馈
游戏娱乐	游戏娱乐的参与机会与参与度	游戏娱乐的设施设备
		游戏娱乐的指导照顾
		游戏娱乐的参与时间
		游戏娱乐的人文环境
救助参与	参与能力	参与的意识
		参与的知识技能和能力
		参与的行为能力
		事实参与行为
	参与现状	参与内容
		参与率
		参与尊重
		参与反馈
	事实监护人角色	间接干预
		直接代为参与

4. 基于发展权的儿童需求

发展权是指每一个儿童都有受教育和获得其体能、智能、精神、道德和社会发展的权利,[①] 儿童有通过受教育、人际交往、就业指导等途径实现自身发展的需要和权利。受教育权是儿童发展的基本权利,其最主要义务主体是国家,同时也包括学校、家庭和社会组织等;人际交往是个人实现身心健康发展的必然路径;就业是个人生存资源的来源,也是个人追求发展的路径,更是个人社会价值实现的必要路径。本书通过调查和分析得出:基于发展权,儿童有受教育的需要、人际交往的需要、就业的需要。

儿童可以通过正规途径和非正规途径习得个人生存和发展所需的知识和经验,正规途径的教育主要是指学校教育、社会组织提供的各种教育,非正规途径教育主要是指家庭教育。学校教育是儿童习得个人发展所需知识和经验的主要途径,现今我国已经推行九年制义务教育,儿童不用交学费就可以接受小学和初中教育。但是由于受教育意识的缺乏、家庭经济困难、教学资源不足、教师质量差、儿童身体差、学习成绩差等问题,九年制义务教育的效果受限。此外,在我国,高中教育、大学教育还未实现免学费,存在资源较需求少等问题,使很多儿童所受教育的层次受限。事实监护人是儿童的第一任教师,事实监护人的文化素质、教育意识、教育时间对儿童的发展有极大的影响。社会组织对儿童的教育主要存在收费形式和免费形式的课后辅导、兴趣班、夏令营等,收费的居多,免费的很少,对儿童的影响有限。因此,本书认为对儿童受教育需要的评估应该主要从学校教育、家庭教育、社会组织教育三个方面进行。通过对客观的教育环境和主观的受教育态度和行为能力的双重分析,我们发现儿童受教育的福利需求。

每个个体都是社会的一员,不可能脱离社会而存在,社会化是个体健康发展的必然途径。儿童的社会化是每个儿童成为负责任的、有独立行为能力的社会成员的必经途径。所谓社会化就是认识社会生活的规则、学会社会生活技能的过程,可以通过正式途径的教育和非正式途径的习得完成。人际交往是儿童社会化的重要的非正规途径,是儿童正确认知和评价环境、他人、自我的必要途径,事关儿童身心健康发展。儿童有人际交往的需要,人际交

[①] 吴鹏飞:《嗷嗷待哺:儿童权利的一般理论与中国实践》,苏州大学博士学位论文,2013。

往是一种双边互动行为，儿童个人的状态、他人的状态都会对儿童的人际交往产生影响。满足儿童人际交往的需要，一方面，必须让儿童具备正确的认知评价能力、增强人际交往的意识、培养人际交往的能力、拥有人际交往的知识技能；另一方面，创造良好的人际交往环境，这对于容易自卑、被忽视甚至被歧视的特困儿童尤其重要，特别提倡养护人正确地引导、鼓励他人对儿童进行正确的认知评价。因此，本书认为对儿童人际交往需要的评估应该主要从儿童主观状态和客观环境两个方面进行，遵循人际交往的双边互动原则。

劳动是物质财富创造的唯一方式，就业是儿童成长必然面临的问题，为了生存和发展，儿童有就业的需要。劳动力市场是人力资源的双向选择市场，就业环境和个体就业能力同时决定个体的就业机会和就业质量。农村特困儿童家庭经济困难、事实监护人缺乏就业资源，有的身体残疾或者患有其他疾病，以儿童就业需要的一般性指标评估、测量特困儿童的就业救助需要是十分必要的。本书认为对儿童就业需要的评估应该主要从个体就业能力和客观就业环境两个方面进行，发现特困儿童的就业救助需要。

因此，本书认为对基于儿童发展权的需求的评估主要从三个维度进行（见表6-5）。第一个维度是受教育情况，主要包括教育资源情况、儿童受教育意识与受教育行为能力两个指标。其中，教育资源情况分为学校教育资源情况、家庭教育资源情况和社会组织教育资源情况；儿童受教育意识与受教育行为能力主要指儿童自身受教育意识、事实监护人的儿童受教育意识以及儿童身心状况。从主客观双重层面测量、评估儿童受教育的机会和程度，以发现儿童受教育的福利需求。第二个维度是人际交往情况，主要包括儿童主观的人际交往状态和客观的交往环境两个指标。其中，儿童主观的人际交往状态，主要包括对环境、他人、自身、人际关系的认知评价，人际交往意识，人际交往行为能力，人际交往的知识、技巧、能力；客观环境主要包括事实监护人引导、他人对儿童的认知评价。从主客观两个方面探寻儿童人际交往过程中存在的救助需求。第三个维度是就业情况预测，主要包括儿童就业能力和客观就业环境。其中，儿童就业能力主要包括儿童的身体素质、知识技能、心理素质、就业认知评价、就业目标；客观就业环境主要指企业用人标准以及儿童可利用的就业资源。从主客观两个方面评估儿童未来的就业机会和就业质量，探寻儿童的就业救助需求。

表6-5 基于发展权的儿童需要评估指标体系

维度	指标	子指标
受教育情况	儿童受教育意识与受教育行为能力	儿童自身受教育意识
		事实监护人的儿童受教育意识
		儿童身心状况
	教育资源情况	学校教育资源情况
		家庭教育资源情况
		社会组织教育资源情况
人际交往情况	儿童人际交往状态	对环境、他人、自身、人际关系的认知评价
		人际交往意识
		人际交往行为能力
		人际交往的知识、技巧、能力
	客观环境	事实监护人引导
		他人对儿童的认知评价
就业情况预测	就业能力	儿童的身体素质
		儿童的知识技能
		儿童的心理素质
		儿童的就业认知评价
		儿童的就业目标
	客观就业环境	企业用人标准
		儿童可利用的就业资源

(三) 评估方法及程序的评估指标

社会救助需求评估的主要任务是使用社会调查研究的方法收集有关救助对象需求的信息，由于特困儿童的分散性以及需求察觉和表达的困难性等特点，使用常规的社会调查研究方法难以达到效果，本书提出社会工作者通过介入，以专业的社会工作方法和工作程序进行特困儿童个体需求的评估。关于方法和程序的评估，其实就是对社会工作者干预行为的评估，社会工作者所采取的干预行为直接影响着需求评估的效果和效率，最好的干预行为就是能够以最经济的方法达到最优的效果的行为选择，注重的是成本和效用。本书所倡导的需求评估方法和程序的考核主要是从成本效用角度进行的，特困儿童需求评估的成本主要指协调中心自身工作过程中所花费的货币成本以及购买社会工作专业服务岗位或者专业服务的货币成本和时间成本，不考虑机会成本问题；特困儿童需求评估的效用是需求评估的作用和意义，难以用货币衡量，考虑到社会救助对象的特殊性，其主要包括社会救助需求评估结果反映特困儿童需求的真实性与全面性、对特困儿童及其家人心理健康的关注、社会救助资源提供者和协调中心的满意度。需求评估方法与程序的评估指标体系见表6-6。

表6-6 需求评估方法与程序的评估指标体系

维度	指标	子指标
计划	计划科学性	—
	计划专业性	—
操作	操作科学性	—
	操作专业性	—
成本	货币成本	—
	时间成本	—
效用	结果	真实性
		全面性
	心理关注	特困儿童
		特困儿童家人
	满意度	资源提供者
		协调中心

二 资源匹配的合理性

社会工作嵌入西部农村特困儿童社会救助体系是"以特困儿童需求为基点分配救助资源"的，满足特困儿童需求，体现的是根据供需双方的情况和要求实现供需合理匹配，是一种双边匹配。社会工作嵌入西部农村特困儿童社会救助体系的供需匹配涉及两个方面，一方面是最开始的救助资源的按需整合分类；另一方面是具体救助提供过程中的救助资源与特困儿童个体性需求的匹配衔接。根据项目操作过程设计，这里的救助资源匹配的合理性评估涉及第二个方面的资源匹配，主要应该从救助目标的合理性、救助资源的正确认识、特困儿童救助与需求对接方式三个方面进行。

（一）救助目标的合理性评估指标

目标是行为的方向，社会救助的目标将直接影响其救助资源的分配。从宏观事业角度来讲，社会救助的目标就是帮助弱势群体保障基本生存；从救助项目类别和设计来讲，社会救助的目标又会不一样，比如：本书所设计的社会工作嵌入西部农村特困儿童社会救助体系的目标是满足特困儿童需求，保障特困儿童权利；从救助的具体提供者角度来讲，社会救助的目的就更加多样化了。但是，根据社会救助工作的本质，不管哪个层次的救助目标都必须符合国家、社会和个人的发展要求，符合和遵循社会主义价值伦理和客观发展规律。众所周知，SMART原则是绩效管理的基本原则，即S（specific）——具体的，M（measurable）——可衡量的，A（attainable）——可实现的，R（Relevant）——与宏观目标、事实等相关的，T（time bound）——有明确的期限。根据洛克目标设置理论的观点，目标有两个基本属性，即目标的清晰度和目标的难度。通过对目标两个基本属性的结合，可以形成目标三种不同的形态，第一种形态下，目标清晰且有挑战性，行动结果最好；第二种形态下，目标模糊但有挑战性，行动结果呈中等水平；第三种形态下，目标模糊且无挑战性，行动结果最差。由此可以得出的结论是：要实现最好的行动结果，行动的目标必须满足SMART原则中的五个方面，否则就会出现目标属性结合的后两种形态，最终使任务的完成效果达不到事先的要求。[①] 因此，本书对特困儿童社会救助目标合理性的考察主要从目标的具体性、目标的可衡量性、目标的可实现性、目标的相关性、目标的时限性五个方面进行。

（二）救助资源的正确认识评估指标

有投入才有产出，救助资源是特困儿童社会救助工作最为重要的投入。特困儿童社会救助的无偿性或者低偿性决定了社会救助资源较一般供给资源更为有限和短缺，不可能满足救助对象的一切需求。要实现西部农村特困儿童社会救助的双边匹配，必须明确救助资源的来源、类型、用途、质量、数量、辐射范围、可使用时间、可持续性发展情况，这是合理利用资源的前提。因此，本书对救助资源正确认知的考察主要根据资源的这些要素，分资物和服务两个方面进行。

（三）特困儿童救助与需求对接方式评估指标

所谓特困儿童救助与需求的对接是指根据特困儿童的需求和救助提供者的目标与资源，通过一定的方式实现救助对需求的较为稳定的匹配满

---

① 李宇庆：《SMART原则及其与绩效管理关系研究》，《商场现代化》2007年第19期。

足，是满足特困儿童需求的具体行为之一。供需匹配对接方式的差异将直接影响供需匹配双方的满意度，根据福利提供的帕累托最优原则，一个个体的福利增加并不会带来他人福利的减少，即为最优的福利供给方式或者制度，要求供需对接方式必须是科学的、专业的、经济的、效用最大化的，既遵循个体身心与社会发展的客观规律，又符合成本效用规律。因此，本书对西部农村特困儿童救助与需求对接方式合理性的考核主要从科学性——符合客观规律、专业性——符合双方偏好、成本——货币成本和时间成本、效用性——资源的充分合理利用四个方面进行，其中效用性——资源的充分合理利用，包括救助资源充分合理利用和特困儿童需求满足度，特困儿童需求满足度的考核是项目的最终结果考核，这里不单独进行考核。资源匹配方式评估指标体系见表6-7。

表6-7 资源匹配方式评估指标体系

维度	指标	子指标
救助目标	目标的具体性	—
	目标的可衡量性	—
	目标的可实现性	—
	目标的相关性	—
	目标的时限性	—
救助资源	来源	—
	类别	—
	用途	—
	质量	—
	数量	—
	辐射范围	—
	可使用时间	—
	可持续性	—
供需对接方式	计划	计划科学性
		计划专业性
	操作	操作科学性
		操作专业性
	成本	货币成本
		时间成本
	效用	救助资源充分合理利用
		特困儿童需求满足度

三 资源传递方式的合理性

根据本书的设计，社会救助资源传递是指通过一定的方式将已匹配好的救助资源传递给救助对象的行为，是针对救助对象的直接干预和帮扶行为。由于特困儿童身心脆弱、敏感且缺乏行为能力，在救助资源传递的过程中必须引入社会工作的专业方法。政府部门由于存在机构庞大、效率低下、腐败、缺乏社会工作专业人才等问题，直接传递社会救助资源的效率和效果得不到保证，但是有的社会救助资源又不得不由政府来传递，因此，社会救助资源传递的主体的确定主要取决于谁传递的成本低且效果优，从而公开竞选社会救助传递方案并形成稳定的传递方式体系成了社会救助资源传递方式优化的必然之路。优化的社会救助资源传递需要合适的资源传递主体，即资源传递的具体执行者、合理的传递方法和程序。

（一）资源传递主体素质评估指标

特困儿童的身心特点，决定了特困儿童社会救助工作是一项复杂的技术性工作，其直接的干预和帮扶行为必须由具备相应的社会工作专业素质的人员来执行。本书在本节关于救助对象需求评估主体素质考察部分通过文献总结提出了社会工作人员专业素质考察指标体系，这里不再赘述。

（二）资源传递方式评估指标

社会救助主体的干预和帮扶行为必须符合救助对象的身心发展规律，必须符合成本效用要求。也就是说，干预和帮扶行为必须是科学的、专业的、经济的、效用最大化的。专业性主要考察的是资源传递的设计、管理、操作是否专业的问题。经济性主要考察资源传递方式所花费的货币成本（人力资源成本、执行过程成本等）和时间成本。效用最大化主要指资源传递方式所带来的救助对象状态的变化，主要包括生活质量的变化、行为能力的变化。社会工作遵循"助人自助"的原则开展服务，但是很多对社会工作效果的评估往往忘记对救助对象自主能力提升的考核。因此，本书对救助资源传递方式合理性的评估主要从科学性——符合客观规律、成本——货币成本和时间成本、效用——生活质量变化和行为能力变化三个方面入手，其中资源传递方法的效用直接反映在救助对象需求满足度中,这里不进行单独考核。资源传递方式评估指标体系见表 6-8。

表 6-8 资源传递方式评估指标体系

维度	指标	子指标
资源传递主体素质	政治素质	政治伦理素质
		政治心理素质
		政治信仰素质
	知识素质	专业性知识
		业务性知识
		整合性知识
	心理素质	价值观
		能力
		人格
资源传递方法	计划	计划科学性
		计划专业性
	操作	操作科学性
		操作专业性
	成本	货币成本
		时间成本
	效用	资源提供主体满意度
		救助对象满意度
		救助对象家人满意度

四 救助对象需求满足度

服务对象是社会福利项目的价值所在,社会福利项目要想达到以公众福祉为宗旨这一目标,其设计和评价都必须围绕服务对象开展,服务对象的反应和状态变化是项目管理和评估的重要依据。[1] 社会福利项目的"自觉自强"理论、弱势群体参与式评估理论等都为服务对象取向性的社会福利项目评估提供了理论支持和实践指导。在社会福利项目中,服务对象偏

---

[1] 方魏、张晖、何铨:《社会福利项目管理与评估》,中国社会出版社,2010,第 196 页。

向性的评估主要有服务对象需求评估和服务对象满意度评估,需求评估通常在项目执行之前,满意度评估通常在项目执行之后。救助对象需求评估确定是社会工作嵌入西部农村特困儿童社会救助体系的基点,也是其具体执行工作的基础环节。救助对象满意度评估是对整个救助工作效果的最为直观的认识和评价,社会工作嵌入西部农村特困儿童社会救助体系以特困儿童的权利确定其需求,以特困儿童需求满足为项目目标。因此,社会工作嵌入西部农村特困儿童社会救助体系执行的结果如何直接反映特困儿童的需求满足度。

有关研究发现,国外服务对象满意度研究将近一半采取了服务对象满意度问卷CSQ-8及其简化版CSQ-4[1],国内的研究也有很多采用了这两种问卷,此外还有自制的满意度量表或者指标体系。由于很多特困儿童缺乏客观的认知评价能力,一方面难以对其进行满意度评价,另一方面只对其进行满意度评价难以客观测量社会工作嵌入西部农村特困儿童社会救助体系的情况。权利的实现是保障生活质量的基本条件,特困儿童的需求来源于其应该享有的权利,需求的满足度直接影响他们的生活质量。个体生活质量是指个体对他们的生活状况的感知,而个体的生活状况是个体的生理健康、心理状态、独立水平、社会关系、个人信仰和他们与环境的关系的复杂结合,是社区、家庭、个人、社会等多因素共同作用的结果,与他们的目标、期望、标准和关注密切相关。[2] 再加上,社会工作强调"助人自助"的价值,关注案主在社会工作介入后的状态,社会工作介入后的生活质量恰好反映社会工作介入带来的案主的生活状态。因此,本书认为救助实施后的特困儿童生活质量是反映其需求满足度的最好形态。周长城等在《生活质量的指标构建及其现状评价》一书中,综合国内外关于个体生活质量评估的指标体系,建立了个体客观和个体主观生活质量评价指标体系(如表6-9和表6-10所示)。由于特困儿童救助的终极目标是让特困儿童达到一般儿童的生活和发展状态,实现儿童群体内部的公平,进而促进社会公平,本书将结合儿童的特点,对周长城等提出的个体生活质量评价指标体系进行修改、调整,形成主客观标准视角下西部农村儿童生活质量评价指标体系,以用于对救助实施后的特困儿童生活质量进行评价(如表6-11和表6-12所示)。

---

[1] 方巍、张晖、何铨:《社会福利项目管理与评估》,中国社会出版社,2010,第214页。
[2] 周长城等:《生活质量的指标构建及其现状评价》,经济科学出版社,2009,第26~27页。

表6-9 客观生活质量评价指标体系及其权重

维度	一级指标	二级指标
B1 客观（0.6）	C1 健康（0.1）	D1 健康状况
		D2 卫生资源
	C2 物质福利（0.1）	D3 经济供给
		D4 需求保障
	C3 消费（0.1）	D5 人均消费支出结构
		D6 消费结构指数
	C4 社会保障（0.1）	D7 基本养老保险覆盖率
		D8 失业保险覆盖率
	C5 社会公正（0.1）	D9 基尼系数
		D10 城乡居民收入比
		D11 恩格尔系数
	C6 公共安全（0.1）	D12 生产安全
		D13 交通安全
		D14 社会治安
		D15 消防安全
		D16 食品安全
	C7 环境（0.1）	D17 环境保护
		D18 环境状况
	C8 休闲（0.1）	D19 闲暇时间
		D20 闲暇活动
		D21 闲暇消费
		D22 闲暇设施及资源
	C9 教育（0.1）	D23 教育保障状况
		D24 教育需求满足
B1 客观（0.6）	C10 居住状况（0.1）	D25 居住空间状况
		D26 住房成套状况
		D27 住房拥有能力
		D28 住房公共资源状况

资料来源：周长城等《生活质量的指标构建及其现状评价》，经济科学出版社，2009，第465~466页。

表6-10 主观生活质量评价指标体系及其权重

维度	一级指标	二级指标	三级指标
B2 主观（0.4）	C1 健康（0.1）	D1 健康状况评价	E1 精神状态满意度 E2 生理健康状态满意度
		D2 卫生服务评价	E3 医疗收费与药品价格评价 E4 医疗服务态度评价
	C2 人际关系与社会支持（0.1）	D3 家庭生活满意度	E5 夫妻生活满意度 E6 亲子生活满意度
		D4 公共关系满意度	E7 同事关系满意度 E8 朋友关系满意度
	C3 工作与发展（0.15）	D5 组织公正性评价	E9 对与上司关系的评价 E10 对晋升机会的评价 E11 对激励机制的评价 E12 对表现自己机会能力的评价
		D6 个人发展前景评价	E13 对获得信息能力的评价 E14 对学习能力的评价 E15 对专业知识运用能力的评价 E16 对组织能力的评价
	C4 物质福利与消费（0.1）	D7 家庭收入应付开支情况评价	
		D8 家庭阶层归属评价	
		D9 家庭经济前景预期	
B2 主观（0.4）	C5 住房（0.1）	D10 房体状况评价	E17 住房价格评价 E18 住房面积评价
		D11 配套服务评价	E19 交通便利度评价 E20 居住环境评价
	C6 公共政策（0.15）	D12 教育政策评价	E21 促进教育公正性政策的评价 E22 提高教育水平政策的评价
		D13 就业政策评价	E23 加强就业培训政策的评价 E24 提高就业岗位政策的评价
	C7 社会公正（0.1）	D14 贫富差距程度评价	
		D15 政治腐败程度评价	
		D16 社会保障政策实施效果评价	
	C8 公共安全（0.1）	D17 社会治安状况评价	
		D18 交通安全状况评价	
		D19 食品安全状况评价	
	C9 环境（0.1）	D20 应急系统运行状况评价	
		D21 环境污染状况评价	
		D22 环境治理成效评价	

资料来源：周长城等《生活质量的指标构建及其现状评价》，经济科学出版社，2009，第466~467页。

表 6-11　西部农村儿童客观生活质量评价指标体系

维度	一级指标	二级指标
B1 客观	C1　健康	D1　健康状况
		D2　卫生资源
	C2　物质福利	D3　经济供给
		D4　需求保障
	C3　消费	D5　人均消费支出结构
		D6　消费结构指数
	C4　社会保障	D7　农村五保供养制度覆盖率
		D8　农村最低生活保障制度覆盖率
		D9　临时救济覆盖率
		D10　灾害救济覆盖率
	C5　社会公正	D11　基尼系数
		D12　城乡居民家庭收入比
		D13　恩格尔系数
B1 客观	C6　安全	D14　社会公共安全
		D15　学校安全
		D16　家庭安全
	C7　环境	D17　环境保护
		D18　环境状况
	C8　休闲	D19　闲暇时间
		D20　闲暇活动
		D21　闲暇消费
		D22　闲暇设施及资源
	C9　教育	D23　教育保障状况
		D24　教育需求满足
	C10　居住状况	D25　居住空间状况
		D26　住房成套状况
		D27　住房拥有能力
		D28　住房公共资源状况

表 6-12 西部农村儿童主观生活质量评价指标体系

维度	一级指标	二级指标	三级指标
B2 主观	C1 健康	D1 健康状况评价	E1 精神状态满意度 E2 生理健康状态满意度
		D2 卫生服务评价	E3 医疗收费与药品价格评价 E4 医疗服务态度评价
	C2 人际关系与社会支持	D3 家庭生活满意度	E5 亲子生活满意度 E6 其他家属生活满意度
		D4 公共关系满意度	E7 同学关系满意度 E8 朋友关系满意度
	C3 学习与发展	D5 组织公正性评价	E9 对与教师关系的评价 E10 对学习机会的评价 E11 对学习资源、环境的评价 E12 对表达自我机会的评价
		D6 个人发展前景评价	E13 对获得信息能力的评价 E14 对学习能力的评价 E15 对知识运用能力的评价 E16 对组织能力的评价
B2 主观	C4 物质福利与消费	D7 家庭收入应付开支情况评价	
		D8 家庭阶层归属评价	
		D9 家庭经济前景预期	
	C5 住房	D10 房体状况评价	E17 住房价格评价 E18 住房面积评价
		D11 配套服务评价	E19 交通便利度评价 E20 居住环境评价
	C6 公共政策	D12 教育政策评价	E21 促进教育公正性政策的评价 E22 提高教育水平政策的评价
		D13 就业政策评价	E23 加强就业培训政策的评价 E24 提高就业岗位政策的评价
	C7 社会公正	D14 贫富差距程度评价	
		D15 政治腐败程度评价	
		D16 社会保障政策实施效果评价	
	C8 安全	D17 社会公共安全	E25 社会治安状况评价 E26 交通安全状况评价 E27 食品安全状况评价
		D18 学校安全	
		D19 家庭安全	
	C9 环境	D20 应急系统运行状况评价	
		D21 环境污染状况评价	
		D22 环境治理成效评价	

第四节 评估操作

本章前面的内容提出了社会工作嵌入西部农村特困儿童社会救助体系的效果评估的内容、评估原则和评估指标体系。本节将从评估管理、评估指标体系的运用、评估结果的分析与使用三个方面对评估操作进行阐述。

一 评估管理

本书主张采取第三方评估方法，关于评估管理的设计如图6-4所示，具体过程包括如下几点。①由协调中心发布招标信息，其中包括参与竞标社会组织的相关要求、评估工作相关信息。②社会组织报名并提交自身身份材料，协调中心组织评估和筛选。筛选通过的项目第三方即符合竞标要求的专业社会组织根据协调中心的要求撰写评估方案，协调中心负责提供咨询等服务。③开展公开竞标大会，由协调中心组织政府相关部门、社会工作专家、竞标组织、救助对象代表（要求必须对项目有深刻理解）、救助资源提供者代表组成评审小组开展评估方案评审，进行360度测评。④中标社会组织根据360度测评的意见以及协调中心提供的关于项目的各项具体信息进行评估方案的修订和完善。⑤评估方案的实施，协调中心服务并监控第三方组织的评估工作。⑥评估结果的提交与评估工作的考核总结。⑦评估主体和评估方案采取动态管理的原则，一方面协调中心根据评估主体的评估工作的绩效对评估主体进行动态管理，另一方面可定期重新招标。

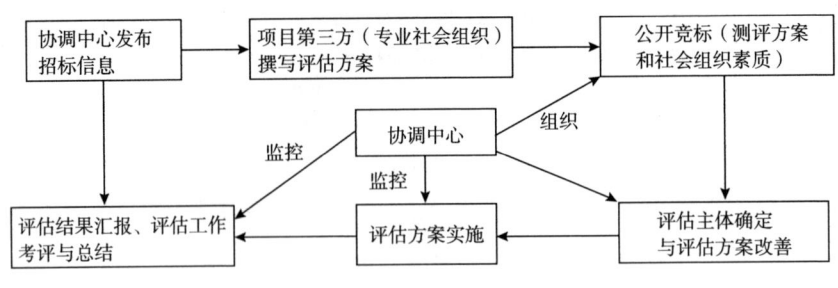

图6-4 评估管理框架

二 评估指标体系的运用

本章前面的内容已说明，由于具体情境存在差异，不存在绝对适用的评估指标体系，本书主要是从理论层面对社会工作嵌入西部农村地区社会救助体系效果评估的指标体系进行构建。在具体的评估工作中，需要评估主体根据地域自然环境、人文环境、特困儿童及其事实监护人的实际情况、救助执行实际情况等，将指标体系转换成具体的测评量表、测评问卷、测评访谈提纲、工作记录表等形式，综合运用定量和定性的方法进行评估。在测评方法上，建议由评估主体组织使用360度测评，即救助操作主体自测、协调中心测评、救助对象及其监护人测评、评估主体直接测评，具体操作可根据测评的效果和效率要求进行选择；在测评时间点上，建议定期与不定期相结合，实时监控，及时奖惩。这里需要说明的一点就是本章第三节建立的特困儿童需求评估指标体系：一是用于救助操作过程的第三个环节，即特困儿童个体性需求的评估；二是用于第六个环节特困儿童社会救助效果评估的需求确定的合理性评估。

三 评估结果的分析与使用

根据欧文的观点，需求评估与满足需要做五个方面的工作：第一，明确希望或理想的状态；第二，调查目前的实际状态；第三，发现理想和现实之间的差距；第四，寻找差距存在的原因；第五，确定需要满足的先后顺序，进行项目干预行为决策。[①] 因此，明确救助的希望和理想状态是社会工作嵌入西部农村特困儿童社会救助体系效果评估结果分析的标杆；发现救助实际效果与理想效果之间的差距并寻找原因，进而进行救助改进是社会工作嵌入西部农村特困儿童社会救助体系效果评估结果用途所在。

首先，社会工作嵌入西部农村特困儿童社会救助体系效果评估结果的分析标杆可以参照我国每年的儿童福利报告、西部农村儿童最低生活水平线、特困儿童主观感知到的状态变化、特困儿童身边人员所感知到的状态变化以及一些权威机构提出的对儿童健康发展状态等的综合确定，基于社会保障

---

① 方巍、张晖、何铨：《社会福利项目管理与评估》，中国社会出版社，2010，第203~204页。

"人人平等"理念、社会工作"助人自助"理念以及社会救助体系的效率效果论,本书认为社会工作嵌入西部农村特困儿童社会救助体系效果评估结果的分析应该结合地域环境:一是要注重西部农村特困儿童与一般儿童的对比;二是要注重救助效果的纵向对比;三是不仅要关注特困儿童变化,还要关注救助效率。

其次,社会工作嵌入西部农村特困儿童社会救助体系效果评估结果的使用,不仅在于发现差距,还在于发现差距存在的原因;不仅在于奖惩,还在于改进。具体而言,对特困儿童救助执行者社会工作专业素质的考核结果可以用于执行主体的择优选用,促进执行主体技能提升,推进特困儿童社会救助专业度提升。对特困儿童需求的评估结果一方面可以用于了解特困儿童的福利需求;另一方面可以用于发现特困儿童福利需求的变化,提升救助供给的针对性。对需求评估方法的考核结果,可以用于发现需求评估是否符合效率和效用的要求,有针对性地优化需求评估行为。对资源匹配的考核结果,一是可以用于考核救助目标的合理性和可实现性,确保救助工作方向的正确性,避免后续工作的初始错误;二是可以用于促进资源匹配方式的择优选用,及时发现当中存在的问题,及时纠偏,从源头上保证救助行为的质量。对资源传递方式的考核结果,主要用于确保直接面对特困儿童的救助行为的质量。对特困儿童需求满足度的考核结果,是对整个救助工作结果的价值评价,不仅可以从整体上考察救助工作从设计到实施的效果,还可以为后续救助工作是否开展、如何开展提供依据。

第七章

西部农村特困儿童社会救助中的民族互济性

我国是一个多民族和睦相处的大家庭,从古至今,各个民族在广袤的土地上生产劳作、繁衍生息,创造了许多绚丽多彩、深厚而独特的民族文化。在我国广大的西部农村地区聚居着大量的少数民族,面对恶劣的气候条件、地理环境,各族人民在长期的生活中形成了团结奋进、互帮互助的集体意识。到了现在,这种民族文化中的互济性仍然经久不衰,尤其体现在对于特困儿童的救助当中。虽然目前在我国西部少数民族农村地区中政府的救助居于主导地位,但是就目前的经济发展速度以及儿童自身的需求来说,西部少数民族地区社会救助体系仍有很多不完善的地方,仅靠政府这一救助主体发挥救助功能是远远不够的。因此,必须广泛发动个人、民族、社会的力量,形成全方位的社会救助网络。在我国的西部少数民族农村地区,民族文化中的扶贫济弱、尊老爱幼、互帮互助等纯良习俗恰恰可以弥补社会救助的不足,在国家保障制度难以触及的地方,形成互为补充、互为配套的社会救助体系,起到稳定社会的积极作用。

第一节 西部农村民族文化中的互济因素

马克思曾说过:"人的本质不是单个人所固有的抽象物,在其现实性上,它是一切社会关系的总和。"[①] 人不仅是自然存在物,还是社会存在物,这就

[①] 《马克思恩格斯选集》第一卷,人民出版社,1995,第60页。

决定了人的生存和发展离不开社会，更离不了人与人结成的社会关系。人类早期过的是群居生活，面对当时恶劣的自然环境，人类只有患难与共、福祸相依才能求得生存与发展，这样的集体生活方式促使个人对群体产生了认同感。随着时间的推移，人们对群体的认同感愈来愈强烈，生活在同一地方的人形成了一个个独立的民族。经过长期的生产和生活实践，各民族人民创造了灿烂独特的民族文化。

在我国广大的西部农村地区聚居着大量的少数民族，面对恶劣的自然环境，各个民族的成员只有团结起来，并在生产与生活中互相帮助才能求得个体和民族的生存。此外，由于长期生活在艰苦的环境中，少数民族同胞逐渐形成了勤劳勇敢、刚毅不屈、团结奋进、互帮互助的民族精神，这在客观上也促进了人们在日常生活中互帮互助。本书主要选取西部农村地区比较典型的四个民族来论述其民族文化中的社会互济因素。

一　彝族

每个彝族人从出生开始就从属于自己的家支群体，家支群体在为每个成员的成长、发展提供支持与帮助的同时也会要求家支成员承担相应的责任和义务，其中对特困儿童的抚育便是每一个家支的责任和义务。在彝族地区，家支成员对特困儿童的帮助和救济主要体现在如下几个方面。

1. 人生礼仪中的互济性

彝族人的一生中有几个重要的礼仪，具体包括诞生礼、成年礼、婚礼和葬礼等。每一个家支在庆祝这些节日的时候，都会邀请家支里的亲戚和村里的人来参加，以体现家支成员之间的亲情和互助互济性。

第一，诞生礼。一个生命的诞生对于整个家支来说是一件大事，为了让新生儿能够平安降世，家支成员会为产妇提供尽可能的帮助。例如，在孕妇临盆时，家支成员会带上各种营养品来看望孕妇。在婴儿出生后的三天到满月前，家支成员会为婴儿举办"出门礼"。确定日期以后，婴儿的家人会邀请家支内的亲戚以及村里的人来参加这个仪式，几乎所有知道此事的人都会带上"卡巴"（作为给婴儿买衣服的礼金）前来参加。孩子的家人会准备好酒肉来招待亲朋好友，饭后亲朋好友会掏出事先准备的"卡巴"送给孩子的父母。待到婴儿满月后，整个家支又会杀猪宰羊，祝福婴儿健康成长。此外，婴儿的父母还要选择吉日带着婴儿回娘家拜望外祖父（母）、舅舅（舅妈）等，此时娘家的家支成员会赠送婴儿许多礼物。通过这些仪式，我们可以看到彝族家支成员对婴儿的关爱和帮助。

第二，成年礼。成年礼顾名思义是为了帮助适龄青年认识到自己已经成年的一种仪式。在彝族地区，成年礼主要是为女童举行"换裙"仪式，从而帮助未成年少女具备成年人意识，规范少女的言行举止，并以此来教育同龄少男，让他们在与少女的交往中懂得分寸。当彝族的少女长到15岁或者17岁时，其所在的家支就要为其举行"换裙"仪式。因为"换裙"仪式代表女子由少年进入成年，所以整个家支成员会特别重视。在"换裙"之前，彝族少女穿的是红白两色的童裙，梳的是独辫，耳朵挂的是穿耳线。"换裙"仪式举行之后，她们就要穿上中段为黑蓝色的三接拖地长裙，原先的独辫要改梳成双辫，并要戴上绣花头帕，挂上鲜艳亮丽的耳环。在"换裙"当天，主人家要宴请宾客，富户要杀猪宰羊，穷户最少也要杀鸡泡酒。一大早，男女宾客便纷纷登门，送礼祝贺。按照习俗，举行"换裙"仪式时只有家支中的女性和未成年男孩才能参加。在仪式上，家支中的成年妇女会给"换裙"者以及同龄男孩讲授一些两性生理知识以及男女日常交往应注意的礼仪，从而让他们形成成年意识。"换裙"仪式意味着女童已经成年，可以与异性交往、恋爱和谈婚论嫁；反之，"换裙"前的少女要受到严格的保护，禁止与成年男性嬉闹以及非法同居，如果发生了此类事件，会受到习惯法的严厉惩罚。这种"换裙"仪式，可以较好地保护女童，起到一种教育、警示的作用。

2. 生活中的互济性

彝族的家支制度已经延续了几十代人，家支观念已经深深融入彝族人民的日常生活中，成为维系彝族氏族关系和社会关系的重要纽带。彝族的家支制度明确规定，对于早年失去生身父母或者由于其他各种原因无法得到父母照顾的孩子，家支中的亲戚要按照血缘关系的亲疏远近来承担亲生父母的抚育责任，如有直系叔父，直系叔父必须承担失依儿童抚育责任，如无直系叔父，则应由堂系叔父承担抚育责任。[①] 尽管现在市场经济冲淡了家支观念，但是家支观念对于特困儿童的救助作用还是非常明显的。凉山彝族自治州没有失依儿童因无人抚育而流浪在外。在政府对失依儿童进行社会救助前，家支制度会让失依儿童在得到及时的救助同时，在心理抚慰和教育互济方面发挥重要作用。

在心理抚慰方面，家支亲属对失依儿童的抚育能很好填补失依儿童在其家庭解体后所缺失的社会化功能。彝族家庭会要求儿童背诵自己的家支谱

---

① 徐红梅、陈天柱：《彝族家支观念对失依儿童救助的影响与对策——以凉山布拖县和昭觉县为例》，《乐山师范学院学报》2016年第7期。

系，从小就在家庭里培育儿童的家支观念，因此彝族失依儿童被亲属收养后，会在物质上与精神上享有与其他同辈家庭成员同等的待遇，比如在失依儿童婚姻上，收养家庭同样会拿出积蓄或借贷帮助其成婚。这种家支观念带来的非常融洽的家庭观念很好地弥补了家庭解体给失依儿童带来的心理上的创伤，让他们体会到来自亲人的呵护、关爱之情。

在教育互济方面，彝族的家支观念会督促监护人向失依儿童传授彝族的传统文化知识。抚养失依儿童的亲属将失依儿童视若己出，不仅会维护失依儿童社会保障方面的权利，在教育失依儿童方面也会尽职尽责。在彝族地区，传统文化知识主要是通过家支成员一代代相接、一代教育一代而传承下来的。在凉山彝族自治州，家支文化的教育内容包括科学知识、人文知识、日常生活技能三个方面。首先，家支亲属会通过农牧生产活动、祭祀活动，对失依儿童施加影响，让失依儿童在活动过程中习得天文、历法、数学等科学知识，遵循自然规律，对大自然产生敬畏之情。其次，家支亲属需要将彝族的人文知识（神话故事、寓言故事、歌谣、舞蹈、游戏、竞技）传承给失依儿童，主要通过口耳相传、文本相传、行为示范等方法实现彝族民间文学艺术知识的传承。最后，失依儿童的抚养人还要教给失依儿童基本的生产、生活知识。比如制造生产工具、洗衣做饭、耕耘打猎、纺纱织物、圈养牲畜等，每一种生产活动都有一套系统的知识和经验，各个家支会结合当地的气候环境、地理环境把这些知识和经验传授给失依儿童。经过这样的教育，彝族儿童会深深认同家支文化，并忠诚于所在的家支，为其家支的延续贡献自己的力量。

二　藏族

1. 家庭（族）中的互济性

在藏族地区，人们为了生存，便以地缘关系、血缘关系、姻亲关系长期聚居在一起，并在生产生活中互相帮助，由此演变出一张张以家族为单元、以血缘为纽带的亲属互助关系网。藏族有很多家庭是通过血亲和姻亲关系结成的大家族，一旦某些家庭出现重大变故比如父母双亡或者家庭生活遇到困难，造成孩子无人照看或无钱抚养，通过血亲和姻亲维系的家族的其他成员就会为这些孩子提供必要的帮助。

首先，家族中有能力的其他成员会为这些孩子提供必要的生活物品，以保障他们的基本生存权，在这个基础上又教他们学习世世代代传下来的生产、生活经验，并把许多自然规律知识、生产生活知识通过谚语、俗语的方式表达出来，让这些孩子易于接受。即使是没有上过学的孩子，在家族成员不间断的言传身教的影响下，也能学到许多基本的生存知识。这种方式使这些孩子在自然与轻松的环境下得到锻炼，在不知不觉中很快就可以记住和熟悉。在平时的生产劳作中，孩子们到野外参与家庭生产劳动，进一步学习和体验一些谚语知识的实用性，在实践中增长才干和知识。这种时时处处对孩子加以影响的方式为他们未来的生活带来很大的帮助，也对他们知识结构的形成有所裨益。

其次，这些孩子还要学习藏族风俗习惯，利用民族习俗规范自己的行为，适应社会对自己的要求，以增强民族意识。诸如一些人生礼仪、岁时礼仪、社会习俗及生活禁忌等民族习俗，都会由家族长辈来进行言传身教，帮助孩子们学习、接受藏族的风俗习惯，并且还要告诉他们在生活中哪些可以做、哪些不可以做，从而使他们的言行举止符合特定场合的规矩。藏族人民喜欢用歌声来表达他们对生活的热爱、对客人的尊敬，这些无依无靠的孩子经常被这种轻松愉悦的环境所包围，不仅学会了民族歌舞，也了解了许多民族风俗，更学会了藏族的做人规范。

2. 藏区寺院的互济性

藏区寺院本着助人自助的理念，将弘扬佛教慈善文化与救助广大群众的实际行动结合起来，重点突出对特困儿童的慈善救助。目前，藏族地区迫切需要解决的问题是让这些孩子进入学校接受文化教育，在这一方面，藏区寺院的慈善救助行为就显得尤为重要。在藏区相当常见的是由寺院和僧侣投资兴建的扶贫学校，这些学校不收取任何费用，按照教育部规定的大纲进行课程设置，实行汉藏双语教学；在学习方面，由当地政府教育部门指派的校长负责文化课程的安排、教学计划的实施。这些扶贫学校的大部分学生是失去生身父母的失依儿童，小部分是家境贫困无法支付上学费用的学龄儿童。每年，藏区寺院会收到来自全国各地的捐款，这些资金会用于藏区贫困孩子和失依儿童专项助学救助，这些救助行为有助于藏区更多的贫困孩子和失依儿童享受到与他们周围同龄孩子一样的受教育权利，获得文化知识，改变精神面貌，这可以让孩子们感觉有依靠，不再觉得那么孤单和无助。

三 苗族

1. 家庭中的互济性

受婚姻家庭伦理影响，苗族人民普遍认同尊老敬老、爱幼护幼的价值观

183

念。在苗寨中，美味的食物要留给老人和小孩，粗重的活则由青壮年来承担。父母肩负着养育子女的义务，如果父母亲死亡，这项义务就将由家族的直系亲属承担，不履行义务者将遭受人们的批评和指责，并被视为缺德。因此当某个家庭遭遇变故，家中留下年幼的孩子时，该家庭的直系亲属会主动承担起抚养孩子的义务，并且把孩子当作自己的亲生子女对待，给予其物质上和精神上的帮助，让他们也能体会到关爱与陪伴，弥补家庭解体给失依儿童带来的心理上的创伤。据调查，在苗寨里，有一些父母因为家庭经济困难而不得不外出打工，留下尚未成年的孩子，此时，亲戚朋友会帮忙照料这些孩子的日常起居，同时孩子的父母每月也会给亲戚一定的生活费，这在一定程度上可以让孩子感觉到被爱的温暖，缓解心理上孤独无助的情绪。此外，当某个家庭因为经济困难，无法让适龄儿童接受教育时，亲戚朋友会帮忙筹钱，使贫困儿童享有接受教育的机会。

2. 村落中的互济性

在苗族地区，很少有儿童因为贫穷或者无人照顾而沦为乞丐。对于村落中的留守儿童、失依儿童或者家庭困难的儿童，家族成员以及周围的邻居不会袖手旁观，而是会义不容辞地帮助他们。对待留守儿童，家族成员会轮流交替地进行照顾，周围的邻居也会不定期地送去食物和日用品，有的苗寨还专门成立了留守儿童生活班，专门解决留守儿童的吃、穿、住、用、行等问题，生活班的负责人主要由村落中有威望的人担任，其他村民会到生活班帮忙，比如做饭、洗衣服等。家族成员和村落中的邻居会对失依儿童疼爱有加，避免让失依儿童再一次受到伤害。在苗寨里，坚决不允许人们歧视失依儿童，人们对失依儿童的救助不仅体现在物质层面，而且体现在精神层面。家族成员和周围的邻居常常鼓励自己的孩子去和失依儿童玩耍，分散其注意力，帮助失依儿童走出失去父母的阴影。当失依儿童到了接受义务教育的阶段，其所在的家族会筹钱供他读书，帮助其完成学业。此外，村落中的人们还会把苗族的传统文化传授给失依儿童，让他们也能把苗族优秀的传统文化和道德风尚传承下去。对于贫困家庭的儿童，村民们也会尽可能地提供帮助，在农忙时节，村民会自发地提供无偿的劳动并帮忙照顾儿童；在粮食丰收时节，村民会送去自家的粮食；在逢年过节时，村民把家里做的食物送到这些贫困家庭里。

3. 乡规民约中的互济性

在苗乡，爱幼是一种传统美德。苗民对本村寨的小孩爱护有加，在路上凡遇上小孩过河过溪，成年人会主动背上一程，遇到爬坡或经过狭窄险道，成年人会牵着小孩的手送上一程。苗族社会通过一些乡规民约对苗族人民提出硬性要求，经过长时间的发展，这些俗规俗约已经内化在人们的心中，成为每个人自觉遵守的东西。

四　维吾尔族

1. 邻居间的互济性

在维吾尔族地区，"远亲不如近邻"这一谚语被广为流传。

这里有一个邻里之间互帮互助的事例，我们可以从这个案例中体会维吾尔族人民之间相互关爱、相互关心、相互帮助之情。在新疆喀什东风农场退休的职工中有这样一位老太太，她已经80多岁了，膝下无儿无女。年轻时收养过一户贫困人家的孩子，她每天给孩子做饭，供孩子上学，并把这个孩子当作自己的亲生骨肉对待。但不幸的是，孩子在15岁时溺亡，这件事对老太太造成了很大的打击。现在老太太每天的工作就是帮着照顾邻居家的小女孩，她不但不要报酬，反而把自己的退休工资用在孩子身上。虽然她自己有病，但她舍不得把钱花在自己身上，省吃俭用，把节约下来的钱用于资助贫困人家的儿童。周围的邻居谈到这位老太太时，无不表示深深的敬佩之情。

在新疆，当一些家庭因为贫穷而无法送自己的孩子到医院时，周围的邻居会自发地筹钱去看望生病的儿童，虽然钱不多，但是对于本就拮据的家庭来说，邻居们筹的钱可以解燃眉之急，同时也可以让病人和家庭感到集体的温暖，给病人带来心理安慰。

2. 亲戚间的互济性

在维吾尔族，如果有孩子因为家庭变故而成为失依儿童，其直系亲属有义务把他抚养成人，并为他提供受教育的机会，帮他成家立业。此外，在某些亲戚没有能力供养子女上学时，有经济能力的亲戚一般会提供帮助。通常情况下，亲戚在经济方面的救助远远超过了邻居的救助，因此亲戚间的互助行为成为维吾尔族民间救助的重要方式。当有人因为缺钱而看不起病时，病人的亲戚会在自己的能力范围内提供帮助。比如，孩子由于先天性疾病而需要做肝脏移植手术时，孩子的父母却拿不出钱给孩子治病，这时家族成员会聚在一起为这个家庭想办法，不仅给予资金上的支持，而且轮流照顾生病的儿童。在维吾尔族地区，人们都相信做好事一定会被真主阿拉保佑，所以不论关系亲疏远近，他们都会发自内心地去帮助困难者。

3. 维吾尔族群众及宗教人士的互济性

在新疆的一些贫困地区，有的适龄儿童因为交不起学费而辍学在家，但这些孩子的成绩很好，非常渴望去上学，这时，富商会伸出他们的援助之手，为这些孩子一次性交上四五年的学费，并且给予他们一定的生活补助，不定期地为其买一些学习用品。

在新疆，有一些德高望重的宗教人士以清真寺的名义救助贫困人民，他们在维吾尔族穆斯林中享有崇高的威望。在新疆麦盖提县有一个哈提甫，他从1978年开始做生意，到现在已经成为县城农产品的总代理，一年的纯收入至少5万~6万元。他前前后后共捐了10多万元，资助的对象多是孤寡老人、贫困儿童。①

第二节　民族文化中互济因素对社会救助的影响

社会救助是我国社会保障体系的重要组成部分，目前，国家已经投入大量的人力、财力、物力用于救助西部少数民族地区的特困儿童，保障其基本生存权益。但是就目前的经济发展速度以及儿童自身的需求来说，西部少数民族地区社会救助体系仍有很多不完善的地方，仅靠政府这一救助主体发挥救助功能是远远不够的。因此，必须充分发挥个人、社会的力量，形成全方位的社会救助网络。在我国的西部少数民族农村地区，民族文化中的扶贫济弱、尊老爱幼、互帮互助等纯良习俗恰恰可以弥补社会救助的不足，在国家保障制度触及不到的地方，形成互为补充、相互配套的社会救助体系，起到稳定民族、稳定社会的重要作用。本书在社会调查以及查阅文献资料的基础上，探究西部少数民族文化中对于特困儿童的互济因素，并就其对社会救助的利弊进行分析，以期实现政府社会救助与民族内部救助的良性互动，弥补当前社会救助的空白之处。

一　生存互济因素与社会救助

（一）生存互济因素对社会救助的积极影响

根据马斯洛需求层次理论，人类的第一层需求是生理需求（衣、食、住、行需求），如果第一层需求无法满足，那么人的生理机能就无法正常运

---

① 洪伟、李淑环：《宗教慈善公益事业与构建和谐社会》，《云南社会主义学院学报》2010年第2期。

转，这就会威胁人的生命。只有当人们解决吃、喝、住、穿等基本生活需求后，才能从事其他一切活动，才能追求更高层次的需求。对于西部少数民族地区的特困儿童来说，生存问题是社会救助应该首先考虑的问题。目前，在西部少数民族地区，由于经济落后、家庭贫穷、父母双亡或者父母外出打工，出现了大量的失依儿童、留守儿童。在团结互助、尊老爱幼等传统美德的影响下，家族亲属会承担抚育失依儿童、照顾留守儿童的责任，使这些孩子能够得到及时的救助。据调查，西部农村特困儿童在享有社会救助之前有一段空白期，这一时期特困儿童由于享有的特定福利身份没有得到确认而暂时得不到相应的社会救助，而此时来自家族和亲戚朋友的救助恰恰可以弥补社会救助的空白，让这些孩子不至于流离失所、衣食无依。生存互济因素对特困儿童的积极影响有三个方面。

1. 保障基本生存权

家族、邻居对于特困儿童的互济使他们在生活上有了着落。据了解，在西部农村少数民族地区，大部分的失依儿童能从照料家庭得到一个相对安全和融洽的环境，这使他们得到了较好的安置。由于这些孩子尚且年幼，因此在许多方面需要大人的照顾与管教，家族成员在领养失依儿童以后就成为他们新的监护人，有责任照顾孩子的衣食住行，保障其基本的生存权利。虽然西部少数民族地区家庭的生活条件相对比较差，但大部分家庭能为失依儿童提供基本的生活条件。首先，保障他们的衣食条件，在当地，每个农村家庭都种有粮食和蔬菜，地里有什么就吃什么，因而能够保证基本生存。对于经济上特别困难的家庭，比如监护人年老因而没有劳动能力，周围的邻居以及家族亲属会给予力所能及的帮助，比如在农忙时节帮着播种和收割，从而让孩子们免于忍饥挨饿。其次，维护失依儿童的身体健康，让他们在生病时能得到及时的医治和必要的照顾。最后，为失依儿童提供居住场所，让他们拥有家的归属感。可见，家族抚养能够为孩子带来"家"的功能，为孩子提供一个正常的生长环境，有了新的监护人以后，孩子们得到了缺失的亲情，有人爱护，在生活上便有了着落。

2. 提高社会适应能力

家族、邻居对于特困儿童的互济可以教会孩子一些最基本的生存技能。在广大西部农村少数民族地区，由于经济不发达，人们大多以农业为生，日常生活中有许多农活，因此大人们会教导孩子们如何洗衣、做饭来分担家务活。特困儿童在寄养家庭里不会例外，他们也要学会最基本的生存技能，使自己在生活上能够自理。在凉山彝族自治州布拖县的调查走访中，我们接触到一个聪明懂事的彝族小姑娘，她的父母都因为吸毒感染了艾滋病离开人世，丢下了她和四岁的弟弟，虽然失去了父母，但是小姑娘和她的弟弟没有成为失依儿童，在家支观念的影响下，家族的直系亲属会主动承担抚养责任，现在小姑娘和弟弟都由她的大伯来抚养。平日里，她的大伯母会教她洗衣、做饭以及彝族的纺织、刺绣工艺，经过大伯母的帮助，小姑娘不仅学会了做饭、洗衣以及简单的刺绣，而且还懂得了如何照顾自己的弟弟。此外，家族亲属以及周围的邻居还会告诉他们一些做人的基本准则，比如尊老爱幼、乐于助人、宽容礼让等待人之道，从而提高孩子的社会适应能力。

3. 促进心理健康

家族、邻居的互济因素能促进孩子的心理健康。在孩子的心中，父母就像一把大伞为自己遮风挡雨，一旦父母离去，他们会感觉自己的"保护伞"丢了，自然而然会产生恐慌和不安的情绪。往往有很多孩子在亲人离去后会变得情绪低落、沉默寡言、抑郁自闭，对未来感到失望、迷茫、焦虑，这对于儿童人格的健康发展非常不利。此外，亲子教育的缺失还会使儿童的生存技能水平降低，同时家庭成员的缺位还会导致孩子在人际交往中的障碍和自我认识存在某些偏差。所以，帮助失依儿童重拾家的感觉就显得尤为重要。在少数民族地区，家族成员一般都是很团结的，他们认为把失依儿童扔掉或者送给别人是大逆不道的事情。因此，家族成员会自动承担抚育失依儿童的责任，同时收养家庭会把失依儿童当亲生孩子一样对待，为孩子提供情感上的支持与抚慰，缝合其心灵的创伤，让他们感受到家的温暖与关爱。实际上，这种亲属抚养模式相较于机构集中抚养、爱心人士领养来说，具有天然的血缘优势，更能解决失依儿童因为家庭破碎、亲子教育缺失、学业中断而产生的自卑自闭、孤独内向、焦虑迷茫等心理问题，帮助孩子顺利地融入学习与生活环境中。①

总之，在家族亲属、邻居的关心照顾下，孩子在生活、教育、情感、心理、社会技能等方面都有了保障，这有效地弥补了社会救助的空白，对我国的社会救助产生了一定的积极作用。但是，在调查研究中，我们发现，西部少数民族文化中的互济因素也存在一些问题，这影响了社会救助的开展。

（二）生存互济因素在社会救助中的不足

西部农村少数民族地区经济发展水平相对低下，当地政府的经济救济能

---

① 黄翠萍：《受艾滋病影响儿童的家族抚育模式——以湖北均川镇为例》，华中师范大学硕士学位论文，2008。

力有限。对于收养家庭来说，家庭贫困是普遍存在的问题，因而家族亲属的救济具有脆弱性和局限性。

1. 特困儿童的生活状况并不理想

现实中，由祖辈抚养的孩子生活状况都不太好。由于祖父母年事已高，劳动能力相对较弱，家庭经济状况相对不好，负担较大，在这种家庭中，大部分特困儿童的生活条件比较差，他们不仅居住在破旧阴暗的房间里，而且个人的卫生习惯也不好，长时间不换衣服、不洗澡，使得他们的健康状况受到威胁。此外，他们的营养和饮食状况也令人担忧。虽然有邻居和其他家族亲属的帮助，但是孩子们一年中能吃到肉的次数屈指可数，有的甚至一个月都不能吃上肉，这根本无法满足儿童的营养需求。在走访中我们发现，营养不良、面黄肌瘦的儿童不在少数。在由叔伯抚养的家庭中，叔伯具有完全劳动能力，具有一定的经济收入，因此特困儿童的生活情况会好于由祖父母抚养的儿童。但是由于叔伯还要抚养自己的孩子，生活负担往往也比较重，有时会顾不上失依儿童的生活，存在忽视他们的物质需求和精神需求的现象。一旦家庭成员中有人患上大病，尤其是主要劳动力患病时，家中就会负债累累，此时失依儿童的基本生存权利就会受到威胁，甚至面临重新成为失依儿童的可能。

2. 家族亲属对特困儿童救助资源使用不当

西部少数民族地区的这种家族抚养照料模式为特困儿童提供了基本的衣、食、住、行条件，缓解了他们的生存困境。但是，因为西部少数民族农村地区整体经济水平落后，存在大量的家庭经济困难户，加上当地的小农意识，监护人在帮助特困儿童管理其生活费用及国家发放的各种救济补助时，常将其用于补贴家用和由家庭所有成员共享，未能将来自家庭外的社会救助、救济全部用于失依儿童，造成救助资源的不合理利用。比如，在彝族地区，家支观念会要求家族成员平等对待收养儿童，因此监护人并不会对孩子们进行特别对待。所以在特困儿童救助资金的使用上面，监护人并不会只使用在特困儿童一个人身上。虽然政府的工作人员每月把特困儿童的社会救助资金发到监护人手上，但是他们没有办法监管这些救助资金是否完全用在失依儿童身上。本书通过问卷调查和深度访问了解到，布拖县和昭觉县的失依儿童每月可享受600元的补助，除此之外，民政局工作人员会不定期地探望失依儿童，为他们送去衣物。可能这些救助资金被用在其他方面，如整个家庭一起花费了这些资金，但根本没办法监管。

二 发展互济因素与社会救助

(一) 发展互济因素对社会救助的积极影响

1. 为特困儿童提供上学的机会

儿童发展权中非常重要的一点是儿童的受教育权利。对于大多数西部农村少数民族地区的特困儿童来说,能够享受到义务教育是一件很幸福的事情。在调查中,我们发现,虽然监护人的文化水平不高,抚养家庭的经济条件也有限,但他们中的大多数认为上学是一条帮助特困儿童走出贫困、走出大山的路,并表示愿意在力所能及的范围内资助特困儿童完成九年义务教育。因此当地大部分适龄儿童能够入学接受教育。在寄养家庭中,孩子们有人疼,有人爱,并不像无根的草,家族亲属在满足孩子基本生存需要的情况下,也不断鼓励孩子,督促他们好好学习,为孩子们购买学习用品,尽量为孩子创造一个相对较好的受教育环境。

2. 对特困儿童进行家庭教育

在西部少数民族农村地区家族亲属的抚养模式中,孩子们长时间地和家族亲属同吃同住,长辈们的思想道德以及言行举止在不知不觉中影响着孩子。在思想道德方面,家族成员的道德观念、价值观念、精神境界、理想追求都潜移默化、耳濡目染地影响着儿童。比如在藏族地区,家族亲属会通过日常的生产、生活方式来教育儿童。作为失依儿童的监护人,家族亲属会让孩子在学习藏族的风俗习惯中去体会特有的民族精神,并且做到内化于心,外化于行。他们往往通过一些重要的仪式来进行言传身教,帮助孩子们学习、接受这些民族风俗习惯,告诉他们在日常生活中的规范和行为准则。通过这种潜移默化的教育方式来影响孩子的是非判断、价值选择,这对于孩子的成长有重大的意义。在言行举止方面,家族成员会要求孩子在生活中尊老爱幼、礼让谦虚、诚信友爱、乐于助人;在学习上积极上进、刻苦钻研、脚踏实地,努力改变命运。彝族地区的家庭教育十分重视父母或长辈的言行举止对孩子的影响作用,要求监护人坚持身体力行、从我做起,为孩子树立榜样。彝族尔比讲:"父母善言教,子女言谦和;行为美的人,所到之处都体面,言语美的人,所到之处朋友多。母亲偷盐巴,女儿就会偷海椒。父母不文明,儿女话粗鲁。"[1]

---

[1] 马史火、罗国萍:《试论彝族社会传统家庭教育的特点》,《西昌学院学报》(社会科学版) 2006 年第 2 期。

由此，我们可以看出家庭教育是使儿童身心健康发展、形成良好的思想道德品质以及行为习惯的重要保证。在抚养家庭中，家族亲属通过言传身教，潜移默化地把一定的社会生活技能、道德规范以及价值观传递给儿童，使其在受到影响的同时，形成符合社会规范的思想观念、价值观念以及行为模式。总之，在亲戚朋友、左邻右舍的帮助下，孩子在教育上有了保障，这对于儿童受教育权的实现有着重要作用。

（二）发展互济因素在社会救助中的不足

1. 监护人的责任意识不强

虽然目前西部少数民族地区的大部分儿童能入学接受教育，但是入学后的教育质量以及儿童的学业表现仍不理想，儿童的发展权急需在质量方面有所提高。通过对监护人、学校老师以及儿童自身的调查，发现有不少儿童存在厌学的情绪。这些孩子平时和监护人的交流比较少，不愿把自己在学校的学习生活情况告诉自己的监护人。同时，一部分监护人对于孩子的学习情况也懒得过问，认为管孩子吃饱饭就可以了，孩子学习的事情该由老师管。当问及监护人是否对孩子未来有规划时，大部分监护人停留在"好好读书、赚大钱、当官"等泛泛而谈的层面，缺乏具体的目标和规划，并没有与他们的自身情况相结合，这对于儿童的未来发展是很不利的。

2. 监护人无法满足孩子的教育需求

在西部农村少数民族地区，监护人由于文化水平的限制，在很大程度上满足不了孩子的教育需求，他们能给孩子提供基本的学习用品，帮助孩子入学，却无法为孩子提供学习上的辅导，而且因为缺乏和儿童沟通的意愿和技巧而难以了解孩子在学习上的困难之处，从而无力帮助他们缓解学习上的压力。此外，在日常生活中，监护人也忙于自己的事情，没有太多的精力督促孩子们学习。加上他们中的大部分本来就已经有孩子，多一个孩子一起生活，监护人也是心有余而力不足，不仅生活上有了负担，监督教育方面的成效也会大打折扣。再者，因为孩子不是亲生的，有的家庭在抚养孩子时也会有所顾虑，不便对孩子进行管教。这样孩子就很难在寄养家庭中找到归属感，总有寄人篱下的感觉，很容易造成管教无效或者过度迁就等问题，使得一些孩子在小小年纪就走上违法犯罪道路。有的孩子从小由祖父母抚养，老人们在对待儿童的教育上往往存在过度溺爱的问题，他们总是会想方设法地满足孩子的物质需求，而忽视孩子的精神需求。

3. 不重视对女童的教育

有些家族亲戚在女童的教育上不重视，有的甚至会剥夺女童受教育的权利，这种重男轻女观念导致女性受教育机会大大少于男性。比如，在彝族地区，有的女孩子从小就失去了接受教育的机会，被置于等待出嫁换取聘礼的境地，她们从小就被灌输一种地位低下的思想，等她们做了母亲，承担家庭的重要职责时，她们的思想观念又会影响下一代，如此恶性循环，使得女童的受教育权利受到极大影响。因此，享有受教育权利不仅对女童个人发展具有至关重要的作用，同时对少数民族下一代发展也有着极为重要的意义。所以如何保护特困女童的受教育权利是当前社会救助需要解决的一个重要问题。

第三节　民族文化中的互济因素与社会工作体系

受恶劣的自然环境、资源贫乏、生产技术水平落后等因素的影响，西部少数民族地区的经济水平处于落后的阶段。虽然在改革开放以后，西部少数民族地区的社会发展状况有所好转，但是与全国平均水平相比，差距仍然很大。生活在西部少数民族地区的社会成员在生活质量、医疗卫生、文化教育等方面仍然得不到长久的保障，处于相对弱势的地位。目前，在西部少数民族地区因为家庭贫困、家庭环境恶化、家庭成员缺位，大量的儿童成为留守儿童或者失依儿童。在民族文化的影响下，这些儿童会得到家族亲属的抚养、四周邻居的帮助以及宗教寺院的救助，而不会流离所失、无人照顾。他们不仅为儿童提供了基本的生活保障，而且还抚平了儿童心理的创伤，使儿童的身心得到健康发展。但是在社会调查的基础上，我们发现在这些民族救助中存在不少的问题。为了有效地解决这些问题，可以将社会工作介入西部少数民族地区的社会救助中，构建适应民族文化的社会工作体系，从而更好地发挥民族文化的救助功能。

一　社会工作充分发挥民族文化的救助功能

社会工作是一种助人的实践活动，它以助人自助为理念，从服务对象的主体性出发，关注案主的身心全面发展，[1] 这与西部少数民族文化中的团结

---

[1] 张阳阳：《西北少数民族民间福利机构孤残儿童照顾中社会工作方法的介入空间》，西北师范大学硕士学位论文，2013。

互助、互帮互济理念不谋而合。因此，在西部少数民族地区大胆地引入社会工作机制，让社会工作充分发挥少数民族文化中的救助功能，可以为特困儿童提供更全面的帮助。

（一）充分发挥家族抚育的功能

对于西部农村特困儿童来说，家族为他们实现社会化提供最基本的文化环境和最早的单位。他们从出生开始就生活在自己的家族中，在他们的社会化过程中，家族发挥着举足轻重的作用，它不仅为特困儿童提供了基本的物资生活资料，也提供了情感上的支持和帮助。在西部少数民族地区，每一位成员都生活在自己的家族中，家族在为个人的成长、发展提供必要的支持和帮助的同时，也要求家族的每一位成员必须承担应尽的责任和义务，其中对特困儿童的抚育便是每一个家族的责任和义务。当儿童因为失去父母或者父母外出打工而没有人照顾时，其所在的家族亲属就会主动承担抚育儿童的责任。在儿童入学之前，家族抚养人会教给孩子各种生活技能、日常生活常识以及待人接物、习俗礼仪等人际关系常识，辅助儿童实现初级社会化。此外，家族抚养人还会通过日常的家庭生活方式与互动方式对儿童的观念、心理、行为产生直接的影响，同时家庭的文化教育背景也直接影响儿童人生的发展。可以说，家族亲属对于孤贫儿童的抚育能够让儿童参与到正常的家庭中来，这对孩子的成长起到了一定的积极作用，然而抚养人的家庭经济状况、文化水平、权利意识的有限性使得家族抚育模式存在一定的弊端。如果能将社会工作介入家族抚育模式中，就可以有效解决当前家族抚育模式存在的问题，从而充分发挥家族抚育的功能。

首先，社会工作者应该深入西部少数民族地区，对抚养家庭进行一次综合评估，包括经济状况、身体状况、文化程度、责任意识等方面，从而了解目前抚养家庭所面临的一些问题以及孤贫儿童在抚养家庭中所受到的待遇，比如没有足够的钱给孩子提供所需的营养品、不重视女童的教育、救助资金没有完全用在失依儿童身上，通过个案工作方法、小组工作方法、社区工作方法去解决这些问题。其次，社会工作者应该对家族亲属进行专业培训以提高他们的抚育能力和水平。比如给家族亲属讲解失依儿童的心理需求，教他们与失依儿童互动的技巧和方法，以及促进孩子心理健康成长的一些手段和方法。最后，社会工作者要随时走访抚育家庭，与抚养人建立良好的关系，对特困儿童的学习生活状况进行调查跟踪并建立反馈机制，确保救助资源用在孩子身上，维护孩子在抚养家庭中的权益，从而更好地发挥家族抚育模式的功能。

（二）充分发挥邻里互助的功能

在西部少数民族地区，由于地理环境的相对封闭性，人们往往基于亲缘关系和地缘关系而聚居在一起。亲缘关系的伦理特征，使得邻里间的人际关系具有强烈的感情色彩、内聚力和稳定性，他们在日常生活中"患难相恤"、互助互济是非常自然的。[①] 在地缘关系的作用下，人们的全部社会生活和社会活动都被固定在村庄的范围中，邻里之间每天都会互相接触，加上血缘关系的广泛存在，无疑会使彼此之间更加亲近。邻里间因为存在这种特殊的地缘、血缘关系，所以在日常的生产、生活中也更方便关照特困儿童。在调查中发现，邻居对于特困儿童的互助行为主要有仪式上的互助、生活上的互助、经济上的互助。比如，在儿童的诞生礼和成年礼仪式上，邻居会来帮忙并送上自己的礼物；在日常生活中，为孤贫儿童提供生活上的照料和情感上的支持；在经济方面，资助孤贫儿童上学，并帮助他们成家立业。我们可以从这些互助行为中，感受邻里之间浓浓的友情和亲情。

因此社会工作在介入西部少数民族地区时，可以充分发扬邻里之间这种互帮互助的传统，并根据特困儿童的情况以及少数民族传统文化的多样性来组建不同的互助小组。在西部少数民族地区，有的儿童是因为父母外出打工而成为留守儿童，有的是因为家庭成员缺位而成为失依儿童。社会工作者可以帮助当地人组建失依儿童爱心救助小组以及留守儿童生活小组。失依儿童爱心救助小组主要负责解决失依儿童的基本生活问题、心理问题、教育问题等，邻居之间可以推选一个有爱心、有责任心的人担当组长，由社会工作者对他进行专门的培训，教会他一些与失依儿童沟通交流的技巧。留守儿童生活小组主要负责解决留守儿童的吃、穿、住、用、行等问题，生活小组的负责人主要由村落中有威望的人担任，其他村民轮流到生活小组帮忙，比如做饭、洗衣服等。通过社会工作者和邻居结合的方式，可以充分利用民族文化中的互济因素，有效整合特困儿童周边社会资源，充分发挥邻里的互助功能，使特困儿童得到更多的帮助。

（三）充分发挥宗教救助的功能

尽管各族人民所信仰的宗教存在差异，但是在"济世、救人、行善"这

---

① 周婷婷：《20世纪上半期山东乡村互助研究》，山东大学博士学位论文，2012。

一点上是一致的。各民族的宗教本着"救人行善"的精神,通过多种方式开展慈善公益活动,发挥其社会救助的独特功能。在西部少数民族地区,宗教对于特困儿童的救助作用是显而易见的。特困儿童作为社会的弱势群体,历来受到当地寺院、宗教信徒以及宗教组织的重视。宗教组织往往通过举办各种募捐活动来为特困儿童提供物资,通过号召宗教界人士和信徒作为志愿者为特困儿童提供救助服务,通过寺院和僧侣投资兴建扶贫学校为儿童提供教育资源。在藏区由寺院和僧侣投资兴建的双语学校是相当常见的,孩子们在双语学校读书是不用缴纳学费的,他们不仅可以在学校读书接受教育,获得文化知识,同时学校还为他们提供三餐,解决他们的温饱问题。在维吾尔族地区,清真寺往往通过伊斯兰教的两大传统节日(肉孜节、古尔邦节)为特困儿童募集物资,此外虔诚的穆斯林会尽其所能资助当地的孤贫儿童,比如缴纳学费、提供学习用品等。可以说,宗教在发挥社会救助功能方面有其独特的优势,它凭借宗教教义的影响、宗教机构的庞大网络以及筹集资金上的优势,能极大地号召广大信教群众参与到帮助特困儿童的活动中。多年来,宗教在扶贫济困、救人行善、抚慰人的心灵、增进社会和谐方面做了不少的贡献,已经成为现代中国社会救助体系中必不可少的重要组成部分。

因此,社会工作应该充分发挥宗教救助的功能,尤其是发挥宗教激发信众心悦诚服地捐款、参加义工活动或从事利他的互助行为的作用。但是目前宗教救助还没有形成专业化的体系,存在一定的问题,在制度上面还有很多空白。所以,当前社会工作的一大任务就是使宗教对于特困儿童的社会救助更加专业化和制度化,同时采用各种形式和途径帮助宗教组织深入弱势群体及需要帮助的地区、领域,针对各类特困儿童的需求,有的放矢地制定适合其生存发展的目标和计划,用丰富多样的物质力量和精神力量去关怀他们的现在和未来。总之,社会工作不仅要尊重各民族的宗教文化,还要充分发挥宗教在西部少数民族地区的救助功能,最终帮助特困儿童摆脱困境。

二 适应民族文化的社会工作体系

中国是一个统一的多民族国家,社会工作在中国的本土化发展中,会遇到来自不同民族、宗教和文化的案主。[①] 鉴于目前的情况,如果想构建一个适应不同民族文化背景的社会工作体系,就要坚持以民族为主的原则,尽

---

① 李林凤:《多元文化下的民族社会工作》,《黑龙江民族丛刊》(双月刊)2009年第2期。

可能地了解案主的民族背景，结合少数民族的实际情况，改善特困儿童的生存现状。这既体现了党和政府对于欠发达地区弱势群体的关怀与关注，也体现了整个社会的文明与进步。社会工作作为当前服务于社会发展的新型职业，可以对少数民族地区特困儿童群体进行专业化的救助与辅导。如果能将完善的社会工作体系融入西部少数民族农村地区，实现社会工作与少数民族文化的有效结合，就既能够解决特困儿童的生存困境，又能够为我国社会转型时期解决诸多民族地区社会问题提供一种新的思路。总的来说，构建一个适应多元民族文化的社会工作体系，可以有效发挥专业社会工作在保护特困儿童权益、整合救助资源并调动少数民族地区文化资源方面的优势。社会工作体系为处在困境的社会成员提供基本帮助和基本保护，使得这个社会趋于完善，其社会效益和精神价值不可估量。社会工作的内容非常宽泛，可以从两个方面来建立和完善适应民族文化的社会工作体系。

（一）民族政策与进行特困儿童救助

伴随我国儿童福利事业的发展，西部少数民族农村地区特困儿童的社会救助政策和社会救助实践也在逐步完善中。目前，西部农村少数民族特困儿童的社会救助资源主要来源于政府、非政府组织、慈善机构以及个人，其中政府在救助中发挥着主导作用。政府作为民族政策的制定者，承担着为西部农村特困儿童提供最低生活保障以及基础教育、医疗保健等发展保障的义务，以保障特困儿童的切身利益。因此，社会工作应将民族政策与进行西部少数民族地区特困儿童救助相结合，发挥社会工作在制度文本的对接和实施政策的衔接上的重大作用。这里的民族政策不仅包括国务院及各部委制定的民族政策，还包括地方政府制定的相关政策。从政府机构纵向层次和横向职能来看，西部农村特困儿童社会救助政策和部门负责的社会救助内容主要有如下几个方面。

1. 全国人大和国务院制定的法律、政策

全国人大制定的普适性法律有《中华人民共和国义务教育法》《中华人民共和国未成年人保护法》《中华人民共和国预防未成年人犯罪法》等。这些法律并非以特困儿童为专门对象，但对于特困儿童具有适用性。国务院颁布的针对特困儿童的政策、法规有《关于加强困境儿童保障工作的意见》《社会救助暂行办法》《关于加快实现社会福利社会化的意见》《农村五保供养工作条例》《国家贫困地区儿童发展规划（2014—2020年）》等。

2. 国务院各部委颁布的相关儿童管理条例

为了贯彻全国人大和国务院关于儿童权益保障的相关法律、法规，国务院各部委各司其职，制定了详细的实施细则。民政部颁布《关于进一步加强受艾滋病影响儿童福利保障工作的意见》《关于加强困境儿童保障工作的意见》《儿童社会福利机构基本规范》；民政部、财政部下发《关于发放艾滋病病毒感染儿童基本生活费的通知》；教育部制定《流动儿童少年就学暂行办法》《关于加强义务教育阶段农村留守儿童关爱和教育工作的意见》；教育部颁布《学校卫生工作条例》，卫生部颁布《妇幼卫生工作条例》。这些实施细则涵盖面广、针对性强，涉及特困儿童的教、养、治等多方面。

3. 民族自治地方制定的有关特困儿童救助的规定

西部少数民族农村地区的政府和各职能部门除了要执行中央和各部委制定的救助政策外，还要根据本地的实际情况，制定切实可行的救助政策。为了解决特殊困难儿童基本生活、教育、医疗等困难，各民族自治地方出台了相关政策，如四川省凉山彝族自治州州委、州政府先后制定出台《关于切实做好特殊困难儿童救助工作的通知》《凉山州特殊困难儿童救助管理实施办法（试行）》《关于进一步加强"特殊困难儿童"援助保障工作的意见》，系统而明确地制定了凉山彝族自治州特殊困难儿童救助保障原则、范围、标准、程序、工作职责、资金筹集管理等实施办法；西藏自治区人民政府制定《关于全面推进五保集中供养和孤儿集中收养工作的意见》，全面推进拉萨市五保集中供养和失依儿童集中收养工作；2012年湖北恩施土家族苗族自治州印发《恩施州2011—2020年妇女儿童发展规划编制工作方案》，2014年黔东南苗族侗族自治州印发《关于在全州开展适度普惠型儿童福利制度建设试点工作的通知》；2015年贵州省政府制定《关于进一步加强留守儿童困境儿童关爱救助保护工作的实施意见》，计划在农村新建1000个标准化农村留守儿童之家。

从以上的救助政策可以看出，我国在西部少数民族农村地区已经初步形成了国家—部门—地方的特困儿童救助政策体系，对保护特困儿童的生存权、发展权、参与权起着至关重要的作用。但是由于目前我国的特困儿童政策保护体系仍处于起步阶段，在进行对特困儿童的救助过程中出现了多头治理、缺乏协调、资源浪费、重复救助、救助缺失等问题。此外，由于在实施过程中不重视对方法和手段的研究，社会政策的实施效果大打折扣，因此在新形势下亟须总结经验教训，完善我国西部少数民族农村地区的特困儿童政策体系。

社会工作作为一种重要的推进社会政策的方法或手段，秉承以人为本、助人自助的价值理念，与少数民族地区的互助传统不谋而合。因而将社会工作介入西部少数民族特困儿童救助中，用社会工作的新思路、新方法贯彻落实民族政策，能够使针对特困儿童的社会政策产生理想的效果。就目前救助政策以及政策实施过程中出现的问题，需要借助社会工作，进一步完善西部少数民族农村地区特困儿童社会救助政策体系。

第一，根据不同类型的特困儿童的实际需求完善相应的国家救助政策。当前我国西部少数民族农村地区的特困儿童类型有多种，包括贫困儿童、被遗弃儿童、流浪儿童、留守儿童、失依儿童、残疾儿童、受艾滋病影响儿童等。虽然特困儿童的类型复杂，但是他们的权益都需要维护。由于救助对象之间存在差异性，因此在救助前应该从救助对象最紧迫的需求出发，比如残疾儿童的最大需求就是通过身体康复、教育康复训练使自己能够最大限度地参与到社会生活中；而失依儿童、贫困儿童最迫切的需要就是解决基本生存问题。因此，针对不同类型的儿童就需要确定不同的救助政策。这就需要社会工作者摸清西部少数民族农村地区特困儿童的类型、数量和地区空间分布，并分析掌握这些不同类型的特困儿童的内在结构性关系。只有在掌握西部少数民族农村地区特困儿童的真实状况后，我们才能根据特困儿童的身心健康发展规律，制定科学合理的应对策略以及贴心的服务政策。当我们对特困儿童种类和数量有了清晰掌握后，还需进一步确定他们最紧迫的需要以及需要的程度，厘清生存需要、生理健康需要、心理健康需要、发展需要之间的关系，确定案主所需要解决问题的优先次序，发现现有政策没有覆盖的方面，从而根据实际情况完善相关的社会政策。最好的办法是专门就不同类型的特困儿童细化相应的社会政策，对特困儿童的权利保护做出明确的、具体的规定。

第二，结合各民族的实际情况制定灵活的民族政策。我国西部农村地区是少数民族聚居区，这里聚集了藏族、彝族、苗族、回族、维吾尔族等，由于各民族具有不同的文化传统、风俗习惯，因此就需要社会工作者因地制宜、因人而异，帮助相关部门制定具有民族特色的社会救助政策。首先，社会工作者要同地方政府和社会各界高度关注西部少数民族地区特困儿童群体在生活上的困境，引导地方政府和社会各界注意儿童的权益保护和发展需要，使地方政府在制定地方性政策时充分考虑到该地区特困儿童的物质需求、精神需求、发展需求，从而推动地方政策从重物质救助、生活帮扶向重精神健康保障、发展救助转型。其次，民族自治地方的自治条例应该把社会工作在社会救助方面发挥的作用充分体现出来，根据西部少数民族地区的民族文化和地域特点，制定符合少数民族农村地区社会成员发展状况的本土化社会工作条例。民族自治地方的自治条例还应该为社会工作介入社会救助领域，形成以救助对象为重点的规范化制度安排提供法律依据，真正形成一个完善的法律体系来保障社会工作在西部少数民族地区的发展和壮大。

第三，建立特困儿童社会救助政策统一协调机制。在西部少数民族农村地区特困儿童问题引起社会各界关注以来，各级党委政府强力推进扶贫救助，众多志愿者、社会组织、境内外爱心人士纷纷响应，各种救助物资、救助服务源源不断。但是，由于目前缺乏统一的平台对救助资源进行整合，救助资源无法满足特困儿童的需求，普遍存在无序重叠、资源浪费和效益不高的问题，因此，实现特困儿童救助效果的最优化，就需要建立一个社会救助政策统一协调平台，借助社会工作专业化优势，统一接收来自四面八方的救助资源。目前，特困儿童的救助主体仍然是政府，此外，群团组织、社会组织、慈善组织等也在不同程度上介入了这一工作。为解决特困儿童救助中的苦乐不均，甚至救助缺失的问题，社会工作者可以运用专业化的平台和方法，建立特困儿童的救助对象库和需求评估体系，形成一个统一有效的协调机制，对不同的救助主体进行协调，从而将政府救助、资金捐助、物资援助、志愿服务等资源精准传递给救助对象，发挥救助资源的最大效益。此外，社会工作者还要促使特困儿童的社会救助政策和其他相关社会政策相配套、相衔接，从而使对特困儿童的社会保护真正落到实处。这个统一协调工作可以由民政部牵头，以妇联或宋庆龄儿童基金会为依托，由政府相关部门成员、民间组织代表等完成。[1]

（二）培养本土化的少数民族专业社会工作者

目前，西部少数民族地区的经济发展程度和东部地区比起来仍然比较落后，当地的社会工作发展还处在起步阶段，加上西部农村地区地理环境的封闭性、民族性和宗教性的交织，使得这些地方的社会工作很难开展。此外，民族地区现有的社会工作者大多是政府有关工作人员，并非专业人士，缺乏专业的社会工作技能，在开展实际工作中有着局限性。因此，在民族地区构建一个专业的、本土的社会工作队伍体系显得尤为紧迫。

---

[1] 李迎生：《弱势儿童的社会保护：社会政策的视角》，《西北师大学报》（社会科学版）2006年第3期。

1. 培养本民族的专业社会工作者

我们在调研中发现，目前西部少数民族地区社会工作者人员配备存在两大问题：一是工作人员太少，缺乏专职工作人员，不少工作人员同时还兼任其他方面的工作；二是现有的工作人员都不是社工专业毕业的，缺乏专业的社会救助知识与技能。尽管每年会有对民政部门工作人员的专业培训，但由于受到环境影响以及缺乏相应的管理与激励机制，培训效果甚微，而从外部引进的专业人员由于缺少编制，流动性大，非常不稳定。要建立稳定的社会工作专业队伍，首先必须在政府部门设定专门岗位，并在本民族中培养社会工作者，以适应民族地区发展的需要。由于本民族的社会工作者能够从自身的文化视角出发，了解本民族的文化传统以及文化偏好，有着更广泛的群众基础，因此通过招募本民族成员进入民族社会工作领域，能够激发他们的潜能，为特困儿童救助提供专业性的社会工作以及贴心的服务。其次要对西部少数民族地区社会工作教育投入大量的人力、物力，通过设置丰富多样的课程对本土社会工作者进行专业培训和技能培训，以提升其专业水平和服务能力。此外，还要给予本土社会工作者一定的自治权利，让他们结合民族地区的社会问题，从特困儿童的实际出发，开展灵活自主的社会工作，扮演好服务提供者的角色，使民族地区的社会工作越来越完善。

2. 壮大少数民族社会工作人才队伍

为了解决少数民族地区社会工作专业人员数量较少的问题，可以通过跨地区、跨省份吸收本民族之外的社会工作者，壮大民族社会工作的人才队伍。鉴于目前本土民族社会工作者人员不足、流动性较大、专业基础薄弱的困境，具体可以采用如下策略。第一，要广泛动员和组织大学生志愿者、党政机关工作者、企事业单位工作者参与，形成一支规模庞大、素质优良、具备高度责任感和使命感的社会工作志愿者队伍。在选拔志愿者以后，一方面应该对他们进行专业的社会工作技能培训，提高社工志愿者的理论水平，让他们掌握社会工作的方法和技巧；另一方面要培养社工志愿者的"文化敏感"性，提高他们尊重并了解民族地区文化传统、风俗习惯的自觉意识，使其在提供社工服务时主动切合民族的背景。同时社工志愿者还需本着文化自觉和文化反省的态度，努力从案主的民族文化视角出发，探索民族文化之间的差异性与共同性，寻找社会工作与少数民族文化的结合点。第二，在人才培养上，应该优化社会工作专业人才培养结构，加强对少数民族学生的定向培养，为民族地区输送本土化的社会工作专业人才。同时，应该鼓励全国各地即将毕业的社工专业学生到少数民族地区就业，对有意愿的毕业生开展专项的民族语言和民族文化知识培训,强化他们在特定文化环境下的专业能力。此外,还应提供社会工作职业水平评价与准入政策,岗位开发设置政策,人才选拔、使用、激励等方面配套政策,以鼓励高校毕业生考取民族社会工作从业资格证。相关部门还需搭建专业的实习平台,与民族地区建立对口支援关系;构建高校民族社会工作专业教育与民族社会工作实务机构之间的合作关系,根据实务领域的人才和能力要求,有针对性地培养具备"文化敏感"素质的专业民族社会工作者。①

总之,为了使社会工作更好地介入西部少数民族地区,构建适应民族文化的社会工作体系,充分发挥民族文化的救助功能,我们应该把各种救助资源整合起来,实现民族工作者与社会工作者相结合,国家政策与民族地方政策相结合,本土化、专业化队伍与志愿者队伍相结合,让特困儿童获得全社会的关心和帮助,形成一种温暖良好的社会氛围,促进和谐社会建设。

---

① 王旭辉、柴玲、包智明:《中国民族社会工作发展路径:"边界跨越"与"文化敏感"》,《民族研究》2012年第4期。

第八章

西部农村特困儿童社会救助政策

在当代中国社会转型发展过程中，城乡二元经济结构特征明显，农村与城市之间的差距是无法回避的问题。在中西部地区发展较为落后的现实背景下，西部农村特困儿童社会救助及福利政策的发展较为缓慢。因此，必须正视西部农村地区社会发展的特殊性，立足整个中国当代儿童福利发展的阶段性现实，全面深入了解和掌握西部农村儿童社会救助的现有机制及政策的现状，挖掘其内在主要问题和矛盾，结合入户调研等实务支撑材料，对西部农村特困儿童政策未来创新发展提出建设性对策。

第一节 儿童社会救助及福利制度概述

改革开放以来，随着工业、农业、科技现代化的推进，社会快速转型发展，中国固有的家庭结构和社会发展模式发生了巨大变化，作为社会发展水平和国民生活质量核心指标之一的儿童福利问题越发引人关注。正是在这个背景下，当代中国儿童福利事业逐步发展起来。新中国成立以来，中国儿童福利事业取得了巨大的成就，无论是儿童福利的理念、原则、发展思路探索，还是儿童福利政策、法律、法规的建设，抑或是儿童救助对象、福利机构、福利服务模式研究等诸多方面都取得了巨大的进步。但不可否认的是，当代中国儿童福利事业的发展存在底子薄、时间短等诸多限制，因此呈现非常明显的阶段性和城乡二元性特征。

一 儿童福利的理念

改革开放以前,受限于国家整体经济规模小、社会资源相对匮乏,国家在接收、整顿已有的社会福利机构的基础上,逐步建立起了自身的社会福利体系。但具体到儿童福利问题,我国各项儿童政策长期局限于狭义的儿童福利理念。所谓狭义的儿童福利是指政府和社会为特殊困境的儿童和家庭提供的各种救助、保护、矫治或补偿性服务。[①] 这里的"特殊困境的儿童和家庭"主要集中在"孤残儿童"这个特殊群体及家庭,即由国家主导收容"无依无靠、无家可归、无生活来源"的"三无"孤儿、弃婴和残疾儿童。这一时期的儿童福利还处于"政治—伦理化"[②] 阶段,政府对"孤残儿童"的照顾主要基于政治的需要,即充分体现社会主义的优越性。

改革开放以后,随着经济腾飞、社会快速转型发展,各种社会难题日益凸显出来。伴随着大量农民工进城,中国传统家庭模式逐渐瓦解,儿童问题逐渐凸显,成为社会改革关注的焦点问题。尤其是在1990年以后,在联合国世界儿童首脑会议通过《儿童生存、保护和发展世界宣言》以来,各种西方儿童福利理论传入中国,众多儿童福利组织和学者把目光投向中国,儿童福利问题研究在中国得到极大的发展。学界对儿童福利群体的关注度日益提高,从以前集中关注孤残儿童这一"有特殊需求的儿童"群体,逐渐扩展到问题儿童、失依儿童等弱势儿童群体,不仅关注儿童生理、生活的需求,而且逐步扩展到儿童心理、精神的需求,进而关注具有时代、社会共性的儿童需求。

在此基础上,中国儿童福利事业逐渐突破了狭义的儿童福利理念,开始接受一种广泛的儿童福利理念,即政府或社会针对全体儿童和家庭的普遍需求,提供促进儿童生理、心理及社会潜能最佳发展的各种服务。[③] 这种趋势自2010年以来表现得尤其明显,国务院颁布的《中国儿童发展纲要(2011—2020年)》中有明确的表述:"建设适度普惠型的儿童福利制度","扩大儿童福利范围"。学界对儿童福利群体的关注范围不断扩大,更加注重儿童需求的多样性、复杂性,"困境儿童"概念不仅成为一个政策术语,而

[①] 陆士桢:《中国儿童社会福利需求探析》,《中国青年政治学院学报》2001年第6期。
[②] 刘克稳、陈天柱:《儿童福利概念回顾及其启示》,《人民论坛》2015年第11期。
[③] 陆士桢:《中国儿童社会福利需求探析》,《中国青年政治学院学报》2001年第6期。

且作为一个学术术语流行开来。儿童福利事业也逐渐从"政治—法治化"阶段向"普惠化"阶段迈进①。但是，总体就中国儿童福利发展的现状而言，由于中国社会转型发展的特殊性，儿童福利服务对象虽然范围在不断扩大，但始终是"有选择性"的特殊群体，中国儿童福利事业及福利服务体系仍然处于狭义的儿童福利范畴，"还只是以民政福利为主要内容的狭义的、而非包容社会保障全方位的广义的福利模式"②。

二 儿童福利的原则

一是儿童受国家保护原则。新中国成立初期，党和政府对"孤残儿童"的救助、保障政策，始终严格遵守宪法所确立的"儿童受国家的保护"原则，明确了国家是儿童福利的"第一责任人"。1954年公布的第一部《中华人民共和国宪法》的第九十六条中明确规定："婚姻、家庭、母亲和儿童受国家的保护"。遵照这一原则，中央和地方各级法规中都涉及了特殊儿童利益保障的条款，对"孤残儿童"的基本权益保护、教育、医疗乃至身心娱乐等都有明确的规定。简而言之，所谓"儿童受国家的保护"原则的实质和核心乃是保护儿童的基本生存权，也就是联合国《儿童权利公约》第三十二条所指出的缔约国应采取各种措施，保证儿童的生存和发展不受干扰和剥削。

二是儿童优先原则。改革开放以后，随着国家经济社会的发展和国民生活水平的逐渐提高，党和政府对"弱势群体"儿童的救助、保障政策，也逐渐从以往只注重解决儿童生存困境方面转向了满足儿童心理、精神层面的生活质量上来。因此，这一时期的各项儿童福利政策在制定的过程中始终秉承"儿童优先原则"，即儿童基本的生理和心理、物质和精神需求的保护和救助优先。20世纪90年代以后，涉及儿童福利方面的最低生活保障、医疗保险、社会保险、职业技能培训等制度开始建设和完善。秉承"儿童优先"原则，1992年国家制定并颁布了第一部以儿童为主体、旨在促进儿童发展的国家行动计划——《九十年代中国儿童发展规划纲要》。纲要围绕儿童生存、保护和发展等10个主要目标，就人口和计划生育、妇幼保健与营养、生活与环境

---

① 刘克稳、陈天柱：《儿童福利概念回顾及其启示》，《人民论坛》2015年第11期。
② 成海军、朱艳敏：《社会转型视阈下的普惠型儿童福利制度构建》，《学习与实践》2012年第8期。

质量、基础教育与扫盲、社区和家庭保健、保护处于困难条件下的儿童、儿童权益保护等方面对儿童优先保护和救助的需求做了具体的部署和安排。此后，在我国陆续出台的政策文件中一再强调坚持"儿童优先原则"，比如《中国儿童发展纲要（2001—2010年）》和《中华人民共和国国民经济和社会发展第十一个五年规划纲要》等都明确提出坚持儿童优先原则，保障儿童生存、发展、受保护和参与的权利。

三是儿童利益最大化原则。2010年以后，随着社会主义市场经济的进一步发展，转型期社会问题、矛盾不断凸显，这又集中体现在儿童福利与家庭、社会之间的矛盾、冲突增加，以流浪儿童、留守儿童、未成年人犯罪等为代表的一系列"问题儿童"和"儿童问题"、"家庭问题"和"问题家庭"[①]大量涌现，中国社会进入了以改善民生为重点的社会福利与儿童福利时代，各种儿童福利议题"不约而同"地出现，各种非常明显和典型的儿童福利来临状况"井喷式突然爆发"。[②]在上述纲要的具体贯彻和实施过程中，中国儿童福利事业逐步确立"以儿童为本"的儿童发展观，儿童福利服务模式开始由"以机构中心"向"以儿童为中心"转变，从"解决问题"向"满足需求"转变[③]，"儿童利益最大化原则"逐步确立起来。

"儿童利益最大化"的核心是以儿童的权益为中心，为儿童营造和提供一个"拥有安全、永久、福利和尊严"的成长环境。陈云凡根据1989年联合国大会通过的《儿童权利公约》，对此有一个比较简约、完善的表述："安全"是指确保儿童"不致受到任何形式的身心摧残、伤害和凌辱，忽视或照料不周，虐待或剥削，包括性侵犯"。"永久"是指确保儿童在"幸福、亲爱和谅解的气氛中成长"，"应适当注意有必要使儿童的培养教育具有连续性"。"福利"指确保儿童"有权享有受特别照料和协助"。"尊严"是指确保儿童应该在"和平、尊严、宽容、自由、平等和团结的精神下抚养他们成长"。[④]因此，从某种可确定的意义上讲，儿童利益最大化原则完全建立在尊重儿童需求的基础上，对此学界已经达成了一致的看法。根据马斯洛需求理论，中国台湾学者曾华源、郭静晃对儿童需求做了非常细致的分类和梳理：第一类

---

① 刘继同：《中国社会转型、家庭结构功能变迁与儿童福利政策议题》，《青少年犯罪问题》2007年第6期。
② 刘继同：《中国儿童福利时代的战略构想》，《学海》2012年第2期。
③ 彭莉莉、宋雅婷：《儿童福利事业发展态势》，《社会福利》2012年第9期。
④ 陈云凡：《中国儿童福利制度之缺失——四川地震孤残儿童收养与保护政策分析》，《中国青年研究》2008年第12期。

是获得基本生活照顾；第二类是获得健康照顾；第三类是获得良好的家庭生活；第四类是满足学习的需求；第五类是满足休闲和娱乐的需求；第六类是拥有社会生活能力的需求；第七类是获得良好心理发展的需求；第八类是免于被剥削伤害的需求。① 总而言之，"儿童利益最大化原则"最终要确保和实现的是儿童福利发展过程中的公平与正义二者的平衡，儿童能够普遍地、合理地分享社会发展进步的果实，"不因户籍、地域、性别、民族、信仰、受教育状况、身体状况和家庭财产状况而受到任何歧视，所有儿童享有平等的权利与机会"，在此基础上实现"鼓励并支持儿童参与家庭、文化和社会生活，创造有利于儿童参与的社会环境，畅通儿童意见表达渠道，重视、吸收儿童意见"。②

四是儿童可持续性发展原则。近年来，随着儿童福利服务对象由"有选择性"的特殊儿童群体向"无选择性"的全体儿童福利转变，随着儿童福利服务范围以"有差别"的城市社区为主向"无差别"的广大农村扩大，中国儿童福利事业对"儿童可持续性发展原则"的关注也越发迫切。以前的儿童福利更多的是保障孤残儿童、弱势儿童等特殊需求儿童群体的基本生存权益，在很大程度上忽视了他们参与社会、融入环境的后续福利待遇。"儿童可持续性发展原则"的核心就是实现儿童社会化、正常化，也即"儿童福利社会化"。要实现这一目标原则，必须"坚持儿童社会保障普及性和救助性的统一"，也就是说，我国儿童福利事业"不仅要重视特殊儿童的福利问题，也不能忽视绝大多数儿童的正常福利，对不同的儿童类型实行分类救助，全面保护的政策"③。因此，中国儿童福利事业必须改变以往那种政府财政资金投入主导、民政部门包干到底的服务模式，积极转变政府公共服务职能，坚持政府和社会共同参与，积极畅通儿童福利的社会资源融资渠道，鼓励民间团体、非政府福利机构主动参与构建儿童福利政策及服务体系。

三 儿童福利制度的取向变迁

一是"残补性取向"儿童福利。新中国成立初期，政府没有专门的社会

---

① 曾华源、郭静晃：《少年福利》，亚太图书出版社，1999。
② 《中国儿童发展纲要（2011—2020年）》，中华人民共和国中央人民政府网站，http://www.gov.cn/gongbao/content/2011/content_ 1927200. htm。
③ 陆士桢、黄妙红：《中国儿童社会保障构建的基本思路》，《改革开放三十年与青少年工作发展研究报告——第四届中国青少年发展论坛暨中国青少年研究会优秀论文集（2008）》，中国青少年研究会，2008。

福利机构，也基本没有明确的"儿童福利"概念。儿童福利含混隐伏在"社会救济""社会救助"概念下，成为社会救济事务的一部分。所谓的儿童社会救济或社会救助的核心乃是国家或社会解决部分特殊儿童群体的短期生活福利，保障他们的基本生活权利，比如对"三无"儿童提供生活资助、对残障儿童提供医疗诊断帮助等。这种儿童社会救助、救济式福利事业具有明显的双重性质，一方面继承和保留了中国传统社会赈穷、恤贫的做法，恩赐、怜悯色彩浓重，但另一方面更多地体现了"儿童受国家的保护"的社会主义制度优越性，其价值基础在于"个人责任、自助、自力更生、社会互助互济和国家的权威恩赐"[①]。对于这种"部分较低"儿童社会救济、救助事业，学界多称之为"残补性取向"儿童福利[②]，或"补缺—生存型"儿童福利[③]。它的弊端在于"封闭式"运转和消极性、控制性服务方式，救济对象少、范围窄、目标低，而且缺乏专项资金支持、没有成体系的政策体系和制度性规划设计。

二是"发展性取向"儿童福利。1978 年以后，存在于发达国家的社会保护、社会保障理念及制度运转模式传入发展中国家。作为典型发展中国家的中国，在大力实施的扶贫政策中，积极完善社会救助体系，逐步构建社会保险体系，不断扩展社会保障的覆盖面和提升保障水平，引入由国家财政拨款的全民福利或服务方式，确保国家反贫攻坚战有效、有力地进行。在此背景下，中国儿童福利理念迅速更新，儿童优先原则逐渐明确并确立起来，以往的社会救济、救助式儿童福利得到快速发展，并逐渐过渡到了"教养取向发展型儿童福利"[④]。这种"教养—发展型"儿童福利的核心乃是国家和社会着眼于解决大多数或全体儿童群体长期生活福利问题，通过教育、养育、治疗、康复、培训安置等相结合的方式促进儿童的生理、心理、精神乃至人格道德的全面健康发展。这种"发展性取向"的儿童福利在国家转型发展过程中也体现出两重性。一方面，儿童福利与社会保护的杂糅性。20 世纪 80 年代中后期，国家强调法制建设的重要性，儿童福利事业也进入"伦理—法治化"阶段，政府注重从法律意义上，运用法律手段来维护、教育和保护儿童

---

① 刘继同：《儿童福利的四种典范与中国儿童福利政策模式的选择》，《青年研究》2002 年第 6 期。
② 张英阵：《青少年服务网络之构建》，香港高效率专业影印工作室，1999，第 23 页。
③ 刘晓静：《改革开放以来我国儿童福利制度理念变迁、评估与思考》，《改革与开放》2013 年第 6 期。
④ 刘继同：《儿童福利的四种典范与中国儿童福利政策模式的选择》，《青年研究》2002 年第 6 期。

各项权益。1991年国家出台了《中华人民共和国未成年人保护法》，各级地方政府相继颁布实施未成年人保护办法或条例。虽然这并不是一部专门的儿童福利法，但它对中国儿童福利事业的发展起到了极为重要的推进作用，我国"针对受虐待、疏忽、剥夺、剥削或处于不健康或不道德情境中儿童提供服务的社会福利体系"[①] 逐步建立并完善起来。另一方面，这种"发展性取向"的儿童福利与社会保障具有嫁接性。1993年上海市在全国率先建立最低生活保障制度，此后全国性的最低生活保障制度陆续建立和推行开来，住房补贴、退休金、意外伤害、卫生医疗保险制度及体系也逐渐建立和完善。儿童福利事业逐渐迈入社会保障福利时期，政府注重用经济手段来调节和实现儿童共享社会发展的成果，比较成功的做法主要体现在最低生活保障制度和基本医疗保险制度。总而言之，虽然这种"教养—发展型"儿童福利较之前"部分较低"儿童救济、救助式福利模式有了很大的进步，突破了之前的"封闭式"模式，进入"开放式"运转模式，扩充了以往"补缺式""消极性""控制性"，进入"积极性""发展性"服务模式。但是，无论是基于法律意义上的社会权益保护还是基于经济角度上的社会保障，这种"教养—发展型"儿童福利针对的是儿童长期、普遍、较低层次的福利保障，仍然在"狭义儿童福利"的窠臼中打转。

三是"普及性取向"儿童福利。2010年以来，随着中国成为世界第二大经济体，整个社会发生了翻天覆地的变化，在追求全面建设、建成小康社会的伟大目标鼓舞下，中国社会朝着"全面、协调、可持续"的方向迈进，改善民生和创新社会管理成为社会发展的重点议题。经过30年的高速发展，中国儿童福利事业具有了坚实的物质基础和雄厚的财政支持，儿童福利理念正由狭义儿童福利转向现代广义的儿童福利，儿童福利的政策体系及服务体系初步形成，儿童福利服务对象和覆盖范围日益增加和扩大，儿童福利服务的专业化水平不断提升，儿童福利的相关内容和项目日益增加和多样化……"儿童福利社会化"已经到来。[②] 刘继同呼吁将2010年作为中国儿童福利元年，标志着儿童福利时代的正式到来。所谓"普及性取向"儿童福利的核心乃是国家或社会秉承儿童利益最大化原则，着眼于全体儿童的需求，通过整合国家、社区、企业、家庭、社会团体和个人等多方资源，解决全体儿童长

---

① 刘继同：《儿童福利的四种典范与中国儿童福利政策模式的选择》，《青年研究》2002年第6期。
② 刘继同：《中国儿童福利时代的战略构想》，《学海》2012年第2期。

期的、普遍的、较高层次的全面福利。因此,这种"普及性取向"儿童福利,必须从社会救济、社会保护、社会保障等概念中独立出来,成为社会福利范畴中的一个核心组成部分。这就要求对儿童福利必须有更科学的制度化安排和设想,儿童福利必须从补缺型向普惠型转变,最终进入"普惠—参与型"儿童福利的未来理想化发展模式。未来"普惠—参与型"儿童福利必须符合两大特征,一方面是"制度式取向"①,建立覆盖儿童生活、教育、医疗、司法、住房乃至文化、娱乐等全方位的儿童福利制度②;另一方面是"社会参与式整合性",以所有儿童的全面发展为中心,以国家、社会和儿童的广泛社会参与为发展儿童福利基本途径的儿童福利模式③。当然,基于中国当下国情,我们也必须认识到中国儿童福利事业的发展距离"普惠—参与型"儿童福利还有很长的一段距离,构建"普及性取向"儿童福利模式还任重而道远。

四 五大政策体系框架

在传统观念中,儿童福利是家庭的责任,是社会、经济发展的负担,是负面性的。现代观念中,"儿童是未来社会的生产力"④,爱护儿童、保护儿童的观念深入人心。以《中华人民共和国宪法》为中心,以相关法律、行政法规、部门规章和加入国际公约为主线的儿童福利法律和政策体系,形成国家—部门—地方—国际合作等多个层次的儿童法律和政策。这些层次涉及从中央到地方、从国内到国外、从理论到实务的相关内容,涉及儿童养育、教育、医疗、康复、就业、住房、司法保护等各个方面,体现儿童生存权、发展权、受保护权和参与权等基本权利,初步形成了具有中国特色的儿童福利法律和政策体系。

第一个政策框架:全国人民代表大会通过的相关法律。主要集中在四个方面:一是儿童司法保护,以《中华人民共和国宪法》为主,以《中华人民共和国刑法》《中华人民共和国刑事诉讼法》《中华人民共和国国家赔偿法》

---

① 陆士桢:《中国儿童社会福利需求探析》,《中国青年政治学院学报》2001年第6期。
② 陆士桢、魏兆鹏、胡伟编著《中国儿童政策概论》,社会科学文献出版社,2005,第139~162页。
③ 刘继同:《儿童福利的四种典范与中国儿童福利政策模式的选择》,《青年研究》2002年第6期。
④ 成海军主编《中国特殊儿童社会福利》,中国社会出版社,2003,第245页。

等为辅；二是儿童教育权益保障，以《中华人民共和国教育法》为主，以《中华人民共和国义务教育法》《中华人民共和国劳动法》等为辅；三是儿童家庭保护和食品营养、卫生保障，主要包括《中华人民共和国婚姻法》《中华人民共和国继承法》《中华人民共和国收养法》《中华人民共和国妇女权益保障法》《中华人民共和国母婴保健法》《中华人民共和国传染病防治法》《中华人民共和国人口与计划生育法》等相关法律；四是专门的儿童福利与保护，以《中华人民共和国残疾人保障法》为主，以《中华人民共和国预防未成年人犯罪法》《中华人民共和国未成年人保护法》为补充。这一类由全国人大颁布的法律，大多并非专门以儿童为对象，但涵括了儿童福利的相关方面。

  第二个政策框架：国务院颁布的相关行政法规。大体分为两类。一类是基于社会治理方面的规范性行政法规，比如《农村五保供养工作条例》《城市居民最低生活保障条例》《公共场所卫生管理条例》《婚姻登记管理条例》《中华人民共和国母婴保健法实施办法》等。除此之外，国务院陆续颁布了一系列关于国家保护儿童的专门法规，如《禁止使用童工规定》《残疾人教育条例》《加强孤儿保障工作的意见》《关于进一步加强和改进未成年人思想道德建设的若干意见》《关于加强农村留守儿童关爱保护工作的意见》《关于进一步完善城乡义务教育经费保障机制的通知》等。另一类是基于社会服务方面的指导性行政纲要，如《九十年代中国儿童发展规划纲要》《中国妇女发展纲要（1995—2000 年）》《中国儿童发展纲要（2001—2020 年）》《中国妇女发展纲要（2011—2020 年）》等。

  第三个政策框架：中央各部委制定的相关实施规定。为贯彻和落实全国人大和国务院关于儿童权益保障的相关法律、法规，民政部、教育部、公安部等相关中央部委先后制定了详细的实施细则，如《关于加强孤儿救助工作的意见》《幼儿园工作规程》《学校卫生工作条例》《关于出版少年儿童读物的若干规定》《关于开展查找不到生父母的打拐解救儿童收养工作的通知》《中华人民共和国反家庭暴力法》等。这些实施细则不仅具有很强的操作性，而且涵括的范围广、针对性强，涉及儿童养、教、治、康复、就业等多方面保障和服务。另外，随着政府管理角色的转型，以儿童为中心的实施细则越来越体现出服务型政府部门内部的协同联动，如《关于加快实现社会福利社会化的意见》就是在财政部等 11 个部委共同协作下出台颁布的。

  第四个政策框架：我国签署与儿童福利相关的各种国际公约和规划纲要。改革开放以后，和平与发展成为共识，中国政府参与国际事务的范围不断扩大，话语权不断增强。在此过程中，中国政府主动调整、完善和健全国内公共政策、社会服务政策并使之与国际接轨，先后签署和加入了多项与儿童相关的国际公约。一类是涉及儿童生存权和保障权的一般性人权公约。主要有《防止及惩治灭绝种族罪公约》《消除对妇女一切形式歧视公约》《关于难民地位的议定书》等涉及国际人权、国际政治、意识形态争论等方面的国际公约。[①] 第二类是专门性的儿童保护和儿童福利公约，主要有联合国《儿童权利公约》《儿童生存、保护和发展世界宣言》《执行九十年代〈儿童生存、保护和发展世界宣言〉行动计划》《跨国收养方面保护儿童及合作公约》等。我国签署、加入各项儿童保护和儿童福利国际公约，促进了国内儿童福利的快速发展，扫除了儿童福利国际合作的障碍和壁垒，国内外就儿童生存、保护和发展方面的合作交流得到了极大的发展。

第五个政策框架：国内外儿童福利组织推行的与儿童相关的福利行动计划。20世纪90年代前后，随着社会高速发展，儿童保护和福利方面的问题大量涌现，政府、社区、企业就儿童福利服务的相关政策的创新和实践展开了积极的探讨，国际各非政府组织也将目光投向中国。至此，就儿童福利、儿童保护方面的行动计划不断建立健全，儿童服务体系建设逐渐完善，儿童福利、救助项目更加细致化和具有针对性。代表性的儿童福利国内外合作行动计划主要有：SOS儿童村、残疾孤儿手术康复明天计划、儿童福利机构建设蓝天计划、重生行动项目等。

五　五个发展阶段

就宏观发展而言，上述五大政策框架基本涵括了儿童福利政策的构成现状，但就微观发展的线索来讲，儿童福利政策的建设、健全及其发展完善又呈现明显的阶段性特征。以1978年为分界线，中国儿童权益保护及其福利服务的政策、议题、项目、计划从无到有、从少到多、从低到高，动态发展。

第一个阶段是应急救助性阶段：1978年以前，"社会福利"与"社会救济"紧密结合为"社会救济福利事业"，并没有形成一个专门的"社会福利"概念和专门的儿童福利体系。应急救助性的儿童政策主要体现在城市建立儿童福利院、安置"三无"孤残儿童群体等方面。1955年内务部开始建立城市儿童福利院，重点收养安置"三无"儿童，其服务功能主要集中在为孤

---

① 成海军、陈晓丽：《改革开放以来中国儿童福利法治建设及其特点》，《新视野》2011年第3期。

残儿童、弃婴、流浪儿童等提供救助、矫治、扶助等恢复性服务[1]。

第二个阶段是建设规范性阶段：1978~1990年，儿童议题尚未成为国家的重点议题，儿童相关问题仍然隐伏在社会经济改革、放开、加速这一主要议题之中。在改革发展的过程中，国际经验促进了儿童议题的发展和成熟，特别是1990年世界儿童问题首脑会议通过的《儿童生存、保护和发展世界宣言》和《执行九十年代〈儿童生存、保护和发展世界宣言〉行动计划》，促进了中国儿童权益保护的法制建设。这一时期儿童福利制度建设的成果主要是法律法规[2]，围绕婚姻家庭、妇幼保健、义务教育等方面，国家出台了一系列儿童权益保护方面的法律法规，如《中华人民共和国婚姻法》《中华人民共和国义务教育法》《中华人民共和国残疾人保障法》等。与此同时，围绕儿童发展和青少年权益等领域研究话题，陆续建立了一批研究儿童问题的专门机构，如上海社科院青少年研究所等。

第三个阶段是转型接轨性阶段：1991~2000年，随着改革开放的深入发展，经济体制改革成为社会转型发展的核心问题，儿童福利政策及其发展体制改革在"效率优先，兼顾公平"原则下逐渐成为民众关注的焦点。以《九十年代中国儿童发展规划纲要》为标志，儿童福利政策及其制度建设开始大跨步的发展，政府作为儿童福利的主导者，责任意识日益成熟和凸显，我国围绕政府机构改革、主要法律制定、行政法规颁布和部门规章制定等方面开始了全面推动和建设。这一时期围绕妇幼保健、家庭健康、儿童收养、义务教育、未成年人保护等领域，儿童问题研究范围广、议题多，几乎覆盖了儿童福利所有领域和所有议题。[3]

第四个阶段是健全普及性阶段：2001~2010年，在建设和谐社会的大背景下，改善民生成为党和政府的工作重点，而儿童福利成为民生工作的重中之重，普惠型儿童福利制度建设成为共识。这一时期儿童问题研究相当活跃，围绕孤残儿童、弃婴、困境儿童、流浪儿童、大病儿童、受艾滋病影响儿童等各类儿童，关注儿童的多样化需求，以儿童国际公约为指导，积极借鉴和吸收国际上专业化儿童社会工作经验，从国家、社会、社区、家庭、市场等多维层面全面推进儿童福利制度的建设及对儿童问题的研究。儿童问题

---

[1] 成海军、朱艳敏：《社会转型视阈下的普惠型儿童福利制度构建》，《学习与实践》2012年第8期。
[2] 刘继同：《改革开放30年来中国儿童福利研究历史回顾与研究模式战略转型》，《青少年犯罪问题》2012年第1期。
[3] 刘继同：《改革开放30年来中国儿童福利研究历史回顾与研究模式战略转型》，《青少年犯罪问题》2012年第1期。

研究机构和儿童社会工作的专业化队伍日益壮大，儿童研究方法不断革新，有关儿童问题的实证研究和田野调查日渐增多。在此基础上，儿童问题首次成为独立研究问题。[①]

第五个阶段是开放合作性阶段：2010年以来，国家不断强调创新社会治理模式，借助精准扶贫战略的推动，儿童福利政策朝着"精准—普惠型"方向快速发展，突破儿童福利的城乡二元分割成为共性、焦点问题。政府主导，各种社会力量合力参与，围绕儿童福利政策制度、婚姻家庭、妇幼保健、免疫接种、食品营养、收养寄养、义务教育、司法保护、学校保护、社区服务、职业技能培训等领域进行了前所未有的创新研究，儿童福利事业迎来了发展的新曙光。

第二节 西部农村特困儿童福利制度的现状及问题

西部农村特困儿童福利是中国整个儿童社会救助与福利事业的重要组成部分，无论是在理念、原则、制度取向变迁，还是政策体系框架以及发展阶段上，西部农村特困儿童社会救助和福利政策均具有当代中国儿童福利制度的共性问题。但由于西部特困儿童大多身处民族地区，且相当比例特困儿童群体是少数民族儿童，因而特困儿童家庭结构、受教育程度、家庭收入，特别是特困儿童的多样化需求体现出明显的民族差异性。课题组在对西部特困儿童的入户调查中，对其社会救助工作体系的民族性以及社会救助政策的特殊性问题印象深刻。

一 西部农村特困儿童的社会救助机制

（一） 政府层面的救助机制

目前，西部农村特困儿童的社会救助仍然由政府主导，通过自上而下的方式明确政府主体职责、制定完善的儿童福利政策法规体系、建立健全递送配置儿童救助资源体系等。各级人大设有妇女儿童室，专门负责儿童福利立法相关事宜。各级政府设有妇女儿童工作委员会，综合协调有关儿童福利问

---

① 刘继同：《改革开放30年来中国儿童福利研究历史回顾与研究模式战略转型》，《青少年犯罪问题》2012年第1期。

题；民政部门设有社会福利与社会事务科室，负责儿童社会救助和保护等相关事宜；教育部门设有基础教育科室，负责儿童受教育的相关问题；卫生部门设有妇幼保健与社区卫生方面的科室，负责儿童卫生、医疗等方面的问题；司法部门设有少年法庭、法院和教养所等，负责儿童权益保护和预防未成年人犯罪等问题；另外，人力资源和社会保障部门、工会以及残疾人联合会等相关部门，负有专门保障儿童相关权益的职责。除此之外，行政主导下的各级社会团体协助政府管理和解决儿童相关事务。在西部农村地区，共青团的少年部、妇联的儿童部，在协助政府开展儿童养育、教育、保护等方面发挥巨大作用，很多资源的调配、聚集和传递都是由妇联和共青团来完成和实现的。与此同时，各地方的未成年人保护委员会，对儿童权利也发挥着法律援助的作用，虽然效率有待提升，但影响日益增强。近年来，各级地方政府兴办和筹建的孤儿院、儿童福利院、儿童救助保护中心等在儿童救助方面发挥了越来越重要的作用，甚至成为儿童福利的主要力量和资源配置主体。

然而事实上，在西部广大农村地区，直接负责处理和解决特困儿童社会救助及其福利的还是基层社区组织，即城镇的社区居委会和农村的村民委员会。一方面，它们是国家关于儿童救助政策自上而下的具体实施者，直接负责具体的人力、财力、物力的管理和传递，体现了政策的系统性和效率性，是国家儿童政策取得成效的最低一级、最直接的保障。另一方面，它们站在西部农村儿童社会救助的第一线，负责儿童救助数据、信息、需求差异等的收集和汇总，承担自下而上的儿童福利机制的反馈、动态修补和完善的重要职责，是国家儿童政策体系建构中不可或缺的一环。据统计，中国残联和财政部联合实施的"阳光家园计划——智力、精神和重度残疾人托养服务项目"，至2009~2011年，已建立了4600多个残疾人托养机构，满足了1800多名残障人的教育、康复、技能培训等方面的需求。其中相当一部分是残障儿童。

调研组的调查数据显示，在西部农村地区，特困儿童家庭救助主体显得较为单一，仍旧以政府为救助主体。从对过去接受过或正在接受救济的受访家庭调查发现，他们所接受的无论是临时性救助还是制度化救助，政府都是核心主体。其中，在排序第一的临时性救助各救助主体中，有80.4%的受访者家庭选择了政府，而在制度化救助主体方面，政府仍旧是排序第一的救助主体，被选比例最高，达到83.1%。

（二）非政府组织介入机制

除了政府部门以及行政主导的社会团体主导的国家救助外，越来越多的非政府组织、非营利组织参与到西部特困儿童社会救助工作中。1984年，SOS儿童村这一国际民间慈善组织进入中国，先后在中国中西部地区建立了十所孤儿救助中心，以建立家庭模式的管理、养育模式，教育儿童。1994年中华慈善总会成立后，越来越多地参与到儿童社会救助工作中。1995年英国救助儿童会中国项目办公室从香港迁往昆明市，1999年又迁往北京，先后在安徽、西藏、新疆等地与当地政府合作成立托儿所、残障儿童中心、流浪儿童和孤儿收容所等，开展儿童社会救助服务项目。2008年汶川地震后，救助儿童会参与了地震救灾和灾后重建工作，并逐渐将工作的重点从城市流浪儿童群体向偏远、贫困地区、贫困少数民族地区的弱势儿童和困境儿童转移。近年来，智行基金会等非政府组织广泛参与救助受艾滋病影响儿童和服刑人员子女，成果显著；成都市公益枢纽平台——成都云公益发展促进会召集非政府组织成立儿童保护委员会，救助对象涵括了流浪儿童、患病儿童、孤残儿童、受虐儿童以及家庭困境儿童等，为其提供有效的物质、精神支持，满足其多元需求。众多非政府组织参与儿童社会救助，并逐渐把救助的目光从城市困境儿童转向农村特困儿童，越来越多地扮演服务的前瞻者与创新者、服务的供给者以及价值维护者角色。

调研组的调查数据显示，西部农村特困儿童家庭救助由政府主导，在临时性救助主体排序中，受访家庭第一选择为社会组织的比例仅为5.5%，在第二、第三排序中也仅占30.6%和为18.0%。而在制度化救助主体方面，政府仍旧是排序第一的救助主体，在排序第二、第三的救助主体中，社会组织被选的比例分别是30.5%和25.7%。多项数据排序显示，特困儿童家庭选择向社会组织求助的比例远远低于政府、亲戚朋友、慈善个体等相关主体，非政府组织在特困儿童救助上发挥的作用仍旧有限。

（三）乡土式传统互助模型

对西部特困儿童的社会救助除了国家救助和社会组织（非政府组织、非营利组织、社区组织等）救助这两种主流的正式救助模式外，还有一种传统的、非正式的乡土互助模式，即儿童的血缘亲属、扩展家庭（家族、家支）、街坊邻居等的非正式援助。《中华人民共和国民法通则》等法律文件对儿童的监护人有明确的规定，除了父母双亲之外，儿童的祖父母、外祖父母、兄、姐也要承担监护职责。

除了法律的硬性规定外，在农村地区，中国乡土传统的尊老爱幼的道德、帮扶济贫的习俗仍在发挥重要作用。西部农村特困儿童的救助在很大程度上仍然由亲属家庭及扩展家庭来承担，尤其是那些孤残儿童、服刑人员子女、受艾滋病影响的儿童等，失去了父母的一方或双方的照料，首先是由年事偏高的（外）祖父母来抚养照顾，他们的经济压力非常大，长期处于农村最贫困的底层。其次是父系家庭的叔伯兄弟来照顾特困儿童。由于祖父母年事已高、生病或病故等原因，无力独自承担儿童的抚养责任，特困儿童只好交给父亲的血亲家庭来照顾，部分儿童由姑妈来承担照料的责任。再次特困儿童由母系家庭的姐妹兄弟来照顾，舅舅、姨妈作为儿童亲属在农村传统观念中仍然是家庭网络的一个重要分支，在儿童失去直系亲属照料的情况下，自动成为儿童生活救助的一个重要选择。最后是儿童家庭所在的邻居街坊的生活接济、帮扶或收养。在农村地区，一旦儿童失去了血缘亲属的照料，邻居街坊或自动履行"老吾老、幼吾幼"的道义救护职责。但一般情况下，儿童的血缘亲属不愿意将儿童送给没有血缘关系的外人家庭照顾。但无论是上述哪种情况，一旦相关人员成为特困儿童的照顾人，由于特困儿童的加入，其家庭经济困难的增加是必然的，即使可以得到国家政策的部分照顾，但就总体持续的发展而言，农村特困儿童扩展家庭网络的非正式援助对儿童的救助支持仍不容乐观。

调研组的调查数据显示，西部农村特困儿童家庭救助主体除了政府之外，亲戚朋友互济所占比重最大。在临时性救助主体排序中，排序第二、第三的各救助主体中，选择亲戚朋友的比例分别高达37.0%和35.4%，远远高于社会组织的比例。而在制度化救助主体方面，在排序第二的救助主体中，选择亲戚朋友的比例为42.4%，在排序第三的救助主体中，慈善个人的被选比例最高，为31.2%。通过比较，我们不难发现，在西部农村特困儿童家庭救助方面，传统乡土互助模式仍发挥着主要支持作用，成为政府主导救助模式的重要补充。当然，在不同民族地区，其乡土传统互助模式由于文化、宗教等因素影响存在的差异性，对这一问题的具体研究请参考本书第七章的相关论述。

二 西部农村特困儿童的社会救助政策体系

长期以来，中国在儿童社会救助和保护方面缺乏普惠性政策、制度。相比城市儿童，农村儿童的社会救助政策尤其薄弱。农村儿童的生存、教育、医疗等社会救助主要依靠家庭及其扩展网络来进行。2008年前后，国家针对全体儿童的相关专门政策逐渐建立和出台。较为重要和有影响的政策制度包括：农村最低生活保障制度、农村五保供养制度、新型农村合作医疗制度、九年义务教育免费制度等。[①]

（一）农村最低生活保障制度

1997年，中国农村最低生活保障制度在广东、浙江等沿海较为富裕的农村开始筹备建设。2006年，《中共中央关于构建社会主义和谐社会若干重大问题的决定》中，中央明确提出要"逐步建立农村最低生活保障制度"。2007年国务院发布《关于在全国建立农村最低生活保障制度的通知》，明确规定最低生活保障的标准和保障对象。根据当地生活必需品价格和人民生活水平动态调整，并以能够维持当地农村居民基本生活所必需的吃饭、穿衣、用水、用电等费用为标准线，为家庭年均纯收入低于当地最低生活保障标准的农村居民，主要是由于病残、年老体弱、丧失劳动能力以及生存条件恶劣等原因造成生活常年困难的人（其中涵括了农村特困儿童群体）提供基本生存保障和救助。

（二）农村五保供养制度

新中国成立以来，对农村"三无"人员的五保供养和救助成为农村的一项基本政策。所谓"三无"人员即无法定抚养义务人、无劳动能力、无生活来源的农村居民，主要包括老年人、残疾人和未成年人。由2006年国家出台的《农村五保供养工作条例》可知，"无劳动能力、无生活来源又无法定赡养、抚养、扶养能力"人员即为"三无"人员，其中包括农村孤残儿童、失依儿童等处于特困状态的儿童群体。所谓"五保供养"即由政府提供财政经费开支，结合"三无"人员名下土地代耕费用，给予"三无"人员保吃、保穿、保烧、年幼者保证受教育、年老者死后保安葬。总体而言，五保供养政策对农村儿童的生存条件给予了有限的救助和保障。

（三）孤儿的最低养育标准

2009年，民政部出台了《关于制定孤儿最低养育标准的通知》，明确规定："为保障社会散居孤儿基本生活和成长发育需要，避免出现各地供养标准差距大、孤儿保障状况不平衡的现象，制定全国统一的社会散居孤儿最低

---

① 王振耀：《农村社会福利制度建设：机遇与挑战》，《三生共赢论坛·2009北京会议会议材料》，北京市社会科学界联合会，2009。

养育标准，标准为每人每月600元。各地要根据当地经济发展水平，在最低养育标准基础上确定本地孤儿养育标准，并根据平均生活水平和物价上涨指数建立自然增长机制。"随后各地纷纷落实，部分地区还建立了将孤儿养育标准的提高与当地经济增长水平挂钩的机制。其中，四川省孤儿的最低生活费为散居孤儿每人每月678元，机构养育孤儿每人每月1130元。2015年我国已全面建立孤儿基本生活最低养育标准，散居孤儿供养每人每月600元，而机构集中供养孤儿每人每月1000元。①

（四）新型农村合作医疗制度

新型农村合作医疗，简称"新农合"，是由政府组织、引导、支持，农民自愿参加，个人、集体和政府多方筹资，以"大病统筹"功能为主的农民医疗互助共济制度。筹集资金方式主要为个人缴费、集体扶持和政府资助相结合的方式。2002年，国家明确提出要积极引导农民建立新型农村合作医疗制度，2003年起，在全国部分县（市）试点，2009年，进一步深化医药卫生体制改革，确立新农合作为农村基本医疗保障制度的地位，到2010年逐步实现基本覆盖全国农村居民。② 2015年，国家卫计委、财政部印发《关于做好2015年新型农村合作医疗工作的通知》提出，各级财政对新农合的人均补助标准在2014年的基础上提高60元，达到380元。③ 这项政策已经基本普及，惠及包括广大农村人口尤其是中西部儿童群体在内的农村居民，彻底扭转了农村儿童医疗保障低水平、低覆盖的困难局面，其中大病儿童、残疾儿童、受艾滋病影响儿童等群体的医疗、康复得到可靠而稳定的医疗补助。

（五）九年义务教育免费制度

教育费用长期以来是中国家庭最重要的支出项目之一。在经济欠发达的西部农村地区，儿童的教育费用往往成为家庭沉重经济负担的主因，很多贫困家庭儿童也因此失学，受教育的基本权益无法保障。2001年，国家开始实

---

① 《中国已全面建立孤儿基本生活最低养育标准》，人民网，http://politics.people.com.cn/n/2015/0503/c1001-26939247.html。
② 《盘点2013：新型农村合作医疗全覆盖》，央广网，http://country.cnr.cn/tjxw/201401/t20140106_514577088.shtml。
③ 《新农合补助标准和个人缴费分别提高至320元、90元》，人民网，http://politics.people.com.cn/n/2014/0527/c1001-25072365.html。

施"两免一补"的教育免费制度,即对义务教育适龄学生"免杂费、免书本费、逐步补助寄宿生生活费"。中央财政负责解决免书本费,而地方财政则负责解决免杂费和补助寄宿生生活费用。2006年西部地区全部义务教育阶段学生享受"两免一补"的教育福利。2008年九年义务教育免费制度扩大至全国范围,全国农村义务教育阶段学生全部免除学杂费,全部免费提供教科书,对家庭经济困难寄宿学生提供生活费补助,1.5亿名农村适龄儿童和780万名适龄的贫困儿童享受到了这一教育福利。[①]

(六) 土地家庭承包制度

改革开放以后,国家实行家庭联产承包责任制,即土地的所有权归国家、使用权承包给农民。这样一来,保障了农民对土地收益的自由支配权,家庭联产承包责任制在某种程度上成为一种保障农村人口实现基本生存的制度。农村地区的儿童在失去父母以后,仍然保有其父母的土地和自己"名下"的土地的使用权,虽然儿童自身因为缺乏劳动能力而无法耕作,但是可以通过出租或者转让给亲属家庭及扩展家庭耕作,仍然可以获得土地的部分收益来保障自己的基本生存需要。这种"具有中国特色的、生产和救助两位一体的"[②] 土地制度,不仅成为农村地区特困儿童重要的生存资源,同时也在国家减免税费的政策下,减轻了儿童寄养亲属家庭及扩展家庭的压力,在很大程度上有力地维持了农村特困儿童扩展家庭网络的非正式援助制度的长久性和稳固性。

(七) 西部民族地区各地方儿童救助社会工作政策与实践

西部各省份在贯彻、落实、执行中央及各部委所指定的统一救助政策的同时,根据各自辖区内特困儿童的具体情况,实施了一系列针对性较强的儿童救助社会工作政策。具有代表性的做法有以下几种。

一是针对孤残儿童群体的专门救助政策。四川省残联、省卫计委和省财政厅联合制定的《四川省0—6岁残疾儿童康复救助项目实施方案》,计划从2016年起至2020年,四川省每年为1000名家庭经济困难的0~6岁残疾儿童提供手术、康复训练和辅具适配服务。四川省凉山彝族自治州结合彝族地区

---

① 尚晓援、王小林、陶传进:《中国儿童福利前沿问题》,社会科学文献出版社,2010,第25~26页。
② 尚晓援、王小林、陶传进:《中国儿童福利前沿问题》,社会科学文献出版社,2010,第25~26页。

的具体情况，专门针对本州的孤儿制定了《关于进一步加强我州孤儿救助保障工作的实施意见》。

二是针对留守儿童群体的专门救助政策。贵州省2015年制定了《关于进一步加强留守儿童困境儿童关爱救助保护工作的实施意见》，意见将留守儿童困境儿童界定为"因父母离开所在县域范围外出务工三个月以上、留在户籍地（或常住所在地）单独生活或与祖父母外祖父母等亲属生活学龄前及义务教育适龄阶段的留守儿童，因家庭或自身原因面临生存困境、监护困难、成长障碍的困境儿童（包括流浪乞讨、事实上无人抚养、受艾滋病影响、服刑在戒人员子女、贫困家庭患重病等）"，并提出"按照精准界定、精准排查、精准识别，健全留守儿童困境儿童信息库，建立上下衔接、条块互动的信息监管平台"工作任务。

三是针对流浪儿童群体的专门救助模式。从1992年开始，民政部与联合国儿童基金会开展合作，在吉林省四平市、黑龙江省佳木斯市、上海市、安徽省合肥市、河南省郑州市和湖南省长沙市进行流浪儿童救助保护工作模式的探索。从1998年起，民政部又与英国救助儿童会开展合作，在云南省昆明市、四川省成都市，新疆维吾尔自治区乌鲁木齐、伊犁、阿克苏市和河南省郑州市进行实践探索。河南郑州探索建立街头全天候救助点和类家庭救助保护模式、湖南长沙建立"大房子"救助保护模式等都是成功的典型。郑州市采取全天候开放式救助点、固定救助亭、流动救助车、类家庭、家庭寄养、技能培训、网站服务、跟踪回访、高校社工合作、定期评估等形式，专门对流浪儿童进行救助保护。郑州流浪儿童救助模式受到民政部高度评价，"在我国流浪儿童救助保护工作中具有里程碑式的意义"，数万名流浪儿童从中受益。

四是针对范围更大的整个困境儿童的救助政策。云南省通过政府购买社会服务方式解决特困儿童的困难，如2014年由云南青基会与连心社区照顾服务中心携手合作的"大爱之行——困境流动儿童及家庭陪伴计划"项目，该项目在社区作为平台的支撑下，通过对民办社工机构服务方式的购买，提供示范性的专业社会工作服务，构建人性化的专业社会支持与保护网络。安徽利辛县以"助学、助医、助困、助业、助养"等救助为重点，注重发挥儿童福利机构作用，建立困境儿童保护制度，并通过建立完善"困境儿童摸排发现制度、规范审批制度、资金筹措制度、部门联动制度、跟踪评估制度、考核推进制度"等六项制度，建构困境儿童服务长效工作机制。河南省洛宁县建立了分类保障和救助的政策体系，保障和救助围绕"助养、助困、助学、助医、助业"开展，并且通过健全组织网络、完善救助制度、整合社会力量和拓展国际合作等形式建立了横向到边、纵向到底的儿童福利服务体系。

三 西部农村特困儿童社会救助的特殊性及存在的主要问题

(一) 西部农村特困儿童社会救助的特殊性

首先,特困儿童的成长环境具有民族社会性特征,对贫困认知不够。西部农村特困儿童大多处于偏远的民族地区,家庭人口相对较多,平均总人口数为4.5人/家,其中汉族家庭平均人口数为4.3人/家,少数民族家庭为4.7人/家。这种情形明显与民族地区特殊人口生育政策有直接关系。特困儿童长期处于困境状态,最直接原因是家庭陷入困顿。孩子多导致家庭压力倍增,也导致读不起书等问题,从而引起连锁反应,西部特困儿童家庭主要劳动力受教育程度低,缺乏技术、收入来源有限、年收入少,特困儿童长期陷入生存和发展困境的恶性循环之中。本课题组的调研结果显示,西部农村特困儿童家长绝大部分对当前的生活满意度不高、对家庭的社会地位自我评价低,受访家长普遍认为特困儿童的首要困境是发展问题。

其次,西部农村特困儿童类别及其需求存在明显的民族差异性。本课题组的调研结果显示,西部农村特困儿童类别分布存在民族差异。具体来说,经济困难儿童占样本的52.4%,孤儿的比例为4.7%,受艾滋病影响儿童的比例为0.8%,留守儿童的比例为25.1%,身体残疾儿童的比例为9.1%,患严重心理疾病儿童的比例为1.2%,其他类别特困儿童的比例为6.3%。这样一来,由于民族、性别、年龄、特困儿童类型等变量的影响,西部农村儿童需求存在明显的多样性和差异性。总体而言,64.7%的受访特困儿童对生活总体评价为一般及以下。但具体涉及儿童生存权、受保护权、参与权与发展权方面,受访特困儿童差异较大。数据显示,只有12.1%的特困儿童生产状况良好,大多数特困儿童在吃、穿、住、健康、运动方面不够理想。特困儿童受保护权实现程度也不够理想,超过60%特困儿童在生活中能经常和偶尔感知被歧视,约40%的特困儿童会有时和经常感知被欺负,安全问题堪忧。与此同时,特困儿童的参与权实现程度也较糟糕,低龄、失学、汉族且受艾滋病影响或孤残儿童群体表现得尤为突出。

最后,西部农村特困儿童社会救助政策及其社会工作体系实施与运行民族化和本土化不够。西部农村特困儿童家庭接受的救助主体单一、救助资源有限、救助方式单一。课题组研究发现,特困儿童家庭主要依靠政府救助,比较临时性救助和制度化救助发现,西部农村特困家庭所获得的这两类资源组合相似,主要集中在经济救助、医疗救助和教育救助等方面。与此同时,特困儿童仍然依靠乡土传统互助体系获得照顾和救助,这种社会互助方式存在民族、宗教、文化传统的独特性及其差异性。比如彝族的家支互济、藏族寺院的互济、苗族村落互济、维吾尔族的宗教互济等,与政府主导的儿童社会救助机制实现了良好的互补。因此,西部农村特困儿童社会救助政策及社会工作体系实施与运行,必须结合具体的民族政策,加大培养本土化民族社工人才队伍的力度,构建适应民族地区实际的社会工作体系。

(二) 西部农村特困儿童社会救助存在的主要问题

第一,城乡二元割裂,西部农村特困儿童社会救助面临统筹发展的"失衡陷阱"。中国当代社会经济发展长期呈现城乡二元化特征,新中国成立初期国家实施优先发展重工业的战略,农村、农业、农民服从于重工业优先发展战略。改革开放以后,国家以经济建设为中心,重点打造以沿海城市为中心的工业化、现代化特区,数以亿计的农村劳动力涌入城市。国家财政和公共资源长期向城市倾斜,伴随城市公共设施、教育、医疗等飞速发展,农村居民的收入、社会保障等落差明显。国家每年为城镇居民提供的养老、医疗、失业、救济、补助等各类保障上千亿元,国家关于儿童救助、保护、福利的政策也以城市儿童群体为主。公开的数据显示,近年来,城乡二元割裂倾向越发明显,仅从城乡收入比来看,1978年是2.57,1983年缩小为1.82,而2003年已扩大为3.213。占全国儿童总数70%以上的农村儿童只能享受儿童福利资源的5%,也就是说95%以上的儿童福利资源被只占全国儿童总数30%的城市儿童占有和享受。如果将城市居民享有的各种社会福利考虑在内,城乡收入之比高达6∶1。[①] 考虑到东西部发展的不均衡性,西部农村特困儿童的社会保障、救助和福利与城市儿童福利的差距可谓"天壤之别",完全不在同一起跑线上。西部农村特困儿童社会救助在国家城乡规划、产业布局、劳动就业、基础设施建设、公共服务、社会保障等统筹发展的"失衡陷阱"中愈陷愈深,加之西部农村"老少边穷"地区社会经济发展的复杂性和特殊性,西部农村特困儿童社会救助有进一步恶化为久治不愈的"疑难杂症"的危险性。

第二,特惠救助主导,西部农村特困儿童社会救助表现为低端层级的

---

① 中国指数研究院:《中国新型城镇化发展理论与实践》,经济管理出版社,2014,第46~47页。

"欲求不满"。我国儿童福利事业长时间受限于社会资源、资金、技术等因素，只能以救济或补助的形式介入少数特殊儿童群体的权益保障中，且主要以孤残儿童、弱势儿童或困境儿童群体为重点帮扶目标，不能实现全体儿童福利保障。而且这种由"特惠救助主导"的儿童社会救助也仅仅以满足特困儿童群体的基本生存需求，城乡居民最低生活保障制度和将孤儿纳入五保供养制度因为救助资金有限仅仅能保障儿童的生存而不能满足儿童发展需求。农村孤儿最低养育标准也因为救助水平较低只能从经济生存方面提供有限帮扶，特困户定期救助、年节时期的临时性救济也只能提供有限的生活补助或生活物品发放，无法满足儿童较高层级的精神发展需求。义务教育免费制度和新型农村合作医疗制度，虽然对儿童的教育和医疗、康复等方面的需求有较大的救助，但仍然把重心放到了减免或分担儿童家庭经济困难上，对儿童获得亲情、精神关怀和心理抚慰以及儿童游戏、艺术熏陶等高层级的需求爱莫能助。将家庭联产承包责任制产生的补助用于农村孤儿家庭寄养，仍然只是变相地帮扶儿童基本生存需要。我国现有的几种主要农村儿童社会保障制度都仅能部分地满足少数特殊儿童群体的基本生存需求，对于儿童高层级的多样化发展需求，仍然缺乏制度性安排。

第三，国家救助浓厚，西部农村特困儿童社会救助"不堪重负"。我国儿童社会救助长期遵守"儿童受国家的保护"的原则，国家是儿童福利的"第一责任人"，国家有义务保护、救助、关爱儿童，为儿童营造较好的生活环境，保障儿童身心健康发展，最终将儿童培育成国家需要的合格劳动者。这样一来，儿童对国家和社会依附关系成为现代儿童福利政策的中心议题。然而，由于受制于经济增长、社会发展水平以及国家社会优先发展战略等的现实，国家对儿童的照顾长时间停留在青少年生活保障、未成年人司法保护等较低服务阶段。儿童仍然要依靠家庭内部的生活照顾，而国家对困难家庭援助几乎空白，困难家庭往往因为"不堪重负"失去了对儿童提供保护的能力。这一点在西部农村困难家庭表现得尤其明显。据尚晓援等学者的调查发现，中国90%的农村孤儿家庭面临贫困的威胁，几乎所有的孤儿家庭都生活在贫困线以下，往往是所属村庄最贫困的那部分。而在家庭内部往往是"老人照顾孩子"的模式，他们没有经济来源，属于农村最贫困的群体，更危险的是儿童可能面临随时再次失怙的危险。[1] 国家对困难家庭的制度性救助到目前为止仍然处于探索和起步阶段，非政府组织、非营利机构对困难家庭的

---

[1] 尚晓援：《孤儿救助亟需加大力度》，《社会福利》2008年第12期。

支持缺乏持久性，力度较小，儿童发展权因而被忽视。

第四，顶层设计强化，西部农村特困儿童社会救助中社区组织"功能弱化"。近些年，国家加强了对儿童生活、教育、医疗、康复、就业培训、司法保护等方面政策的顶层设计，也就是说，自上而下的国家儿童救助机制运转相对而言比较通畅。但是处于儿童服务前沿的城乡社区组织服务功能弱化。专业调查显示，目前城乡社区组织服务主要存在社区治安状况堪忧、邻里关系冷淡、对困难群体的关怀很少、缺乏活动场所和设施、社区服务项目少等问题，居民的认同感较低。如果考虑到城乡差异性，在广大农村地区，以村委会为代表的社区组织责任意识淡化就更为明显，"集体"在儿童社会救助中实际上已经不发生作用。[①] 造成基础社区组织"功能弱化"的主要原因无外乎政府财政投入不足、社会力量参与不够、村委会工作不力、社区管理存在漏洞、居民自治管理效果不佳等方面的问题。农村地区基层社区组织的"不作为"直接削弱了儿童亲属网络和社区内部互助的热情，导致儿童家庭陷入恶性循环之中。

第五，宏观政策完备，西部农村特困儿童社会救助使民间组织"微观焦虑"。目前，我国政府作为儿童救助第一责任人，在儿童养育、教育、治疗等宏观政策建设上成绩斐然，但也面临"什么都要管、什么也管不好"的尴尬局面。因此，鼓励社会力量参与、民间力量互助介入儿童社会救助工作就显得既紧迫又重要。近年来各种非政府组织、非营利组织乃至个人纷纷参与儿童救助工作，正发挥着拾遗补阙的积极作用。但是由于缺乏法律合法性的软环境支持，同时又缺乏与政府部门之间沟通协调的制度支撑，其无法得到政府的有效监管，更重要的是非政府、非营利组织自身服务资质堪忧，加之其规模小、效率优势不明显，最终无法赢得社会的较高认可，因此，政府部门的宏观规划与非政府组织的微观服务之间的齐头并进，社会资源与非政府组织精细传递之间的互信互馈，儿童个人需求与非政府组织专业服务之间的无缝对接，无疑将是助推西部农村特困儿童社会救助未来发展的新引擎。

第六，财政补贴支撑，西部农村特困儿童社会救助的市场运作出现"梗阻不畅"。西部农村特困儿童社会救助资金的主要来源仍是政府财政补贴，其运作方式也体现出行政规划色彩。这就导致基层社区资源供给不足，整体市场化运营水平不高，社会能够配置的资源主要来源于政府公共服务资金和

---

① 郑功成主编《中国社会保障改革与发展战略（救助与福利卷）》，人民出版社，2011，第316～342页。

社区内整合链接的有限资源,这些资源还不足以满足西部农村特困儿童的多样化、多层级需求。更重要的是,西部农村地区缺乏对现有资源的市场化运营体系,市场化水平低、成熟度不高,也欠缺运用市场化方式链接整合各类社会资源的能力,因而在儿童社会救助上缺失持续性造血功能。

第三节 西部农村特困儿童救助政策的制度创新

党的十八大以来,全国上下努力实现中华民族伟大复兴的中国梦,围绕"两个一百年"宏伟目标不断奋进。为了早日实现建成小康社会的伟大愿景,国家实行精准扶贫政策,以实现打赢脱贫攻坚战的目标。习近平、李克强、汪洋等国家领导人多次前往河北阜平、甘肃定西、湖南湘西等地区调研、考察扶贫工作。2014年,国家最终明确提出了"精准扶贫"战略,中共中央办公厅、国务院办公厅印发《关于创新机制扎实推进农村扶贫开发工作的意见》。此后,各省份积极贯彻落实"精准扶贫"战略精神,农村工作进入了一个崭新的阶段。

在精准扶贫战略背景下,西部农村特困儿童救助工作迎来了新的曙光。根据第四届反贫困与儿童发展国际研讨会《中国的儿童贫困:现状与对策》的统计,中国有16.7%的儿童处于相对贫困线以下,人数为4000多万人。其中,处于绝对收入贫困状态的儿童有1080万人。根据国务院办公厅2012年印发的《农村残疾人扶贫开发纲要(2011—2020年)》的统计,虽然已有680多万名农村残疾人得到了有效扶持,其中386万名残疾人摆脱了贫困,但1230万名农村残疾人尚未脱贫,其中特困儿童占了很大比例。因此,国家要顺利实施精准扶贫战略,必须首先确保中西部广大农村特困儿童的生活总体达到小康水平。也就是说,我们可以借助精准扶贫这股"东风",立足于西部农村特困儿童的共性需求和因困境而导致的特殊性需求,充分了解和把握西部农村特困儿童社会救助政策的特殊性,并最终通过制度创新来提升特困儿童社会救助精准度和实效性。具体而言,必然围绕精准型儿童福利制度、精确化儿童救助体系和精密化儿童服务机制等方面来进行全面创新和重点突破,确保农村特困儿童能够全面平等享受基本养育、教育、医疗、住房和康复等服务,并最终实现基本生活得到稳定的制度性保障,使自身发展状况显著改善。

一 建立健全精准型儿童福利制度

当前我国儿童救助政策框架和服务体系正从以特惠救济为主朝着普惠发展方向转变，以全体儿童的需求和发展为中心，构建一个政府、市场、社区、社会、家庭、儿童等诸要素良性互动的新型儿童福利制度。借助精准扶贫战略的东风，解决我国现行儿童救助政策的诸多结构性难题，建立健全精准型儿童福利制度无疑具有更大的可行性。精准扶贫工作的一大重心就是努力实现从传统粗放式、输血式、分散式、被动式扶贫向精准式、造血式、集中式、参与式新型扶贫模式转变，注重对贫困人口的帮助由"大水漫灌"转变为"精准滴灌"和"靶向治疗"。[①] 而当前西部农村特困儿童的救助工作最大的症结正是缺乏精准式救助，忽视儿童的多样性需求，甚至放任特困儿童及家庭"自生自灭"；缺乏造血式救助，而仅仅依靠政府的低保、五保、新医疗等有限输血，难以持续性发展；缺乏集中式资源传递，而常常依靠政府各部门、妇联、共青团、工会、残联等多方分散管理，各方爱心满满但效率低下；社会资源、非政府组织参与儿童救助发展缓慢，特困儿童对救助往往被动式接受，服务效果和质量呈现低端性和滞后性。因此，建立健全"救济+普惠+精准"型儿童福利制度是我国当前实现社会发展和转型的一件意义重大而又刻不容缓的大事。

第一，城乡一体，构建"整体普惠+精准融合"的均衡化儿童福利政策体系。建立健全"救济+普惠+精准"型儿童福利制度的首要任务就是要解决我国经济社会发展过程中长期存在的城乡二元分割的失衡发展问题，要着力改变包括基础设施、公共服务、儿童救助保障等向城市倾斜的现存政策制度问题，避免延续以城市为中心牺牲乡村的老旧模式，逐渐形成城市反哺农村，走"城乡依托、互惠互利、相互促进、协调发展、共同繁荣"[②] 的均衡化发展之路。均衡化儿童福利政策体系的建设，首先，要缩小城乡二元差距，逐步拉平城乡儿童的共性需求供给。政府主导，增加国家财政的投入，围绕儿童基础设施、医疗、教育、社会保障、就业培训等方面，逐步消除城市儿童福利政策与农村地区儿童福利之间的巨大鸿沟，逐步形成以城乡全体

[①] 杨志慧：《"五位一体"释放精准扶贫红利》，《新湘评论》2015年第1期。
[②] 张军：《推进我国城乡一体化的制度创新研究》，东北师范大学博士学位论文，2013，第5页。

儿童的需求和发展为中心的普惠型儿童福利制度。其次，精准弥合农村与农村地区之间的儿童救助差异。我国经济社会发展过程中，伴随城乡二元对立一直存在东西部发展不均衡的特点。这在儿童救助政策体系中也体现出了东部农村与西部农村儿童福利的巨大差异，甚至在广大中西部农村地区也存在老、少、边、穷地区的多维差异性。借助国家精准扶贫战略，要逐步将农村最低生活保障制度、农村五保供养制度、新型农村合作医疗制度、全国九年义务教育免费制度融入儿童救助和福利保障政策体系之中，逐步缩小农村地区内部的分级、分区、分别，形成一套惠及全体农村地区儿童的福利制度。再次，城乡互为依托，建设共生共荣的均衡化儿童服务机制。大胆突破二元分割的城乡户籍制度，广大农村地区利用土地资源、人口成本、产业发展和生态保护的广阔空间，积极吸收城市儿童救助的各种资源、技术以及专业化服务，逐步改变农村地区现存的"粗放式"儿童救助机制。最后，不断挖掘和激发农村地区儿童救助的内部潜力。不断拓宽农村地区儿童救助资金投入渠道，合理利用农村土地产权流转制度，以优惠政策吸引创业者、志愿者参与农村儿童救助工作，逐渐改变以政府财政为主的支撑现状。

第二，建设"重点救助+精准攻坚"的集中式儿童救助的主战场。2007年国务院扶贫办和财政部联合发布《关于开展"县为单位、整合资金、整村推进、连片开发"试点的通知》，2011年中共中央、国务院颁布《中国农村扶贫开发纲要（2011—2020年）》，明确将六盘山区、秦巴山区、武陵山区、乌蒙山区、滇桂黔石漠化区、滇西边境山区、大兴安岭南麓山区、燕山—太行山区、吕梁山区、大别山区、罗霄山区等连片特困地区和早先已实施特殊政策的西藏、四川藏区、新疆南疆三地州，14个集中连片特困区总共680个贫困县，作为扶贫攻坚主战场。国家财政设立的专项扶贫资金新增部分主要用于连片特困地区的区域发展和扶贫攻坚。这600多个贫困县主要分布在中西部老、少、边、穷的农村地区，经济规模小、城镇化层次低，急需国家精确整合、重点攻坚扶贫。2015年中共中央、国务院出台了《关于打赢脱贫攻坚战的决定》，再次强调"坚持精准帮扶与集中连片特殊困难地区开发紧密结合"。因此，从某种意义上讲，连片特困区实质上就是中西部农村儿童救助的集中地和主战场，要坚持"重点救助与精准扶贫攻坚"相结合，必须从"跨部门、跨省域、跨县市、跨社区"四个角度出发，进行制度创新。

首先，国家统筹，跨部门精准瞄准救助对象。当前我国连片特困区主要集中在西部地区，地区性差异以及少数民族聚居等因素导致西部农村特困儿童类型多样化，如贫困儿童、被遗弃儿童、流浪儿童、留守儿童、失依儿童、残疾儿童、受艾滋病影响儿童、大病儿童等。不同类型特困儿童的特殊性需求是不一样的。这就要求在进行儿童救助过程中必须精准瞄准救助对象，精确摸清和把握西部农村特困儿童的类型、数量、地区分布等，以确定不同类型儿童的特殊性需求。因此，国家各部委和相关部门必须统筹安排，宏观规划各项救助政策和体制，加强国家儿童政策向中西部农村倾斜，明确政府救助主体职责，建立政府主导，以社会、社区、市场为主体，特困儿童及家庭参与的多层级、网状扩散的全覆盖儿童救助支撑体系。围绕连片特困地区儿童各项权益，加强儿童福利机构的建设，推进各种儿童救助项目，建立长效、广泛、有效儿童救助机制和监管评价体系。合理分配和调拨中央专项儿童救助资金，不断提高政府部门资金、地区对口支援资金和社会各界帮扶资金精准救助的效率。积极吸收、引进国际先进救助模式，不断总结和推广东部沿海地区的宝贵经验，提升连片特困地区儿童社会救助的专业化水平，打造高效服务体系。

其次，西部开放，跨省域精准协作，实现资源共享。进一步深化西部大开发战略，不断提高连片特困区的开放度，把儿童救助的"暗斑、泪点、难言之痛"主动透露给外界，加强对外宣传，积极引导外界社会组织、志愿者、爱心人士了解、关注和支持特困儿童救助工作。以彝族地区特困儿童救助为例，项目组在实地调研访谈过程中了解到，彝族地区紧挨云南边境线，由于贫困，有些人贩毒、吸毒，导致失依儿童和受艾滋病影响儿童数量不断攀升。因此，应借助宣传报道，让外界社会组织、社会工作者、相关专业人士投入彝族特困儿童救助中来。与此同时，要不断拓宽社会救助资源渠道，改变过分依赖国家财政的弊端，畅通社会捐赠通道，打造便捷、透明、高效的儿童救助资源平台。借助东部支援西部的机遇，主动学习和引进东部发达地区的儿童救助技术、项目、资源，鼓励和引导更多的社会组织、志愿者、专业服务人员关注连片特困地区特困儿童救助工作，全面提升特困儿童救助专业化和现代化水平。

再次，区域开发，跨县市精准满足多维需求。西部农村特困儿童享有生存权、受保护权、参与权和发展权，但总体而言，特困儿童的生存权实现程度不尽如人意、受保护程度不够、参与能力低、发展动力不足。我国已有的14个连片特困区在自然条件、经济发展水平、社会发展水平和公共服务等方面存在诸多共性，但也具有各自独特的优势。紧紧围绕精准扶贫攻坚与区域开发相结合，各县市之间资源互补，重点围绕绿色生态产品、地域民族文化项目以及特色旅游产业等，不断挖掘自身发展的优势和潜能，增加自身的经济总量，提升经济社会发展水平。在此基础上，加快对儿童救助基础设施的升级，不断改善儿童教育、医疗、康复、培训中心等各类设施，不断改善机构托养、家庭寄养、亲属抚养的儿童安置环境，在条件允许的情况下，不断扩建各类儿童游戏、休闲、娱乐设施，逐步提高特困儿童基本生活保障金的额度，提高儿童养育、教育、治疗、康复、培训等各项权益的保障标准，精准提供以儿童全面发展为中心的各项需求和保障。

最后，城镇集中，跨社区精准介入救助机制。重点建设和打造小型城镇，依托城镇现代化便利条件，通过局部资源聚集的方式，不断建设和改进特困儿童救助机构，打造适宜儿童的生存和发展空间。针对不同类型的困难儿童及其多样性需求，建立精准细致的儿童信息数据库和测评体系，随时掌握和了解特困儿童的现实需求，及时吸收和利用有利资源，精准高效介入特困儿童救助工作。加强基层社区的管理，提高服务水平，鼓励乡村教师、医生、大学生村官等群体参加社工培训、进修，引进、吸收一大批志愿者或专业社工人员，打造一支了解农村、服务农村的专业化社工队伍，对特困儿童进行精准指导和援助。

第三，到村到户，建立"定向救济+精准帮扶"的常态化基层儿童救助新模式。按照国家对精准扶贫的基本要求——"六个精准"（即扶贫对象精准、项目安排精准、资金使用精准、措施到户精准、因村派人精准、脱贫成效精准）的阐释与规定，各地在贯彻落实的过程中强调"整乡推进、到村到户"，其基础在于对扶贫对象精确瞄准、识别："县为单位、规模控制、分级负责、精准识别、动态管理。"[①] 因此，借助参与式"整乡推进、到村到户"的各项措施的贯彻落实，建立精准化、常态化基层儿童救助新模式具有极大的便利。一方面，"定向救助"将变得更为高效、便捷。通过对救助儿童群体的精准识别，对不同类型儿童救助标准和档次进行"建档立卡"，对儿童不同层次需求进行"分类施策"，"精准滴灌"将成为现实。另一方面，对困难儿童家庭的精准帮扶将更加细致和有效。通过政府帮扶到村、干部结对到户，将更加细致地了解困难儿童家庭的具体情况和需求，可以有针对性地将救助资源、民生项目、技术指导、教育培训等精准救助到户，并最终形成常态化基层精准儿童救助新模式，实现"精准滴灌"和"靶向治疗"的终极设想。

---

① 公衍勇：《关于精准扶贫的研究综述》，《山东农业工程学院学报》2015 年第 3 期。

二 构建精确化儿童救助体系

近年来,随着国家对社会民生问题的关注,农村特困儿童救助和保障工作进展顺利,尤其是伴随着国家精准扶贫战略的实施,更多的资源、保障、服务项目成为农村特困儿童群体的福音。但是也逐渐暴露出一些深层次问题,诸如特困儿童救助主体多元但协同联动不够,政府宏观救助机制不够完善,非政府、非营利社会组织微观参与体系薄弱,专业性服务水平低;作为救助对象的特困儿童群体差异性大,精准识别难度大,困难儿童及家庭参与度不够;社会救助的技术、项目、资源以及内容繁多,但缺乏精准分类管理,无法发挥可持续性发展"造血"常态效应;对相关救助工作的监管和考核形式单一,没有形成长效、动态评价机制……因此,必须着眼于资源整合聚集、多元主体协同,以农村特困儿童及家庭为中心,由政府主导,基层教育部门、企业、非政府组织、志愿者等多方参与,构建"特困儿童及家庭—政府—社区—市场—社会组织"五方联动的精确化儿童救助体系。

第一,政府层面,要充分发挥作为特困儿童救助"第一责任人"的主导作用。立足于"救济+普惠+精准"儿童救助理念,重视以基层教育部门为组织基础建立协调中心,从宏观层面科学规划和制定精确的儿童救助政策,如通过制度性的营养餐计划、义务教育制度等,加大对儿童的保护力度。增强服务型政府责任意识,革新、完善特困儿童救助相关体制、加强政策法规建设,着眼于儿童福利的长远目标,围绕儿童的多样性需求和全面发展这个中心,最终提升特困儿童的福利供应效率。积极搭建和构筑特困儿童救助网络、五方联动合作平台,积极培育农村基层社区自治组织参与儿童救助的土壤,不断完善和扩展非政府组织参与儿童救助和服务的政策尺度及活动空间。在资源宏观配置过程中,遵守市场化运作方式,通过招标、政府购买等形式,将有限的资金、技术、服务等精确地投放到最需要的地方,从社会治安、民生保障、生态安全等宏观层面提升政府的公共服务质量,为特困儿童及家庭提供相应的制度保障。在具体的救助操作过程中,以基层教育部门为组织基础的协调中心,协调各方主体行为,管理特困儿童社会救助的全过程。

第二,社区层面,要充分发挥作为特困儿童救助"第一执行者"的主体作用。农村基层社区组织的村民自治委员会和村级干部,既是将国家救助政策自下而上落实到村到户的具体执行者,同时也是收集、整理、上报特困儿童及家庭信息首要的"中转轴",是横向协助、引导村民群众参与特困儿童救助工作的"联络员",当然也是接洽、引入民间社会组织、志愿者组织实现有效救助的"引路人",是沟通政府管理、村民自治和民间社会组织等不可或缺的"中介"。因此,农村基层社区要立足农村特困儿童及家庭的实际状况,协助协调中心建立精确化特困儿童基础数据信息库,精确瞄准特困儿童及家庭的多维需求,灵活地参与制定特困儿童及家庭救助的精确指标体系,围绕政策宣传、社区治安、矛盾纠纷、生态环境、人口生育等方面助推特困儿童救助工作。

第三,社会层面,要充分发挥作为特困儿童救助"主要参与者"的作用。有关儿童救助的非政府组织、民间团体、志愿者组织要充分发挥其公益性、专业性特征,从微观层面,对政府救助政策和措施进行"查漏补缺",积极参与政府的儿童救助项目的竞标或相关购买服务,提供专业咨询、培训等服务,有效评估、监督各种资源、项目在特困儿童救助中的效率和实施情况,及时向政府反馈相关问题,并提出可行性对策。非政府组织更容易精确瞄准特困儿童及家庭的多维需求,通过专业的需求评估,制定具体目标、投入项目,有层次、持续推进特困儿童救助工作。非政府组织更容易实现"靶向治疗",借助专业化的研究机构和人员,对诸如残障儿童、受艾滋病影响的儿童、大病儿童等群体进行专项救助,如中国红十字会直接瞄准白血病儿童,建立"小天使基金会",定向救助有此类需求的特困儿童。非政府组织更方便强化对特困儿童救助技能的培训,不仅涉及儿童救助的专业人才培训,而且对特困儿童就业技能培训也有诸多优势。

第四,市场层面,要充分发挥作为特困儿童救助"优质配置者"的作用。单纯依靠政府的行政行为从事扶贫、救助工作,只能是"大水漫灌"、效率低下,这种短期"输血式"扶贫早已饱受批评,其根本原因在于政府对公共服务领域垄断、缺乏竞争。借助精准扶贫战略的"造血"机制,银行、金融、保险等机构要发挥市场优质配置资源的作用,从救助手段、方式和内容等角度,协助政府提高特困儿童服务质量,提高服务的效率和活力,降低特困儿童社会救助的成本。一是要拓宽筹集救助资金渠道,运用市场配置的灵活性,充分吸收各种市场资源与社会资本,缓解政府公共财政的压力,从财力上解除西部农村特困儿童救助的后顾之忧,并利用农村土地流转、人口资本等市场化运作方式实现经营收益。二是通过市场化方式实现特困儿童专业技术服务的升级。围绕儿童救助的基本设施、养育、教育、医疗、康复、就业培训等方面,集中调集相关专业技术,不断提高特困儿童救助的服务质量和专业化水平。三是充分发挥市场公平竞争机制参与政府购买项目的招投标作用。借鉴国内外多样化市场运作模式，利用公开、公正、透明的招投标机制，参与政府各种救助项目集中采购、合同外包、政府特许经营或公共服务凭单等市场化行为，最终实现特困儿童救助资源的集中、优质配置。

第五，救助对象层面，要积极发挥特困儿童救助"主要需求者"的效用。特困儿童及其家庭作为国家扶贫救助的主要对象，要改变以往被动式的"等、靠、要"的观念，积极利用国家精准扶贫战略，主动参与"精准识别、精准帮扶、精准管理、精准考核"[①]，配合村级组织和干部的工作，及时反馈各自的现状及多维需求，协助建立特困儿童基础数据信息库。主动加入政府、基层教育部门、社会、社区、市场多方联动协同的精准帮扶体系，积极参与各种教育培训活动，选择适合的项目、技术等实现自身的长效"造血"，自力更生并最终摆脱特困、被救助的境遇。提高公民教育的主动性，充分利用国家现有的公民参与机制，如人民代表制、民主协商、村民自治、政务公开、民意调查等形式，协助人大、政协、工会、新闻媒体等单位、机构充分发挥精准考核、监督和信息反馈等功能。坚决维护自身的利益保障，确保多方联动的精确化特困儿童救助体系的公正性。

三 创新完善精密化儿童服务机制

西部农村地区是我国贫困率最高的区域，也是贫困儿童、留守儿童、孤儿、流浪儿童、受艾滋病影响儿童等庞大特困儿童群体集中区。更重要的是，很大一部分西部农村特困儿童是少数民族儿童，在医疗、教育等各方面的需求具有多样性、差异性，这与特困儿童群体的民族性、特殊性紧密相关。因此，借助精准扶贫，不断创新完善精密化儿童服务机制，必须正视特困儿童的民族性，解决特困儿童社会救助的特殊性难题。

中央在推进精准扶贫战略部署时，对具体的实施途径和方法有一个集中表述，即"五个一批"和"五个坚持"。所谓"五个一批"就是：发展生产脱贫一批、易地扶贫搬迁脱贫一批、生态补偿脱贫一批、发展教育脱贫一批、社会保障兜底一批。在此基础上，坚持走统筹扶贫、精确扶贫、开放扶贫、造血扶贫、生态扶贫的创新之路。无疑这两个主导方针和原则对创新完

---

① 葛志军、邢成举：《精准扶贫：内涵、实践困境及其原因阐释——基于宁夏银川两个村庄的调查》，《贵州社会科学》2015 年第 5 期。

善特困儿童服务机制具有积极的指导意义,我们必须围绕高效率组织、全覆盖保障、多渠道传递、多样化造血和专业化参与等方面进行积极实践和探索,总结成效经验,创新完善精密化儿童服务机制。

第一,高效率组织,制定具有地域特色的救助政策体系。明确政府社会救助主体责任,强化服务型政府功能,依托精准扶贫战略,不断健全特困儿童社会救助的行政体系。从纵向层面,中央到地方自上而下明确精准救助的部门、结对到村到户的干部,并根据相关工作需要设置岗位、明确职责,健全特困儿童救助管理体制。从横向层面,加强农村基层社区管理体制建设,提高村民自治组织的工作效率,通过精确瞄准等,结合农村实际,配备专职专人的特困儿童救助公益岗位,落实办公场地,配备必要的办公设施、经费,改善特困儿童基层救助工作环境。在此基础上,政府主导,加强对残联、聋哑人协会等专门协会的分类管理,充分发挥这些专门协会、行会在儿童救助培训、治疗、康复等方面的积极作用,并完善和健全相关管理、评价和考核机制,保障基层特困儿童救助工作顺利开展,形成动态社会救助参与机制。

因此,在西部少数民族农村地区的政府和各职能部门除了要执行中央和各部委制定的救助政策外,还要根据本地的实际情况,制定切实可行的救助政策。本课题在实地调研过程中认为四川省凉山彝族自治州等地方政府的做法值得借鉴、推广。为了解决特殊困难儿童基本生活,教育、医疗等问题,四川省凉山彝族自治州州委、州政府先后制定出台了一系列针对以彝族特困儿童为主体的专门性救助政策,如《关于切实做好特殊困难儿童救助工作的通知》《凉山州特殊困难儿童救助管理实施办法(试行)》《关于进一步加强"特殊困难儿童"援助保障工作的意见》《关于进一步加强我州孤儿救助保障工作的实施意见》等。这个专门性的、具有地方特殊性的救助政策体系包括特困儿童救助原则、范围、标准、程序、工作职责、资金筹集等,在具体实施过程中成效显著。

第二,全覆盖保障,精准对焦特困儿童多维需求。政府主导,进行精准帮扶救助,通过社会保障兜底的方式实现特困儿童基本生活、教育、医疗、住房等方面的全覆盖,不断探索对特困儿童家庭精确援助、指导、补贴的长效机制。在此基础上,协同财政、金融、保险、慈善基金等部门和组织,强化特困儿童救助资金保障,重点围绕特困儿童康复中心、托养中心、教育培训中心等基础设施的建设,以儿童多维需求为中心,打造全方面、全覆盖保障体系。

近年来，西部少数民族地区对于特困儿童群体救助的范围不断扩大，借助已有条件，以政府社会保障兜底为主，不断吸收社会资源，使越来越多的困难儿童群体受益。西藏自治区人民政府制定《关于全面推进五保集中供养和孤儿集中收养工作的意见》，全面推进拉萨市五保集中供养和失依儿童集中收养工作，2015年四川省甘孜藏族自治州政府印发《甘孜藏族自治州社会救助实施办法》；2012年湖北恩施土家族苗族自治州印发《恩施州2011—2020年妇女儿童发展规划编制工作方案》，2014年黔东南苗族侗族自治州印发《关于在全州开展适度普惠型儿童福利制度建设试点工作的通知》；2015年贵州省政府制定《关于进一步加强留守儿童困境儿童关爱救助保护工作的实施意见》，计划在农村新建1000个标准化农村留守儿童之家。

第三，多样化造血，进一步提升对特困儿童服务的质量。以市场需求为主，通过市场化运作方式，根据农村经济社会发展的实际，遵守"宜工则工、宜农则农、宜商则商、宜游则游"的原则，充分挖掘广大农村水果、茶叶、蔬菜、中草药、经济林木、农林牧渔、青山绿水、地理人文等方面的便利和优势，重点扶植和打造特色支柱产业，形成对特困儿童救助工作的长效"造血"支撑体系。借助科技扶贫途径，不断提高特困地区产业、产品的科技含量，依托"互联网＋"创新模式，不断进行特困地区产品的展示、宣传和推广工作，形成品牌效应，并最终推动各类特困儿童社会救助平台建设。

近年来，四川藏区利用独特的高原风光，充分发挥水利、矿产、地热温泉、藏家文化等优势，打造高原特色旅游，通过藏区旅游产业发展，带动农村经济和社会发展。四川乐山市峨边彝族自治县以彝族新寨建设为重心，与"黑竹沟百里旅游文化长廊"相结合，打造特色彝族村落旅游项目，广大农村地区受益颇多。贵州、内蒙古、重庆、广西等地均围绕民族地域特色，有针对性地实施精准扶贫举措。这些政策、举措的有力实施推进、加快了广大少数民族地区农村经济与社会的发展，也在无形之中给民族地区特困儿童的救助带来资金、技术、项目等支持，越来越多的儿童救助资源向西部农村地区聚集，特困儿童救助的造血功能得到了强化，儿童救助服务质量明显提升。

第四，专业化参与，打造多元、高效特困儿童救助平台。重点推进特困儿童精密化服务工程，围绕特困儿童教育、医疗、康复、就业培训等方面打造相关服务工程，以民政部门为主，依托城乡各级儿童福利院，吸收社会有限制资产建立特困儿童托养、照料中心，完善农村基层社区集中服务体系；以民生改善为指导理念，依托各级康复中心、机构，打造和完善特困儿童多层次康复服务网络体系；以特殊教育为主体，不断探索文化学习、艺术娱乐、职业培训等一体化的特困儿童教育服务体系；以回归社会正常化为宗旨，依托各级创业就业基地、孵化园，制定合理优惠创业就业政策，吸收各种社会资源，开展按摩、种植、编织、烹饪等专业实用性强的各类培训，制订科学、可行的特困儿童就业培训计划，增加各种公益岗位的就业机会，解除特困儿童就业创业的后顾之忧。

第九章

西部农村残障儿童社会救助

本书将特困儿童界定为"未足十八周岁,由于生理性或社会性原因,生存权、受保护权、参与权和发展权没有得到保障而陷入特殊困境之中的未成年人",包括残障儿童、艾滋病儿童、孤儿等类型。在此,特以残障儿童社会救助为例,进行社会工作介入的研究,以作为本书内容具有普遍应用性的印证。

第一节 西部农村残障儿童现状与需求

一 西部农村残障儿童现状

(一) 西部农村残障儿童基本情况

根据《中国残疾人事业统计年鉴2014》公布的统计结果,截至2013年12月31日,全国各地残联办理的残疾人证的总数为2812万人,其中0~14岁的残疾儿童总数为78.6万人,[①] 我国在2007年5月发布了全国第二次残疾人抽样调查公报,根据公报中所呈现的主要数据可以发现,我国有约3/4的残疾人生活在农村地区,同时,通过课题组的实地走访调查也发现:生活在农村的残疾人很大一部分处于家庭贫困状态,也就是说,截至统计之日,全

[①] 中国残疾人联合会编《中国残疾人事业统计年鉴2014》,中国统计出版社,2014,第42页。

国办理了残疾人证的农村贫困残疾儿童总数约为 59 万人。

而西部各省份农村地区持有残疾人证的贫困残疾儿童约为 18.9 万名，占全国农村贫困残疾儿童总数的 32%。其中四川省约有 4.4 万名，占该省持证残疾人总数的 2.2%；重庆市约有 1.7 万名，占该市持证残疾人总数的 2.2%；贵州省约有 2.8 万名，占该省持证残疾人总数的 3.4%；云南省约有 3.2 万名，占该省持证残疾人总数的 2.9%；陕西省约有 1.5 万名，占该省持证残疾人总数的 1.1%；甘肃省约有 1.7 万名，占该省持证残疾人总数的 2.7%；西藏自治区约有 0.5 万名，占该区持证残疾人总数的 7.1%；青海省约有 0.6 万名，占该省持证残疾人总数的 4.2%；宁夏回族自治区约有 0.7 万名，占该区持证残疾人总数的 3.2%；新疆维吾尔自治区约有 1.9 万名，占该区持证残疾人总数的 4.3%。[1]

（二）西部农村残障儿童接受社会救助的现状

1. 2013 年接受康复医疗救助情况

（1）视力残疾康复救助：西部农村贫困残障儿童接受免费手术的约为 7.7 万人，接受低视力配用助视器者约为 2.5 万人，接受盲人定向行走训练的约为 1.8 万人。

（2）听力语言残疾康复救助：2013 年初，西部农村贫困残障儿童接受听力语言残疾康复的人数为 0.5 万人，2013 年新收训聋儿 0.4 万人，总共在训聋儿为 0.9 万人；2013 年共有 0.23 万名西部农村残障儿童接受了国家项目救助（含人工耳蜗救助和助听器救助两项），0.11 万人接受了地方项目救助。

（3）肢体残疾康复救助：2013 年共有约 1.6 万名西部农村贫困残障儿童接受了肢体残疾康复训练，约有 0.18 万名残障儿童接受了贫困肢体残疾矫治手术。

（4）智力残疾康复救助：2013 年，共有约 1.48 万名西部农村贫困残障儿童接受了智力残疾康复训练。

（5）孤独症儿童康复救助：2013 年，西部地区各类机构中在训的孤独症儿童总计 0.25 万名，农村贫困孤独症儿童接受康复训练救助的约为 0.11 万名。[2]

---

[1] 中国残疾人联合会编《中国残疾人事业统计年鉴 2014》，中国统计出版社，2014，第 42 页。

[2] 中国残疾人联合会编《中国残疾人事业统计年鉴 2014》，中国统计出版社，2014，第 49～81 页。

2. 2013 年接受教育救助情况

近年来，随着国家对残疾人教育的重视，西部各省份的残疾人教育工作都得到了很好的推进，残疾人教育环境得到了极大的改善，残疾人的受教育权得到了更好的保障，重点在实施残疾人事业专项彩票公益金助学项目，为家庭经济困难的残疾儿童享受普惠性学前教育提供资助，同时严格执行义务教育阶段的残疾人特殊教育政策，全面实行"两免一补"政策，提高适龄残疾儿童入学率。

（1）学前教育阶段：2013 年，西部地区利用残疾人事业专项彩票公益金助学项目，共资助 0.17 万名 0~6 岁农村地区贫困残疾儿童参加学前教育阶段的教育；其他残疾儿童学前教育助学项目资助 0.2 万名。

（2）义务教育阶段：根据《中国教育统计年鉴》公布的年度统计数据，截至 2013 年，西部地区农村共有义务教育阶段特殊教育学校 32 所，占西部地区义务教育阶段特殊教育学校总数的 8%，其中青海和宁夏在农村地区没有特殊教育学校；未入学西部地区农村适龄贫困残疾儿童约为 2.1 万名。①

二 西部农村残障儿童需求

（一）基本生存的需求

每一个人都有要求保障自己生存的权利，人为生存而在生理方面的要求是最原始的、最基本的需要，如衣食住行等。农村贫困残障儿童因自身的生理特点和所处的社会环境等因素，其基本生存需求除了与健全儿童相同的温饱需求和住房需求等基本方面外，还包括他们为生存所需的医疗康复需求等。温饱需求：西部地区本就与经济较发达地区经济水平差别较大，而农村地区的收入水平又较城镇收入水平低，同时，农村贫困残疾儿童自身还没有正常就业或获得收入的能力，而且其家庭本来就已经处于贫困状态，再由于残障儿童的特殊性，他们不可能完成自我的照顾，因此绝大部分残障儿童都需要家庭成员一直伴随、照顾他们，这减少了家庭的收入来源，低收入水平造成家庭生活贫困，而且农村贫困人口的总体比例还比较高，解决家庭的温饱问题成为这些残障儿童最基本的需求之一。医疗康复需求：残疾儿童的健

---

① 中华人民共和国教育部发展规划司编《中国教育统计年鉴 2014》，人民教育出版社，2014，第 608 页。

康状况注定不如健全儿童,特别是有医治希望或通过康复训练能改善残疾状况的残疾儿童,他们的家庭需要花巨额费用进行治疗和康复训练,因此他们的医疗需求要远多于健全儿童。

(二) 安全的需求

西部农村贫困残障儿童对自己的人身安全和健康安全等方面的需求是其安全需求最集中的体现。首先,自身健康不仅是指身体与肢体上的完整与健康,还指精神上的健康状态,残障儿童因自身残疾而很容易受人歧视,这引起残障儿童的自卑与孤独感,由此产生的焦虑导致其安全感缺失,进而对他们的心理健康造成极大的影响,农村贫困残障儿童的健康安全需求就是他们在生理或心理等方面出现不健康的状态时,能看得起病,能得到及时有效的治疗。其次,残障儿童反抗能力弱,在遭遇对人身安全造成严重影响的事件时,其权益很难得到保障,而且在近年的报道中还出现了部分直接针对残障儿童的非法事件。但在残障儿童的照顾与保护方面,由于家庭原因,家庭成员在照顾他们的同时还面临严峻的生活压力,致使他们将很大的精力放在工作上,因此对贫困残障儿童的照顾与保护难以得到保证,残障儿童由此产生的安全需求日益增强。

(三) 社会交往的需求

贫困残障儿童作为社会中的一员,他们的社会性仍然是其本质属性之一,他们无法脱离社会而孤立生存,因此社会交往是其需求之一。残障儿童的社会交往需求包括对情感和社会归属感等方面的需求。首先,在情感的需求方面,他们渴望像健全人一样与身边的人融洽交往,在参与社会活动时得到全体平等的对待,并希望通过广泛地参与各种各样的社会交往活动来增进对身边所有人的了解,与其建立友谊,更好地融入社会中。其次,在社会归属感的需求方面,贫困残障儿童作为社会中的一员,不希望因自身是残疾人,而且家庭经济贫困,就被认为社会地位低下并被社会所抛弃或孤立,他们更希望社会能更深入地理解他们所面临的困难并得到更多的关心与包容,甚至希望能随时得到周边大众的帮助与支持,使其社会存在感得到最大程度的满足。

(四) 受尊重的需求

受到社会的尊重,受到身边每一个人的尊重,是每个人都希望的。残疾人在受尊重方面更敏感，他们较健全人在受尊重方面具有更高的需求。残疾人会由于自身的缺陷而变得较健全人具有更强的自尊心，他们对别人的看法非常敏感，更在意身边人对他的看法，怕受歧视的程度很高。残疾人受尊重的需求需要大家共同去满足。

（五）受教育的需求

每一位现代公民都有受教育的需求，这也是每一个人应该享有的最基本的权利之一，不能被任何理由所剥夺，国家应承担起保障的主体责任，应给予所有人接受教育的平等机会。《中华人民共和国宪法》为保障公民的受教育权做出了明确的规定，要求保障公民受教育的基本权利，其中自然也包括残疾人。我国为进一步保障残疾人接受公平教育的权利，在颁布的《中华人民共和国残疾人保障法》里面也做出了进一步的强调。残障儿童作为身心有缺陷的未成年人，生存面临巨大的压力，可以说是弱势群体中的弱势群体，因此在受教育权的保障中，他们也应该是主体中的主体，更需要重视和保护。

（六）接受医疗与康复训练的需求

根据研究，0~6岁是儿童发展的关键期，在这个特定的阶段，儿童的心理能够获得迅速显著的发展，这个过程是儿童学习知识、掌握技能、发展能力和形成个性的重要时期，一旦错过了儿童发展的关键期，即使以后儿童还能得到一定的发展，其发展速度和能取得的成果都远远赶不上在该特定时期的发展速度和能取得的成果。

残障儿童在0~6岁同正常儿童一样处于生长发展阶段，残疾只是限制了他们的身心发展的速度和水平。如果残障儿童在0~6岁能接受及时、有效、持续的治疗与康复训练，生理和心理上的缺陷能够得到很好的补偿，发展潜力能够得到有效激发，可以获得良好的康复效果，有效提升健康状况、自身发展水平和回归社会的可能性。因此，0~6岁是残疾儿童接受康复训练的黄金时期，他们对接受专业、及时、持续的医疗与康复有极大的需求。[①]

[①] 刘全礼、王得义、雷江华等：《中国特殊教育发展报告2013》，中国轻工业出版社，2015，第19页。

第二节 西部农村残障儿童社会救助实践与缺陷

一 西部农村残障儿童社会救助政策

（一） 我国针对残障儿童的普惠性社会救助制度不断健全和完善

我国针对残障儿童的普惠性社会救助制度随着我国相关立法、政策和社会保障体系的完善而不断健全和完善。

首先，《中华人民共和国宪法》中就残疾人权益保障的相关条文的表述，体现了国家对残疾人权利保障的基本态度，在第四十五条中有明确的表述，"丧失劳动能力的情况下，有从国家和社会获得帮助的权利"，国家有为残疾人能享受相关权利而发展、完善对应的保险、救助和医疗事业的义务，同时必须拉动社会其他主体共同帮助安排残疾人参与劳动、保障生活和接受教育。

其次，我国也依据《中华人民共和国宪法》的相关规定，在残障儿童合法权益的保障、平等权利的保护、救助政策的落实等方面制定了明确的、有针对性的法律和规定，如《中华人民共和国义务教育法》《中华人民共和国未成年人保护法》《中华人民共和国收养法》《中华人民共和国公益事业捐赠法》等。

在针对残疾人保障的专项法规方面，以《中华人民共和国残疾人保障法》实施为起点，为不断推进我国残疾人社会救助事业的发展，多项保障残疾人合法权益的专门法律、法规和政策先后制定并出台，这一系列专门法律、法规和政策共同明确了残疾人应享有的权利、应尽的义务，当然也包括对西部农村残障儿童的权益保障与社会救助。

一是《中华人民共和国残疾人保障法》，它是我国第一部针对残疾人权益保障的专门法律，由全国人大常委会于1990年12月通过。这部法律的根本宗旨是保障残疾人能平等地参与社会生活，为实现该宗旨，这部法律明确了残疾人在参与社会生活时应享的权利和应尽的义务，也详细规定了国家、地方政府、社会各相关团体在保障残疾人权益等工作中应履行的责任；该法律还在确立残疾人联合会法律地位的同时，明确了残疾人事业各个领域的指导原则、工作方针、发展途径和重大措施。整部法律作为公民的行为规范和发展残疾人事业的法律依据，充分体现了社会主义的人道主义精神和中华民族的传统美德，反映了当代社会文明和社会主义制度的优越性。它的出台对维护残疾人的合法权益、保障残疾人的平等权利具有非常重要的作用，成为我国关于残疾人和残疾人事业的基本法律。

二是《残疾人教育条例》，于1994年由国务院颁布实施，正式明确了残疾人教育是国家教育事业的组成部分。这部法律明确指出，我国对残疾人的教育应以普及性教育为重点，并与提高教育水平相结合；一方面，对各阶段的教育事业发展提出明确导向，要以义务教育和职业教育为发展的重点，不放松学前教育，逐步推进高级中等以上教育的发展；另一方面，对残疾人教育开展的具体形式进行指导，应根据残疾人具体的残疾类别和接受能力，确定普通教育方式（随班就读）或者特殊教育方式（就读特校、送教上门），要充分发挥普通教育机构，特别是义务制教育阶段学校在进行残疾人教育中的作用。该法律中的第二章"义务教育"和第四章"学前教育"中，也专门就残障儿童受教育的权利和贫困残障儿童的教育救助做出了明确的规定。

三是《中国残疾人事业"十五"计划纲要》，于2001年由国务院批转，在该计划纲要的基础上，同时配套了针对残疾人的用品用具供应服务、康复训练与服务、职业教育与培训、就业工作、体育工作、社区工作、组织建设和针对残疾人事业的文化宣传工作、无障碍设施建设、信息化建设、法制建设等方面的实施方案，为"十五"期间的残疾人事业明确了发展目标和工作措施。该纲要也对残障儿童的康复、医疗等方面的保障与救济进行了相应的部署。

四是《关于进一步加强扶助贫困残疾人工作的意见》，于2004年由民政部等11个部门拟定，并由国务院办公厅转发。在该意见的推动下，我国卓有成效地开展了扶助贫困残疾人的工作，着力满足大量残疾人最迫切的需要，同时也直接推动了第二次全国残疾人抽样调查和残疾人保障法修改工作的启动，为促进我国残疾人事业发展提供了翔实的数据。

五是《残疾人事业专项彩票公益金康复项目实施方案（草案）》，于2006年由国务院残疾人工作委员会秘书处发布，该方案源自中央财政，在2006～2010年，从国家彩票公益金中拨出51097万元，推进残疾人康复事业发展，加大救助力度。

六是《关于促进残疾人事业发展的意见》，于2008年由中共中央和国务院发布。在意见中明确了农村残疾人以参保"新农合"的形式落实医疗保障制度，完善残疾人医疗政府补贴政策，满足残疾人的医疗需求，救助重点是残疾人中的经济困难者；同时要求优先安排并保障残障儿童的抢救性治疗和康复训练及所需经费的补助；意见专门提出要在彩票公益金的使用宗旨范围内，逐步增加残疾人事业支持经费，重点做好残疾老人和残障儿童的福利服务。意见还鼓励发展残疾人教育，逐步解决各类残障儿童，尤其是残障儿童的教育问题。

八是《关于加快推进残疾人社会保障体系和服务体系建设指导意见的通知》，于2010年由中国残联等部门拟定，由国务院办公厅转发。该通知对残疾人社会保障和服务两大体系建设的重要意见做了强调，同时也提出了要加强残疾人社会救助的明确表述，包括低保的纳入、临时性生活救助、医疗救助和康复救助等方面。

九是《残疾人事业专项彩票公益金康复项目实施方案》，于2012年由国务院残疾人工作委员会秘书处发布，为落实《中国残疾人事业"十二五"发展纲要》中对残疾人康复项目的任务，中央财政于"十二五"期间安排专项彩票公益金支持地方继续实施"残疾人事业专项彩票公益金康复项目"，该方案较上一阶段的方案，除了制定了针对贫困残疾人的普惠性救助措施外，还专门拟定了针对贫困残障儿童的救助政策，"十二五"期间总计安排4.5亿元用于对3.75万名贫困智力残疾儿童进行系统康复训练。

十是《关于加强残疾人社会救助工作的意见》，于2015年由中国残联拟定。该意见就落实残疾人的社会救助，保障贫困残疾人的基本生活，促进残疾人的全面发展，实现残疾人与全国人民共奔小康提出了有针对性的意见：一要切实采取措施，保障残疾人基本生活，逐步改善特困残疾人供养条件，切实解决残疾人因受灾、意外而出现的临时性困难；二要加大保障力度，提高针对残疾人医疗、教育、住房、就业等方面的专项救助水平；三要坚持政府主导，加强组织领导，健全残疾人社会救助长效机制。

十一是"七彩梦行动计划"，于2011~2015年由中国残联主导开展。该计划是由中国残联主导、使用中央财政专项补助资金支持地方具体组织实施、针对残障儿童开展的救助计划，救助的重点是贫困家庭中的残障儿童，优先资助城乡低保家庭的残障儿童。

（二）西部各省份制定了各自的救助政策

近年来，西部各省份结合本省份残疾人的具体情况，制定了各自的救助政策，其中绝大部分适用于农村残障儿童的救助。

1. 四川省出台的涉及农村贫困残障儿童的部分救助政策

2010年，四川省出台了《残疾人事业专项彩票公益金助学项目》，该项目是依据中国残联制定的《残疾人事业专项彩票公益金助学项目实施方案》

的具体要求，结合本省残疾人事业发展的实际情况拟定的。该项目中确定的救助对象为城乡家庭经济困难的义务教育阶段残疾儿童、少年，包括未入学适龄残疾儿童、少年和已在校（政府开办的特教学校、普通学校附设特教班和随班就读）的残疾学生，救助标准确定为走读生每人每年300元，寄宿生每人每年900元。

2012年，《四川省农村残疾人扶贫开发纲要（2011—2020年）》由四川省人民政府公布，该纲要主要针对农村贫困残疾人的救助与扶贫，其中除了普惠性的条款外，也有明确针对农村残障儿童救助方面的内容，包括"教育"和"托养"两个方面，其中在教育方面是要在2015年实现农村适龄残障儿童义务教育入学率在90%以上，并确保没有任何残障儿童或残疾人家庭的子女因贫困而失学，同时积极发展学前康复教育、残疾人职业教育、普高和残疾人高等教育，在2020年实现各地市和30万人以上、残疾儿童较多的县级都要建有一所特殊教育学校，农村残障儿童和残疾人家庭子女受教育状况达到当地平均教育水平的目标；在托养方面是要在2015年初步建立起农村残疾人托养服务体系框架，其中，在连片特困地区以居家托养为重点，在其他地区全面推动机构集中托养、社区日间照料和居家服务同步发展，推动残疾人托养服务工作较快发展，在2020年实现农村残疾人托养服务体系逐步完善，托养服务水平进一步提高。

2. 重庆市出台的涉及农村贫困残障儿童的部分救助政策

2012年，重庆市残联制定了《残疾儿童康复救助"七彩梦行动计划"重庆市实施办法》，该办法是重庆市针对贫困残障儿童康复救助的重要政策，重点是低保家庭的贫障儿童；办法中对不同类别的残障儿童类型拟定了详细的资助范围和资助内容，如针对听力语言障碍的贫困残障儿童，主要是为需要做人工耳蜗手术的残障儿童提供人工耳蜗，对手术及术后的调机和训练经费给予补贴；为需要配助听器的听障儿童提供助听器，对康复训练经费给予补贴；为脑瘫儿童配矫形器并补贴康复训练费用；针对孤独症儿童则补贴康复、训练费用；针对需要辅助器具的贫困残障儿童，为其装配假肢矫形器、适配辅助器具并给予补助。

2015年，重庆市发布的《关于将部分医疗康复项目纳入医疗保险基金支付范围的通知》中，为参加城乡居民合作医疗保险的农村贫困残障儿童接受运动治疗、脑瘫肢体综合训练、认知知觉功能障碍训练、言语训练等9类康复训练提供更好的保障。

3. 云南省出台的涉及农村贫困残障儿童的部分救助政策

2012年云南省公布了《云南省残疾人保障条例》，专门细化了针对贫困残障儿童的救助问题，如条例第十二条就明确要求各县级政府必须在社会基本医疗保险中纳入国家规定必须纳入的残疾人医疗康复项目，如果残疾人因经济困难而无法缴纳社保个人承担部分的费用或者无法参加康复训练、购置辅助器具等时，则政府应给予相应的资助或补贴，还应为6周岁以下残疾儿童免费提供抢救性治疗、医疗康复、辅助器具适配和康复训练等内容的基本康复服务。

2016年，《云南省困难残疾人生活补贴和重度残疾人护理补贴制度实施办法》出台，该办法主要涉及两个方面的救助措施：一方面是开展给予贫困残疾人额外生活补贴救助的实施办法，另一方面是给予需要长期看护的残疾人护理补贴的实施办法。其中，对贫困残疾人的生活补贴救助标准为每人每月50元。

二 西部农村残障儿童社会救助实践

近年来，西部各省份基于各自财政情况，重点在残疾儿童康复救助"七彩梦行动计划"、残疾人事业专项彩票公益金康复等项目上，开展了一系列适用于贫困残障儿童的社会救助实践。

（一）康复医疗类救助

西部农村残障儿童康复医疗类救助内容统计见表9-1。

表9-1 西部农村残障儿童康复医疗类救助内容统计

救助项目	救助对象	救助标准或目标
贫困智力残疾儿童康复救助项目	7岁以内智力残障儿童	每年为每名受助残障儿童提供12000元的康复训练补贴
贫困肢体残疾儿童矫治手术康复救助项目	肢体残疾儿童	补助矫治手术费平均为10000元/例、矫形器装配费为1200元、术后康复训练费为6000元
贫困脑瘫儿童康复救助项目	7岁以内脑瘫儿童	康复训练和矫形器装配补助为13200元/人，其中康复训练为12000元，矫形器补助为1200元

245

续表

救助项目	救助对象	救助标准或目标
贫困聋儿（助听器）康复救助项目	6岁以内聋儿	助听器购置费用补助为4800元/人（2台全数字助听器）、验配和一年内调试服务费用1200元
贫困孤独症儿童康复救助项目	3~6岁孤独症儿童	康复训练补助为12000元/（人·年）
贫困残疾儿童（辅助器具适配）康复救助项目	0~6岁残疾儿童	假肢、矫形器补助为5000元/人，其中零部件及材料费占60%、制作费占40% 其他辅助器具补助为1500元/人，其中产品购置费占90%，评估适配费占10%
贫困精神病患者住院医疗救助项目	精神残疾儿童	对住院医疗费用给予补贴，救助标准为4000元/（人·次），单次住院周期为3个月
贫困精神病患者服药救助项目	精神残疾儿童	标准一：中央财政按每人每年900元的标准，连续五年 标准二：中央财政按每人每年500元的标准，连续五年
残疾人辅助器具服务项目	残疾儿童	辅助器具免费配发和辅助器具适配资金补助
聋儿（人工耳蜗）康复救助项目	1~6岁聋儿	免费为每名受助残疾儿童提供人工耳蜗产品1套 手术及调机费补助为12000元/人，包括术前检查、手术及术后5次调机 补助康复训练费用为14000元/人，标准为术后一学年（10个月）
盲人定向行走训练	视力残疾儿童	补助每名受助盲人350元，其中150元用于定向行走训练，200元用于购置盲人用具（盲杖、盲表、盲人多用包、收音机、盲人写字板、盲人阅读机等）
低视力康复	视力残疾儿童	为贫困低视力者配用助视器提供1000元/人的补贴；各地根据当地实际情况，对配用助视器费用、低视力儿童家长培训等工作投入相应的经费，保证任务完成

续表

救助项目	救助对象	救助标准或目标
白内障复明手术	视力残疾儿童	将贫困白内障患者复明手术医药费纳入新型农村合作医疗报销目录和城乡医疗救助体系，充分利用"三星爱之光行动""复明扶贫流动手术车""健康快车"以及各类基金会等社会复明资源
肢体残疾康复	肢体残疾儿童	1. 贫困脑瘫儿童按每人每年13200元补贴康复费用 2. 贫困肢体残疾儿童按每人17200元补贴手术与训练费用
听力语言康复	听力语言残疾儿童	1. 中央财政按每人150元补贴，各地按不低于此标准配套投入 2. 符合手术指征的免费提供人工耳蜗产品1套，补贴植入手术费及术后调机费用12000元/人，康复训练经费补贴为14000元/人
精神病防治康复	精神残疾儿童	按贫困精神病患者住院救助和服药救助项目外执行 贫困孤独症儿童康复救助标准为每人每年12000元
社区康复	残疾儿童	针对康复机构建设和康复活动开展提供经费
儿童残疾预防	0~6岁残疾儿童	中央财政支持每个试点城市30万元，地方财政按不低于中央财政补贴标准投入相应配套经费
国家基本医疗保障医疗康复项目	残疾儿童	将部分医疗康复项目纳入基本医疗保障范围

（二）公共教育类救助

西部农村残障儿童公共教育类救助内容统计见表9-2。

表9-2 西部农村残障儿童公共教育类救助内容统计

救助项目	救助对象	救助标准或目标
残疾儿童享受普惠性（学前教育）资助项目	适龄残疾儿童	以助学金的形式，对贫困残障儿童在学前教育阶段的训练和生活予以补贴，原则上标准为3000元/（人·年），最多可连续资助3年

续表

救助项目	救助对象	救助标准或目标
义务教育阶段的残疾人特殊教育	适龄残疾儿童	两免一补政策：免学杂费、免教科书费、补助寄宿生生活费。其中补助寄宿生生活费标准为小学生每天人均2元，初中为3元，每年按250天计算

（三）其他类救助

西部农村残障儿童其他类救助内容统计见表9－3。

表9－3　西部农村残障儿童其他类救助内容统计

救助项目	救助对象	救助标准或任务
阳光安居工程	贫困残疾人家庭	将农村贫困残疾人危房改造纳入本地政府农村危房改造计划，并确保优先安排
万村千乡市场工程助残扶贫项目	贫困残疾人家庭	安置12000名农村贫困残疾人或家庭成员就业，帮扶2000户农村贫困残疾人家庭创办村级店
农村基层党组织助残扶贫工程	贫困残疾人家庭	对贫困家庭（符合最低生活保障条件）中的残疾人符合参保条件的要全部给予参保帮扶，分类施保；对符合条件的家庭成员要帮扶其参加新农合医保和养老保险；落实家庭基本住房保障
"阳光家园计划"智力、精神和重度残疾人托养服务项目	智力、精神和多重残疾人家庭	对日间照料机构和居家托养家庭的资助标准应不低于600元/（人·年），对寄宿制托养服务机构的资助标准应不低于1500元/（人·年）
农村贫困残疾人最低生活保障	由于病残、年老体弱、丧失劳动能力以及生存条件恶劣等原因造成生活常年困难的农村居民	按照《国务院关于在全国建立农村最低生活保障制度的通知》中"最低生活保障金原则上按照申请人家庭年人均纯收入与保障标准的差额发放，也可以在核查申请人家庭收入的基础上，按照其家庭的困难程度和类别，分档发放"进行
贫困残疾人家庭无障碍改造项目	贫困残疾人家庭	每户无障碍改造标准不低于6000元

三 西部农村贫困残障儿童社会救助不足

(一) 国家层面救助政策的不足

1. 国家政策的社会资源整合效能发挥不够

社会资源整合的不完善,导致西部农村一些贫困残障儿童没得到或较少得到国家救助。西部农村地区的社区康复机构没能得到社会资源的大力支持,软硬件设施严重缺乏,所配备的社工数量严重不足,现有社工基本不具备特殊教育或康复训练的专业背景,开展残疾人社会工作的能力较差,这直接影响这些地方开展残疾人康复救助工作的效果,也制约了贫困残障儿童救助受益面的扩大。直接针对残障儿童康复教育的政策缺失体现得尤为突出。[①]

2. 现有国家政策的社会保障力度不够

一方面,国家现有的政策对西部农村残障儿童的社会保障力度严重不足,在把义务教育和职业教育都纳入社会保障体系的同时,学前残疾儿童的教育与康复问题却没能被纳入社会保障体系,而国家在这个方面的救助政策实在有限,现有政策有着涉及面窄、受惠面小的缺陷,使贫困残障儿童家庭普遍无法承担高额的教育与康复费用,因此国家现有政策对学龄前残障儿童基本权益的保障,特别是对其受教育权的保障存在较大缺陷。另一方面,国家现在针对残疾人的救助政策存在缺陷,导致能获得相应救助的残障儿童的数量只占有救助需求的残障儿童总数的很小一部分,西部农村贫困残障儿童及其家庭最希望获得的就是经济上的救助,现有的政策性救助还相对有限,更多还是依靠亲友、邻里、社团、企业、党团组织等的临时性救济。

3. 政策参数设计存在缺陷

长期以来,我国在普惠性的社会救助政策的设置上,无论是从国家的整体上看,还是从国际横向比较,总体来说,救助标准的设置是偏低的,相应地,针对残障儿童的救助政策的标准同样也是偏低的;另外,国家层面在政策参数的设计上存在不能及时随社会经济变化而调整的弊端,使救助政策缺乏随社会经济发展状况而变化的待遇调整机制和享受资格条件调整机制等,导致残障儿童社会救助保障水平低下,甚至还存在部分贫困残障儿童被既定的参数设置排斥在获取救助的范围之外的情况。

[①] 王琳玲:《学前特殊儿童康复教育的政策保障及其实现策略——以重庆市为例》,重庆大学硕士学位论文,2014。

绝大部分残障儿童缺乏自理能力，需要得到家庭更多的看护和照顾，这使家庭整体获得工作的机会和收入都会相应减少，残障儿童家庭的贫困程度普遍高于一般家庭，西部农村地区在这方面的差距更是突出。因而对不同残障类型、不同地域的贫困残障儿童家庭的救助应该具有相应的针对性，我国现有的低保制度已经在分类救助方面走出了第一步，应通过统一上调一定比例的做法来实现对包括残疾人在内的特殊困难群体的重点救助，但在实际执行过程中，这个比例的上调是在原始低保标准的基础上执行的，原始标准本来就比较低，而执行的上调比例也不高，这就造成针对西部农村贫困残障儿童家庭的低保标准总体是偏低的，无法达到切实有力地保障他们生活的目的，而且这个分类制度是从2003年开始实施的。

（二）教育救助方面的不足

1. 政策性经费保障功能不完备

国家的政策性保障经费是特殊教育学校经费的主要来源，从近几年发布的《中国教育年鉴》中可以看出，在国家财政性教育经费的支出中，针对各类特殊教育学校、随班就读、送教上门等方面的特教经费总数每年都以高于特殊教育学校学生总数增长的速度在加快，因此特教学校学生人均占有国家特教经费的比例得到了实实在在的提升，但在实际运行中，我们也发现，我国现有特教学校都设在人口相对集中的城市，农村特别是西部农村没有一所特校，随班就读和送教上门政策也只在城市或城市周边地区执行得相对较好，因此这些增加的特教经费真正能够落实到农村的数量是非常有限的，覆盖面相当窄，有待于加大投入的力度。针对残障儿童的学前教育、康复训练的经费少之又少，而贫困残障儿童大部分分布在农村，每个月的教育、康复费用超过了其家庭经济的承受能力，这就直接导致绝大多数西部农村贫困残障儿童家庭放弃了对这些孩子进行急需的学前康复训练，也使这些残障儿童非常遗憾地错过了康复训练的黄金时期。

2. 特殊教育地域发展不均衡

第二次全国残疾人抽样调查的结果表明，生活在农村的残疾人数量远多于生活在城市的残疾人数量，约占全国残疾人总数的75%，但从《中国教育统计年鉴》公布的数字来看，农村和城市的特殊教育发展存在严重不均衡的情况，在西部地区这种情况更是明显，根据《中国教育统计年鉴2014》公布的数据，截至2013年底，西部地区共有各类特殊教育学校401所，而在农村地区只有各类特殊教育学校32所，只占总数的8%，而且青海和宁夏农村没有建立特殊教育学校；西部地区义务教育适龄阶段在校残疾学生总数为 11.4 万人，而农村地区在校残疾学生总数仅为 3.5 万人，仅占在校残疾学生总数的 31%。① 农村和城市的残疾人教育存在较大的不平衡性。

3. 特殊教育校际发展不平衡

（1）农村特殊教育学校自身发展水平低于城市特殊教育学校。特殊教育学校因受所处的区域环境的影响，特别是由于财政支持力度不同，存在发展的不平衡问题。根据调查，农村地区特殊教育学校的硬件建设、师资配备、教学质量等方面的水平都低于处于经济条件相对较好的城市地区的特校。

（2）不同类别残疾儿童教育存在较大不平衡。从对西部地区特殊教育学校的调查可以看出，各地聋校和综合性特校的建设发展相对较好，而盲校发展较差，多数地区盲校严重不足，例如，本书统计时发现，重庆市只建有盲校 1 所，四川省建有盲校 2 所，并且都不在农村地区。

（3）随班就读学校特殊教育质量不足。随着融合教育大背景深入人心，残疾儿童选择去普通学校就读的数量越来越多，但由于普通学校关于特殊儿童教育的工作机制体制不健全，保障体系严重缺失，教师基本没有接受过专业训练，使普通学校随班就读的教育质量较专门的特殊教育学校差距较大，残疾儿童没有得到较好的教育救助。

4. 特殊教育师资力量不足

在西部地区，虽然多数特殊教育学校都按要求配备相当数量的特殊教育教师，但根据对教师的专门调查发现，在师资力量方面存在以下几个方面的不足。

一是专职教师专业化不足。现有的特殊教育专职教师中，有较大数量的教师是转岗教师，他们从普通教育教师转岗而来的，多数教师在上岗前根本没有接受过专业的特殊教育培训。

二是有专业背景的专职教师经验不足。随着特殊教育的不断发展，各地在近年来都引进了较大数量的特殊教育师范专业毕业的教师，以提升教师的专业水平，但这些教师基本都是刚毕业不久的大学生，虽然有专业背景，但教学经验显然是不足的，应对特殊儿童的教育还处于实践探索与经验积累中。

三是特殊教育专职教师的学历较低。根据调查，西部地区特殊教育专职教师的学历总体不高，教师中专科学历的占大多数，本科生相对较少，研究生少之又少，例如，贵州省 2013 年的特殊教育学校教师中，拥有专科学历的

---

① 中华人民共和国教育部发展规划司编《中国教育统计年鉴 2014》，人民教育出版社，2014，第 610 页。

占教师总数的 56%，而拥有研究生学历的教师占比为 0；四川省特殊教育学校中拥有研究生学历的教师只占总数的 1%，而拥有专科学历的占到了 55%。[1]

5. 民族地区特殊教育困难重重

在西部地区，各省份都有少数民族群体，四川就有 55 个少数民族，而少数民族群体多聚居在贫困的农村地区，这些民族地区的特殊教育更是困难重重。首先就是特殊教育学校的数量相对较少，以四川省为例，2013 年，四川省教育厅公布的《四川省教育事业统计年鉴》显示，在四川的甘孜、阿坝、凉山等民族自治州共有特殊教育学校 8 所，其中城区有 1 所，镇区有 5 所，农村有 2 所，由于数量太少，因此每一所特校的招生范围都要覆盖周边的几个县，而偏远地区贫困残疾儿童基本失去了上学的可能性。

（三）社会工作方面的不足

1. 社会救助法律法规不完善

近年来随着国家对残疾人工作的重视程度不断提升，相应的针对残疾人的权益保障的法律法规不断完善，执行力度也越来越大，对残疾人权益的保障起到了良好的作用，但针对残疾人救助方面的专业法律法规非常缺乏，新修订实施的《中华人民共和国残疾人保障法》只是一部指导性的法律，且倾向于残疾人权益保障方面，而且在实际贯彻执行中也缺乏约束力和制裁力；而《社会救助暂行办法》是以国务院令的形式下发的，并未形成具有约束力的法律条款，同时该办法中都是对各类救助进行总体层面的指导意见，而未就如何开展与落实进行规定，更缺乏详细的配套政策，国家、地方政府、各级残联在针对残疾人的救助方面也多是通过一些政府文件、通知等予以公布并执行，阶段性较强，缺乏法律保障。

2. 社会工作专业性不高

（1）社会康复机构能力有限。特别是西部地区，社会康复机构多数都是近几年新建的，规模较小，收治能力相对较低，而且农村地区基本没有社会康复机构，同时康复专业人才整体的缺乏也造成这些新建康复机构有经验的专业人士严重不足，很多专业机构聘请的是医学、护理、心理学或艺体类背景的转岗人员，服务类型单一，更为关键的一点是，这些机构大部分是以营

---

[1] 中华人民共和国教育部发展规划司编《中国教育统计年鉴 2014》，人民教育出版社，2014，第 609 页。

利为目的的，非营利性社会康复机构凤毛麟角，难以满足西部农村贫困残疾儿童的康复需求。

（2）经济救助专业性不足。现阶段，针对残疾人的经济救助仍以政府救助为主，社会爱心救助还存在较大不足。一是全社会针对残疾人的关爱与救助意识还不太强，对需救助的贫困残障儿童的了解渠道不畅通；二是能直接救助贫困残障儿童的社会捐助途径较少，整体社会捐助额也较少，特别是西部农村地区，限于社会环境和经济条件因素，社会捐助较东部地区差距较大；三是社会通过爱心捐款进行经济救助多数针对城市中贫困残疾儿童，在农村进行救助的相对较少。

（3）缺乏专业性的助残社会工作者。现阶段各院校等培养的特殊教育或康复训练专业人才数量较少，且因我国早期对残疾人事业的认识与支持不足，相关专业人才储备严重不足，当今全社会专业性的助残社会工作者严重短缺，很多刚从学校毕业且缺乏实践经验的大学生一走上工作岗位就不得不挑起助残社工的大梁；而更多的社会工作者是基于自身原来的专业，如医学、护理、心理、艺术教育等，从事助残社会工作，同时更有部分社会工作者完全是凭着自己对残疾人的一份爱心，投身于助残社会工作中，他们往往只能进行一些简单的辅助工作，如短期陪伴、家庭协助等。

3. 医疗康复救助不足

（1）救助范围局限性较大。一是国家针对贫困残障儿童康复救助项目一般都有数量、年度任务等方面的明确规定，并不能满足全范围的需求；二是康复救助的对象只针对 0~6 岁儿童，实际上残障儿童的康复训练过程是一个长期的过程，因此，在这样的规定下，这些处于西部农村的贫困残障儿童将由于超过年龄限制及经济原因而失去继续进行康复训练的机会。

（2）监督评估体系缺失。一是由于针对贫困残障儿童的康复训练救助多采取政府资金资助的形式，地方残联与地方财政部门要根据本地区受助贫困残障儿童的数量、受助儿童康复训练的进度和阶段性效果，在检查评估后按相关规定把费用拨付给承担救助任务的定点康复机构，但是在实施过程中，由于专业性监督评估体系的缺失，对实施效果的检查缺乏时效性，因此出现资助资金拖延的情况较多，同时出现问题时的政策调整难度也较大。二是监督评估体系的缺失造成不能对政府定点康复机构的能力进行定期评估，不能及时发现康复机构中存在的问题或未达标的训练条件，这直接影响了康复训练效果，同时影响了整体实施水平。

（3）城乡康复救助差距较大。由于城乡经济差异的现实原因，城乡康复定点机构建设存在较大差距，农村地区定点康复机构基础设施较差，人才力量也相对薄弱，使其承担康复训练的能力得不到残障儿童家长的信任，因此只要有一点可能，农村残障儿童的家长都会将自己的孩子送到城里相对实力更强的机构进行康复训练，这在造成农村康复机构资源浪费的同时，也使城市内的机构在原本有限的供应条件下变得更加紧张，在形成恶性循环的情况下，极其不利于农村定点康复机构的建设和城乡救助水平的提升。[1]

第三节 社会工作与西部农村残障儿童社会救助

一 社会工作介入西部农村残障儿童社会救助的必要性

社会工作作为专业的助人方法，以"助人自助"为核心理念，特别强调从业者在价值观追求上须具备社会服务性，这种工作理念是其他职业无法相比的，也是最适宜残疾人事业的，让社会工作介入西部农村残障儿童的社会救助中具有非常高的必要性。

（一）社会工作是社会可持续发展的必然选择

一方面，作为社会文明进步的标志之一，对弱势群体的帮助是现代社会关注的焦点之一，残疾人群体在需要帮助的弱势群体中占有较大比例，因此对他们的帮助，特别是保障他们社会福利的实现，直接影响到现代社会向文明化、人性化的阶段发展，对此，全社会成员需要高度重视，从根本上做好残疾人相关工作。而且随着社会发展，对残疾人的帮扶和救助不再只是其所在家庭的单独责任，而需要发挥全社会的力量，深入地发挥社会在残疾人救助中的作用，这才符合社会发展的主潮流。另一方面，对残疾人的救助和帮扶的水平也应随社会文明的进步而提升，对残疾人的救助帮扶应从简单解决他们的生活问题向更注重其心理健康发展、提升个人能力等层面转变，这就为残疾人工作提出了更高的专业化、人性化方面的要求，需要社会工作者，以专业务实的工作方法与技巧，为残疾人提供专业、全面、人性、个别化的服务。

---

[1] 吴鹏:《社会工作介入残疾人社会融入的行动研究》，湖南师范大学硕士学位论文，2013。

（二） 社会工作有科学的理论做支撑

社会工作通过长期的实践，在对待残疾人救助工作上已经拥有了一套科学、完善的理论，如标签理论、维权论、人文主义理论、沟通理论等。

1. 标签理论

标签理论是以社会学家莱默特（Edwin M. lement）和贝克尔（Howard Becker）的理论为基础而形成的一种社会工作理论。标签理论通俗地解释就是，一个人在社会生活中会出现一些与众不同的表现，这些表现在与社会的互动过程，会被身边的人贴上表明这些不同之处的"标签"，如坏孩子等，而一旦这些"标签"被更广泛的社会所强调或认可，那么被标记者会逐渐开始认同他人的观点，在"标签"所标定的行为上愈陷愈深，最终真正成为"标签"所标记的人。因此，社会工作的一个重要任务就是要通过一种重新定义或标定"标签"的过程，来使那些原来被认为是有问题的人恢复为"正常人"。

残疾人作为绝对的弱势群体，他们的文化、行为与周边正常人的文化、行为存在一定程度的差别，正常人以自身的标准来衡量残疾人的文化与行为，认为他们是不正常的，这种给残疾人强加的标签经过不断的传播和宣传，会逐渐被社会所接受。这样长期贴标签的做法使残疾人逐步受正常人的文化压制和影响，在"标签"标定的不正常道路上越走越远，直到最后，他们真的接受了自己身上的"标签"，认为自己不正常，在与正常社会、健全人保持距离的同时，甚至产生了逆反心理、敌对情绪，出现报复社会的行为，而这又进一步使他们陷入"不正常"的指责中，从而造成恶性循环。为了解决这一问题，社会工作者需要运用政府部门、新闻媒体等方面的力量去努力改变人们的偏颇观念，让大多数的正常人能更好地认识、理解残疾人，能换位思考残疾人的处境，为他们着想，更多地帮助他们，让残疾人能融入正常社会中。

2. 维权论

维权论认为世上的每一个人都是平等的，都有属于自己的不能被侵犯、不能被剥夺的权利，如生存权、人身自由权等。社会的任务就是要保证每一个人的这些神圣权利得到保障。然而残疾人作为特殊群体、弱势群体，由于自身的缺陷往往会在社会生活中处于劣势地位，他们的权利经常被忽视，被无故侵犯，没有得到基本的保障。社会工作者可以通过工作的介入，运用政府机构、社会团体及爱心个人等各方面的力量去保障和维护残疾人的基本权利。

3. 人文主义理论

人文主义理论认为每个人都有自己的"意义世界",每个人的行为的调整都深受它的影响,而"意义世界"是通过个人对现实社会的理解或解释建立的。由此可见,如果一个人在对社会的理解或解释过程发生困难时,便容易出现行为偏差。社会工作者的任务就是以自己的专业知识,努力去进入受助对象的"意义世界",深入"理解"他们的"意义世界"中存在的内在矛盾,从而帮助其顺利重构。在残疾人社会工作中,残疾人由于自身的原因而对社会有自己的理解,但因其自身的特殊性,这种理解相较于正常人的理解往往会存在许多不一致的地方,正是因为这种不一致,在社会生活中残疾人产生困惑、不解甚至做出对社会有害的偏差行为。社会工作者可以努力理解残疾人的"意义世界",找出他们思想上的内在矛盾,找出协调办法,以减轻及消除困惑,减少偏差行为。

4. 沟通理论

沟通理论强调人际沟通在社会生活中的重要性,认为缺乏人际沟通容易出现行为偏差。适当的人际沟通能有效减少甚至避免出现这些行为偏差。社会工作者的一个基本任务就是帮助残疾人等弱势群体消除沟通中的障碍,使沟通能够顺利完成。残疾人由于自身生理或心理方面的原因,常处于相对封闭的自我空间中,势必难以理解外界的社会,对社会的变化难以适应,更会因为缺少与外界的交流而苦闷。为有效消除这种情况,社会工作者应加强与残疾人的沟通,促进外界社会与残疾人群体的沟通,使他们理解现实社会,适应社会变化,消除自我的封闭和思想上的苦闷。

(三) 社会工作理念的引入对残障人士救助事业意义重大

1. 社会工作是一门助人的学科

社会工作首先是一门助人的学科,也是不以营利为目的的专业性社会服务,是一种纯粹的以爱心助人和以化解社会问题为主要目的的工作。通过开展社会工作,帮助社会上各类需要救助的人,当然也包括残障儿童,化解社会问题,实现全社会和谐一致,促进社会稳定与发展。要促进包括残障儿童救助在内的残疾人工作向科学化、规范化和可持续方向发展,就必须引入专业化的社会工作理念。

2. 社会工作是一种助残的方法

社会工作是一种科学的助残方法,由一批经过训练的专业人士,充分发扬人道主义精神，并本着"助人自助"的原则，利用相关专业学科知识，运用社会工作的科学方法和技巧进行助人活动。社会工作视受助者为积极能动的主体，而不只是被动消极的客体，尊重受助者的意愿，注重平等相待，提供必要条件，运用专业方法使受助者发挥潜能，自己解决自己的问题。运用社会工作的方法，可以有效避免贫困残障儿童因自卑而抗拒接受救助的尴尬，充分体现平等参与的残疾人工作基本思想。

3. 社会工作是一种规范的社会制度

社会工作具有严格的行业规则、组织架构和工作模式，社会工作者是维护公共秩序和社会公平的重要角色，他们以规范和专业的方法协助残疾人平等地参与社会生活，这对贫困残障儿童的救助来说，是帮助他们更好地融入社会的有效的制度化手段。

（四） 政府对社会救助工作高度重视

政府对社会力量，特别是支持专业社会工作者参与社会救助工作的重视程度有了明显的提升，国务院在2014年颁布了《社会救助暂行办法》（2019年修正），总共13章70条，其中在第十章"社会力量参与"中专门就社会工作服务机构和社会工作者参与社会救助做出了相应的指导，鼓励社会团体、个人等多方力量通过多种形式参与社会救助，如设立帮扶项目、创办服务机构、直接捐赠、志愿服务参与等。同时也对县级以上地方人民政府在社会救助中的职责做出了明确的要求，要充分发挥社工站和社工从业者的作用，提供社会融入、能力提升和心理疏导等专业的社会救助服务，在社会救助服务中要发挥五个方面的功能：一是促进融入的功能，即要帮助受助者调节各种社会关系，在消除歧视和增强自身能力方面共同着力，有效推进受助者在社会环境中的融入；二是能力提升的功能，即要区别对待不同类型的受助者，为其提供最适宜的能力培养，提升其自身能力，提升其在社会中的共存能力；三是心理疏导的功能，即要帮助受助者缓解心理压力、调整自身心态、矫正不良行为，以乐观和积极的态度面对生活；四是资源链接的功能，既要做好在受助者和有关部门之间的资源链接，让受助者充分享受社会救助资源，也让有关部门能将救助资源更有效地利用；五是宣传引导的功能，既要向受助者广泛宣传救助政策，促进救助政策惠及每一位有需求者，同时也在社会中形成扶残助弱的良好风气，使受助者能得到社会更多的关怀和帮助。

二　社会工作介入西部农村残障儿童社会救助的路径

（一）更新观念——社会救助与尊重和关爱并重的观念

1. 树立社会救助与权利保障并重的观念

西部农村贫困残障儿童受所在地社会经济及自身家庭等现实情况的影响，对生存权的要求是最基础的，但在社会对其开展救助和帮扶过程中，不能仅限于满足他们的基本生活保障，在他们自身能力的培养方面，即发展权的保障和维护方面也应给予更高的关注，这就要求国家层面首先进行观念的更新，在针对西部贫困残障儿童救助的立法及制度建设时向权利保障方向转型，围绕消除农村贫困残障儿童在权利行使中的各类障碍来开展，使他们能与健全儿童一样拥有平等的生存和发展空间，以有效改善西部农村贫困残障儿童的生存状况。

2. 树立尊重和关爱的观念

农村贫困残障儿童是社会的组成部分之一，也是社会中的弱势群体，在大力提倡公民平等的社会大背景下，我们更应在尊重他们的人格与尊严的基础之上给予其关爱和帮助。保障残障儿童权益、关爱残障儿童成长是我们国家和社会中每一个人都应该遵守的道德规范，既要接纳他们客观存在的身体和心理上的缺陷，又要针对他们面临的生存、生活中各方面的困难予以救助；既要为他们创造优良环境以保障其生存与发展，又要对歧视、虐待孤残儿童以及其他侵害孤残儿童合法权益的行为进行道德谴责与法律惩罚。

（二）健全法制——保障救助政策的落实与全覆盖

1. 制定专门的有关农村地区贫困残障儿童权益保障及救助的法律法规

首先，应进一步完善残疾人，特别是针对残障儿童救助的法律法规，以法律条文形式确立残障儿童权利，并明确政府、社会在残障儿童救助中应履行的责任和义务，杜绝因法律法规缺失或不完善造成救助与保障的缺失。当前我国在国家层面已有《中华人民共和国残疾人保障法》《残疾人就业条例》《残疾人教育条例》等针对残疾人权利保障与社会救助的法律法规，且西部地区各省份政府根据国家的法律法规和本地的具体情况也制定了相关的地方法规或规章，但我们也可以看出，国家层面的法律法规制定时间已较久，如《残疾人教育条例》于1994年公布，西部农村贫困残障儿童的社会救助法规已不能适应现实的需求。因此，修订和完善相关约束性救助与保障条例与法规，以明确残障儿童救助中政府与社会的责任与义务及具体的保障机制已迫在眉睫。其次，应修订国家现行的《社会救助暂行办法》或依托该办法制定针对西部农村贫困残障儿童救助的专项配套法规。而且该办法只是一个指导性的文件，不具备强制性和约束性，对西部农村贫困残障儿童的救助不具有保障性。因此急需国家层面出台配套的鼓励社会工作介入贫困残障儿童社会救助，明确社会工作在其中的责、权、利的专项法规。

2. 制定或修订专门的法律法规时应注重可操作性、针对性和开放性

（1）新制定或修订完善的、针对贫困残障儿童救助的法律法规应注重内容的具体性，不能只有指导意见而无具体实施层面的规则，要具备较高的可操作性。

（2）注重新制定或修订完善的法律法规的科学性，针对西部农村贫困残障儿童的真正需求来立法或修订现行法律法规，对重度残障儿童和特困残障儿童家庭应以福利救济为主，对轻度残障儿童和一般贫困残障儿童家庭在普惠性福利救济的同时，以教育与康复救助为主。

（3）注重新制定或修订完善的法律法规的开放性，在制定和修订的过程中充分深入基层了解西部农村贫困残障儿童的需求，听取和尊重残障儿童家庭的意见，通过多种形式广泛听取民意，从封闭立法向开放立法转变，实现立法的公开。这在《残疾人权利公约》中是有专门规定的，该公约要求在国家相关决策过程中必须通过与残联、残疾人代表，残障儿童监护人进行深入的协商，以提供决策的准确性和科学性。

（三）完善机制——努力构建政府主导、由社会工作辅助的贫困残障儿童社会救助长效机制

1. 政府应承担主要责任

（1）通过政府政策性救助，保障西部农村贫困残障儿童基本生活需求，例如政府完全承担残障孤儿的供养责任，以集中供养为主要形式，为保障经济特别困难的家庭或家中还有残疾人的家庭的基本生存权和发展权，政府应给予必要的援助。

（2）保障西部农村残障儿童教育救助机制。一是学前教育阶段，政府应主办或鼓励社会力量兴办残疾儿童幼儿园或融合幼儿园，政府通过资助贫困残障儿童学前教育费用的形式予以救助。二是义务教育阶段，加大特殊教育学校软硬件设施投入力度，强化专业特教师资建设，落实"两免一补""随班就读"相关政策，保证特殊教育义务教育阶段质量。三是针对残障儿童中

符合接受义务教育条件的，若就读于民办特校或在社会机构接受康复训练，则其享受义务教育的权利也必须得到保障，地方政府应按就读公办特校的相关政策平等对待，向接纳他们的民办特校或社会机构足额拨付义务教育经费。四是送教上门是最能体现政府对贫困残障儿童进行教育救助的形式，也是能充分发挥社会工作对贫困残障儿童在教育方面救助能力的形式。

（3）保障贫困残障儿童能享有康复治疗服务。政府应兴办各类残疾人康复训练中心，在前期各省份的城市地区已建设了相对完善的康复训练系统的基础上，将康复训练中心的建设向农村地区倾斜，特别是西部经济落后地区，同时进行对康复训练的儿童进行经费上的救助。

（4）将贫困残障儿童纳入医疗保障体系。政府根据贫困残障儿童的具体情况，采取对其参保费用和个人应承担的医疗费予以全免或适当补贴的救助形式。

（5）引导社会大力支持贫困残障儿童救助事业。一方面要采用多形式、全覆盖、经常性的宣传手段，加大宣传力度，树立关爱贫困残障儿童的良好社会风气。另一方面在由政府主导开展救助的同时，鼓励社会共同参与残疾人公共服务体系的建设，对集中供养、日间照料和居家服务给予补贴，同时还要大力鼓励、动员、组织社会工作者、社会爱心人士和爱心团体共建助残爱心工程，使西部农村贫困残障儿童得到更好的救助。

2. 社会工作对贫困残障儿童的救助责任

社会应把关爱贫困残障儿童作为全民关注的一项内容，逐步形成以社会工作者为主，各方社会力量参与，以遵循平等和谐理念为核心的社会救助体系。首先，在这个过程中，社会各类救助基金会是作为首要力量予以充分发挥作用的，这些基金可以广泛、合法地接受爱心团体和个人的捐助，通过由法律途径设立、有公众参与的监督机构全程监督，并定期公布账目，确保救助基金能用到贫困残障儿童身上。其次，建立专业社会工作者队伍或专业志愿服务队伍，重点吸收有特殊教育、康复教育等教育背景，或者在教育、心理治疗及护理等方面有经验，以及能贯彻"助人自助"理念，并有责任感、自愿参与的社会人士，建立起完善的社会工作组织，为贫困残障儿童的救助工作提供专业机构保障。最后，社工服务中心要建设在社区中残障儿童居住相对集中的地方，这既有利于贫困残障儿童参与社工救助，使其便利地参与有利于他们身心健康发展的各种活动，也有利于其就近发动周边爱心群众共同对其身边的贫困残障儿童及家庭进行日常性的帮助和照顾，这样更能让贫困残障儿童及家庭感受到社会的温暖，更有利于他们融入社会。

3. 家庭对贫困残障儿童的救助责任

对有家庭的贫困残障儿童，家庭是对其进行救助的主体，政府与社会救助是辅助，对家庭条件特别困难的残障儿童，政府在其力所能及的范围内承担相应救助责任。

（四）创新形式——把专业社工的直接救助与掌握专业技能的社区工作者的间接救助相结合

1. 采用引入专业社工直接进行社会救助的途径

引入专业社工进行直接救助，就是要引入专业的社工和专业的服务策略与理念等，发挥社区和专业社工机构的服务功能，提供专业性、多元化的社会救助。在服务策略方面，在充分认识社会救助制度补救性功能的同时，强调由补救逐步转向预防和发展，提高社会救助服务的预防性功能。重点是帮助贫困残障儿童恢复自我发展和成长的能力，以应对传统救助只能起到暂时缓解贫困残障儿童家庭经济压力的问题，达到"标本兼治"的目的。专业的社会工作者能够在第一时间理性而清晰地分析贫困残障儿童面临的问题和发展需求，依据相关专业理论和自身丰富的经验预测可能需要应对的问题，充分发挥社会资源的支持作用，有的放矢地开展专项救助工作，在帮助贫困残障儿童克服困难的同时摆脱对单一经济救济的依赖，实现其自身的可持续发展。

2. 采用引入掌握专业技能的社区工作者进行间接社会救助的途径

在我国基层社会中，数量庞大的社会工作者是直接面对、直接服务于贫困残障儿童的人员，在他们中深化专业社会工作的价值理念，普及社会工作专业知识，教授基本的康复训练技能与实务技巧，使其熟悉专业社工的救助效果等，可以提高和丰富他们在面对贫困残障儿童时的服务能力和技巧，间接提升社会对贫困残障儿童进行社会救助的效果。

（五）完善途径——从不同层面完善西部农村贫困残障儿童精准救助途径

社会工作介入西部农村贫困残障儿童的救助，必须以残障儿童的实质需求及农村社会的发展特点为依据。通过构建社会支持网络，完善以社区照顾为主体的宏观层面救助途径；通过社会工作者的能力建设，完善以项目运作为主体的中观层面救助途径；通过多重救助措施的实施，完善以个案管理为主体的微观层面救助途径。

1. 构建以社区照顾为主体的社会支持网络

社区照顾为社区居民创造了更多的互动机会，使贫困残障儿童能生活在自己所熟悉的环境中，避免外界环境对其心理产生干扰，对于维护社会稳定具有重要作用。在农村社区中，由于其特定的社会环境，贫困残障儿童与周边大众长期共同生活，邻里之间、村民之间有较深的互助观念，这使社区照顾能较好地落实。

一是设立农村贫困残障儿童服务点，安排1~2名专业社会工作人员或残疾人康复训练人员，其首要职责就是收集所在村的贫困残障儿童及其家庭和所处社会的基本情况，并随时更新各项变化。通过社会工作者的主动介入，可以让贫困残障儿童在自己家里接受救助服务。同时也更方便贫困残障儿童的家庭随时咨询与求助，使这些家庭能就近、方便地得到全方位的咨询与服务。通过对所在地贫困残障儿童基本情况的深入了解和及时更新，可为后续开展有针对性的服务计划提供专业而翔实的第一手依据。

二是帮助西部农村整合零散的社会救助资源。整合康复资源对农村地区进行贫困残障儿童救助尤为重要。以农村基层卫生服务站为依托，解决农村贫困残障儿童医疗及基本康复训练问题。以市县两级康复机构为依托，把免费定期上门服务与残障儿童定点就医、接受康复训练相结合。社工与残联分工合作、共同着力，为农村贫困残障儿童争取助残器械的救助和相关术后康复训练费用的补贴。

三是居家服务与贫困残障儿童的家庭照顾指导。居家服务可为农村贫困残障儿童提供日常生活所需的服务内容，通常由志愿服务者承担，家长不用支付费用或者只需支付较少的费用即可。家长照顾仍是当下贫困残障儿童所能接受的主要方式，农村贫困残障儿童的家人会根据自己对残障儿童长期的照顾中形成的经验及家庭条件对其施以他们认为合适的照顾，因专业知识的缺乏，这样的照顾存在一定的隐患。社会工作机构可以为残障儿童家庭提供照顾指导和专业建议，使家庭照顾能更舒适、更科学，更节省开支。

2. 增强以项目运作为核心的农村社区康复救助能力

项目运作能在限定的成本条件下，规范紧凑运行，以达到目标，因此以项目运作为服务形式开展社会工作具有重要的意义。在当前政府购买社会服务的大前提下，社会工作开展中进行项目化的运作能适应当前社会的发展趋势，使政府购买更具可操作性。社会工作进行项目运作是对社会工作专业知识的充分利用，综合运用了社会工作中的个案、小组、社区及社会行政等方法。

社会工作通过实施项目既可以有针对性地满足农村贫困残障儿童某一具

体方面的救助需求，又可以加强残障儿童在受救助过程中的互动和交流，使其提升归属感，增强自信心，积极融入社会。

实行项目运作时，应由专业社会工作者进行项目管理，广泛发动项目相关人员共同参与。在项目的选择与计划拟定上，应在充分了解农村贫困残障儿童需求的基础上，秉持公平正义的原则，以大多数农村贫困残障儿童的需求为基础，筛选出有开展能力、具备可操作性并且不会对其他人造成负面影响的项目，与残障儿童及其家庭进行充分沟通，争取他们主动参与。当然，项目还必须得到社会工作机构的审议，并拟定包括准备工作、管理人员及其职责、经费预算、开展计划和异常情况处理等内容在内的详细的项目计划书。

在项目的进行过程中，首先要让服务对象在启动阶段就明确服务目标和实施规范。其次要通过有针对性地大量邀请政府相关部门人员、残联专业人士、社会爱心团体和单位代表、基层干部和有威望的人，以及志愿者共同参与到项目中，既能增强项目的影响力，又能尽可能地为残障儿童争取更多的救助资源；要确保管理人员对项目的掌控情况，随时了解救助进度和发展方向，随时规范运行方式和运行轨迹。最后，负责项目管理的社工人员还要做好项目的财务、人员及设备等的收尾工作，协调好项目与项目对象的关系，重点做好项目的评估与总结，为以后的项目开展提供可资借鉴的经验和教训。

3. 进行以个案管理为主要方式的多重性精准救助

个案管理涉及有效社会救助、社会服务的理念和过程，在个案管理中，社会工作者通过对受助对象及其家庭基本情况的调查，安排、协调、监管、评估及争取包括多种服务的一揽子服务，满足受助人的多种需要。在社会转型的背景下，随着西部农村逐渐发生变化，残障儿童及其家庭不再单纯地需要经济救助以改善贫困的现状，而需要包括经济救助在内的包含了心理健康救助、能力提升救助等多重需求的救助，这就需要社会工作者对受助残障儿童及其家庭的情况和他们的需求有详细的了解，并针对具体情况，综合运用多种方法，提供给他们一揽子科学服务，支持他们走出困境。

在针对个案管理的社会救助中，专业社工首先应确定服务对象并与之建立良好的专业关系，让残障儿童，特别是这些儿童的家长能了解社会工作的性质，深入了解残障儿童的情况，与受助残障儿童进行沟通，并获得其信任，以为下一步的活动开展奠定基础。其次，社会工作者应初步评估残障儿童的受助重点，从与残障儿童本人、家长及周边人员进行交流中收集相关信息，全面掌握受助残障儿童的现状，以寻找和发现更多潜在的问题，同时针对这些问题，帮助其挖掘用以解决的资源。再次，针对个案，在充分考虑受助残障儿童及其家庭可选用的资源、各种可用服务的品质和价格信息后，制订包括治疗计划、康复计划、照顾计划等在内的一揽子服务计划，在制订计划时，应与受残障儿童和家人进行充分沟通，尊重其做出的决定，确保残障儿童能坚持受助的自觉原则。最后才是个案管理的救助计划实施，社会工作者应充分利用现有资源，针对不同类型的贫困残障儿童及其需要提供个性化服务，同时还应为贫困残障儿童的家人进行针对残疾情况的科学护理方法的培训和进行心理疏导等，使贫困残障儿童和其他家庭成员都能以积极健康的心态面对生活。①

---

① 袁林、石奎、岳嘉仪：《重庆市孤残儿童救助与权利保障问题研究（下）》，《西华大学学报》（哲学社会科学版）2010年第6期。

第十章
研究结论

西部农村地区已成为我国特困儿童主要集中区,但由于儿童福利政策、救助管理服务体制、救助实践专业性等方面的不足,该群体的生存权、受保护权、参与权和发展权等社会权利还没有得到有效的保障。通过实地调研、问卷访谈等形式收集西部农村特困儿童社会救助实践及该群体需求满足的现状,本书梳理了西部农村特困儿童社会救助实践存在的问题,并了解了该群体社会权利实现的程度,构建了西部农村特困儿童社会救助的社会工作介入体系。

一 西部农村特困儿童社会权利的实现

政府不仅是儿童福利政策的制定者,也是儿童福利资源的主要供给者和传递者,政府部门之间的横向分割、儿童福利资源的有限、救助实践者的专业性不足等直接导致救助实践表现出"多头治理、救助对象覆盖不全、重资物轻服务、人员不足且缺少专业性"等诸多问题。这些问题大致可归结为两个方面的不足:一是特困儿童社会救助制度设计方面存在的不足,二是特困儿童社会救助实践存在的不足。

救助实践中所存在的问题直接影响了特困儿童需求的满足和社会权利的实现。通过对西部十二个省份农村地区特困儿童的抽样调查,本书对西部农村特困儿童社会权利实现的状况有如下发现。第一,特困儿童生存权实现程度还不够理想,大致上还以维护儿童的生存为主;其中,特困儿童生命权实现状况一般,只有少数特困儿童生命权实现状态良好,大约占样本总数的

12.1%；相对于生命权，特困儿童健康权实现程度良好，但不如正常儿童。第二，对受保护权测量结果反映，特困儿童受歧视的现象还较为普遍，超过60%的特困儿童在生活中能经常和偶尔感知被歧视；特困儿童的安全问题堪忧，约40%的特困儿童会有时和经常感知被欺负；特困儿童的制度化救助不足，而主要依赖个人社会关系网络获得支持。第三，特困儿童的参与权实现程度较糟糕，他们的娱乐状态和家庭生活状况均不理想，且参与救助的能力不够。第四，对发展权的测量结果显示，特困儿童发展动力不足，接受教育的比例偏低，且随年龄而下降，学习成绩一般。

二 社会工作体系的构建

西部农村特困儿童社会救助实践的不足以及该群体社会权利实现的现状，与我国当前"儿童优先""发展取向"等儿童福利原则不符。基于福利多元主义、儿童需求理论和西部农村特困儿童社会权利实现所具有的民族特性等理论观点和现实特征，本书认为，社会工作的理念、方法与特困儿童救助之间具有天然的契合性，将社会工作引入特困儿童社会救助已成为推进西部农村特困儿童社会救助实践的关键。同时，随着我国政府职能的转变、儿童福利政策的逐步完善、社会组织以及社会工作专业人才队伍的发展，社会工作介入西部农村特困儿童社会救助体系的社会现实条件已基本成熟。

本书以"整合输入、协调输出和专业传递"为基本原则，构建西部农村特困儿童社会救助的社会工作体系。整合输入原则的宗旨在于发挥救助资源的合力，利用社会工作的专业优势建立与权利—需求—资源相对应的救助资源分类表，向社会各界发出合理的救助资源输入信号并将获得的多样化的救助资源进行分类整合，实现需求导向的救助实践。协调输出的要旨在于"以救助资源配置依据不同对处于不同困境之中儿童的不同需求满足效用相等，使各种救助资源的边际效用相等"为资源输出的调整方式，实现资源分配效用的最大化。专业传递指的是以专业的方式传递救助资源，让有限的福利资源最大化满足特困儿童需求。

基于制度的路径依赖、福利资源传递实践的可行性和科学性，本书对福利资源传递方式的再构，不能完全推倒重来，而是依托西部基层政府现行的公共管理部门，同时又坚持以儿童为中心，从专业化角度来提高当前西部农村特困儿童福利资源传递的效率。依据上述三个原则，本书从组织创新、资源整合、资源输出、专业传递等四个方面，构建西部农村特困儿童社会救助的社会工作体系的基本框架。以区县教育部门为组织基础设立协调中心，负责组织、管理特困儿童救助工作；由协调中心主导，将救助主体和救助资源纳入一个综合的救助框架，厘清救助资源类型、可能的用途等，进而根据权利—需求—资源逻辑，对所有救助资源进行整合分类管理；然后，由协调中心确定救助对象，并对本地农村特困儿童需求进行评估；接下来，由协调中心依据已有救助资源和特困儿童需求信息设计救助具体形式，这涉及救助资源与特困儿童需求匹配、救助资源的传递方式设定等，协调中心将做出的救助决策传递给救助资源提供者；最后，协调中心对救助的过程进行监管，对救助的效果进行评估，并将其反馈给救助资源提供者（见图10-1）。

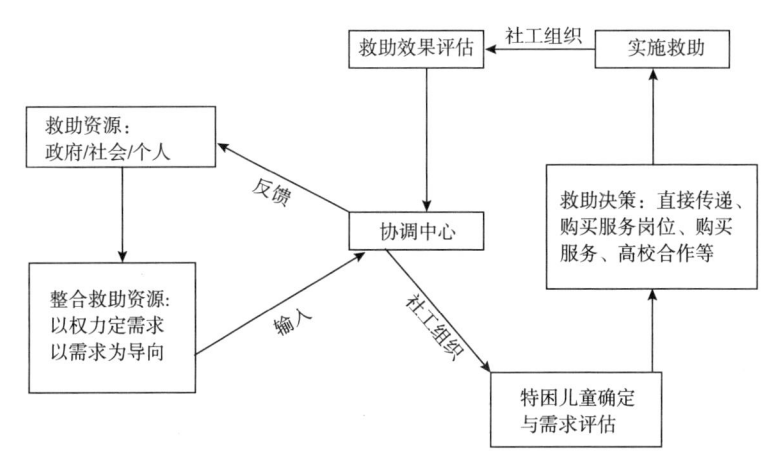

图10-1 西部农村特困儿童社会救助的社会工作体系

三 研究展望及不足之处

本书所构建的西部农村特困儿童社会救助的社会工作体系仅停留在理论层面，其可操作性和运行效果尚需实践的检验。因此，本书存在尚需进一步研究的地方：第一，对所构建体系还需进行实践的检验与评估；第二，对以西部农村特困儿童为服务对象的社会工作专业人才队伍的培育；第三，对扎根于西部农村特困儿童社会工作服务的本土化理论和方法的探索。

社会工作缘起于西方福利资本主义社会，西方福利资本主义社会已建立了儿童优先、预防性、社会投资型儿童福利制度，以避免儿童陷入困境。我国农村社会工作体系，尤其是以西部农村特困儿童为服务对象的社会工作体系尚未建立，因此，本书只是探索性研究，存在西部地区广袤而导致被调查特困儿童样本代表性不强、特困儿童需求特殊性有待进一步挖掘、缺少实践检验等问题，这些尚需在将来的研究中补充完善。

参考文献

一 著作

[1] 曹明睿：《社会救助法律制度研究》，厦门大学出版社，2005。
[2] 成海军主编《中国特殊儿童社会福利》，中国社会出版社，2003。
[3] 邓国胜：《非营利组织评估》，社会科学文献出版社，2001。
[4] 方巍、张晖、何铨：《社会福利项目管理与评估》，中国社会出版社，2010。
[5] 郭济主编《中央和大城市政府应急机制建设》，中国人民大学出版社，2005。
[6] 郭士征主编《社会保障学》，上海财经大学出版社，2009。
[7] 顾杰主编《经济转型与政府转型》，湖北人民出版社，2011。
[8] 胡锦涛：《高举中国特色社会主义伟大旗帜 为夺取全面建设小康社会新胜利而奋斗》，人民出版社，2007。
[9] 鞠青等主编《中国流浪儿童研究报告》，人民出版社，2008。
[10] 吉合蔡华等：《凉山彝族风情》，巴蜀书社，2005。
[11] 中华人民共和国教育部发展规划司编《中国教育统计年鉴2014》，人民教育出版社，2014。
[12] 况志华、张洪卫编著《人员素质测评》，上海交通大学出版社，2006。
[13] 刘全礼、王得义、雷江华等：《中国特殊教育发展报告2013》，中国轻工业出版社，2015。
[14] 李良品、谭杰容：《重庆世居少数民族研究（苗族卷）》，重庆出版社，2011。
[15] 陆士桢、王玥：《青少年社会工作》，社会科学文献出版社，2010。

[16] 陆士桢、魏兆鹏、胡伟编著《中国儿童政策概论》，社会科学文献出版社，2005。

[17] 马凤芝：《社会工作过程》，载王思斌主编《社会工作导论》，北京大学出版社，2011。

[18] 《古兰经》，马坚译，中国社会科学出版社，1981。

[19] 《马克思恩格斯选集》（第1卷），人民出版社，1995。

[20] 彭淑华：《台湾儿童及少年福利政策与法令制度》，载杨雄主编《儿童福利政策》，上海人民出版社，2012。

[21] 彭华民等：《西方社会福利理论前沿：论国家、社会、体制与政策》，中国社会出版社，2009。

[22] 尚晓援等：《中国孤儿状况研究》，社会科学文献出版社，2008。

[23] 尚晓援：《中国弱势儿童群体保护制度》，社会科学文献出版社，2008。

[24] 尚晓援、王小林、陶传进：《中国儿童福利前沿问题》，社会科学文献出版社，2010。

[25] 王彦斌：《失依儿童与家庭寄养及其"昆明模式"》，载王彦斌、赵锦云《儿童福利社会化重构"昆明模式"》，社会科学文献出版社，2006。

[26] 王雪梅：《儿童权利论：一个初步的比较研究》，社会科学文献出版社，2005。

[27] 万育维：《社会福利服务——理论与实践》，三民书局，2002。

[28] 许燕主编《人格心理学》，北京师范大学出版集团，2009。

[29] 杨雄主编《儿童福利政策》，上海人民出版社，2012。

[30] 尹琳：《日本的儿童养护问题及其对策》，载杨雄主编《儿童福利政策》，上海人民出版社，2012。

[31] 张鸿魏：《儿童福利法伦》，中国民主法制出版社，2012。

[32] 张英阵：《青少年服务网络之构建》，香港高效率专业影印工作室，1999。

[33] 郑功成主编《中国社会保障改革与发展战略》（医疗保障卷），人民出版社，2011。

[34] 朱眉华、文军主编《社会工作实务手册》，社会科学文献出版社，2006。

[35] 周长城等：《生活质量的指标构建及其现状评价》，经济科学出版社，2009。

[36] 詹火生：《社会福利理论研究》，巨流图书公司，1989。

[37] 曾华源、郭静晃：《少年福利》，亚太图书出版社，1999。

[38] 中国社会工作协会主编《中国社会工作发展报告（1988~2008）》，社

会科学文献出版社，2008。

[39] 中国残疾人联合会编《中国残疾人事业统计年鉴2014》，中国统计出版社，2014。

[40] 中国指数研究院：《中国新型城镇化发展理论与实践》，经济管理出版社，2014。

[41]〔美〕唐纳德·凯特尔：《权力共享：公共治理与私人市场》，孙迎春译，北京大学出版社，2009。

[42] Rossi, P. H., Freeman H. E. (eds.), *Evaluation: A Systematic Approach*, Sage Publications, Inc., 1993.

[43] Stufflebeam, D. L., Shinkfield, A. J., *Systematic Evaluation: A Self-Instruction Guide to Theory and Practice*, Kluwer-Nijhoff, 1985.

二 论文

[1] 安宁：《探析受艾滋病影响儿童的关怀工作》，《社会福利》2005年第10期。

[2] 陈鲁南：《"困境儿童"的概念及"困境儿童"的保障原则》，《社会福利》2012年第7期。

[3] 陈云凡：《中国儿童福利制度之缺失——四川地震孤残儿童收养与保护政策分析》，《中国青年研究》2008年第12期。

[4] 陈世海、詹海玉：《凉山彝族留守儿童家庭教育研究》，《教育评论》2012年第2期。

[5] 陈希、樊治平：《双边匹配决策的研究现状与展望》，《管理评论》2012年第1期。

[6] 成海军：《中国当代的儿童福利》，《社会福利》2004年第1期。

[7] 成海军、朱艳敏：《社会转型视阈下的普惠型儿童福利制度构建》，《学习与探索》2012年第8期。

[8] 成海军、陈晓丽：《改革开放以来中国儿童福利法治建设及其特点》，《新视野》2011年第3期。

[9] 董溯战：《中国农村留守儿童社会保障权研究》，《华东理工大学学报》（社会科学版）2012年第2期。

[10] 邓芸、杨可：《浅议儿童参与权》，《社会科学家》2007年第S1期。

[11] 杜亚松、唐慧琴、包玉娟、王玉薇、郑惟庄：《十类特殊家庭子女心理

卫生状况的研究》，《中国心理卫生杂志》2002年第1期。

[12] 费颖莹：《对艾滋孤儿安置模式简单评估及建议》，《法制与社会》2009年第24期。

[13] 冯元、彭华民：《中国社会工作政策发展的背景、动力与价值》，《中州学刊》2016年第1期。

[14] 郭玲：《KIPP：对留守儿童实施教育救助的启示》，《内蒙古师范大学学报》（教育科学版）2013年第6期。

[15] 龚婷婷：《法国、美国和日本儿童福利的发展及其启示》，《教育导刊》（下半月）2010年第3期。

[16] 管向梅：《后转型期社会工作介入社会救助研究》，《社会工作》（学术版）2011年第10期。

[17] 葛道顺：《我国非政府组织从业群体研究报告》，中国社会科学院社会政策研究中心，2010。

[18] 葛志军、邢成举：《精准扶贫：内涵、实践困境及其原因阐释——基于宁夏银川两个村庄的调查》，《贵州社会科学》2015年第5期。

[19] 高志宏：《论慈善组织的公益性及其重塑》，《求是学刊》2012年第5期。

[20] 高丽茹、彭华民：《中国困境儿童研究轨迹：概念、政策和主题》，《江海学刊》2015年第4期。

[21] 高涛、高博、赵俊峰：《艾滋孤儿一般自我效能感和自尊特点》，《中国健康心理学杂志》2011年第5期。

[22] 胡奇：《完善中国孤残儿童福利制度的国际比较研究》，《社会福利》（理论版）2012年第9期。

[23] 洪大用：《社会救助的目标与我国现阶段社会救助的评估》，《甘肃社会科学》2007年第4期。

[24] 黄晨熹：《社会救助的概念、类型和体制：不同视角的比较》，《华东师范大学学报》（哲学社会科学版）2005年第3期。

[25] 贺颖清：《中国儿童参与权状况及其法律保障》，《政法论坛》2006年第1期。

[26] 何忠虎、季成叶：《中国艾滋病致孤儿童生长发育与营养水平及心理健康研究》，《中国艾滋病性病》2009年第4期。

[27] 纪文晓：《社会工作方法在艾滋病致孤儿童救助工作中的应用——以河南省为例》，《社会工作》（理论）（下半月）2007年第10期。

[28] 江波、赵利生：《民族社会工作的特征、实践原则与发展路径》，《西北民族研究》2014年第4期。

[29] 蒯小明：《我国农村社会救助发展中的国家责任研究》，首都经济贸易大学博士学位论文，2007。

[30] 刘继同：《儿童福利的四种典范与中国儿童福利政策模式的选择》，《青年研究》2002年第6期。

[31] 刘继同：《中国儿童福利政策模式与城市流浪儿童议题》，《青年研究》2003年第10期。

[32] 刘继同：《国家与儿童：社会转型期中国儿童福利的理论框架与政策框架》，《青少年犯罪问题》2005年第3期。

[33] 刘继同：《中国社会转型、家庭结构功能变迁与儿童福利政策议题》，《青少年犯罪问题》2007年第6期。

[34] 刘继同：《当代中国的儿童福利政策框架与儿童福利服务体系（下篇）》，《青少年犯罪研究》2008年第6期。

[35] 刘继同：《中国儿童福利立法与政策框架设计的主要问题、结构性特征》，《中国青年研究》2010年第3期。

[36] 刘继同：《中国孤儿、受艾滋病影响儿童和脆弱儿童生存与服务状况研究（上）》，《青少年犯罪问题》2010年第4期。

[37] 刘继同：《中国孤儿、受艾滋病影响儿童和脆弱儿童生存与服务状况研究（下）》，《青少年犯罪问题》2010年第5期。

[38] 刘继同：《改革开放30年来中国儿童福利研究历史回顾与研究模式战略转型》，《青少年犯罪问题》2012年第1期。

[39] 刘继同：《中国儿童福利时代的战略构想》，《学海》2012年第2期。

[40] 刘日飞：《社会工作在流浪儿童救助中的介入及其意义》，《福建行政学院学报》2011年第1期。

[41] 刘保仓：《河南省艾滋遗孤救助体系和安置模式》，《社会福利》2005年第10期。

[42] 刘苏荣：《论英国的儿童社会救助政策及其对我国的启示》，《经济研究导刊》2015年第16期。

[43] 刘正发：《凉山彝族家支文化特性初探》，《中央民族大学学报》（哲学社会科学版）2008年第4期。

[44] 刘华丽：《专业社会工作者的涵义与要件》，《华东理工大学学报》（社会科学版）2004年第2期。

[45] 刘克稳、陈天柱:《儿童福利概念回顾及其启示》,《人民论坛》2015年第11期。

[46] 刘於清、王银春:《论苗族传统慈善伦理及其当代价值——以武陵山区苗族为例》,《贵州师范大学学报》(社会科学版) 2015年第6期。

[47] 林闽钢:《中国社会救助体系的整合》,《学海》2010年第4期。

[48] 林闽钢、周正:《政府购买社会服务:何以可能与何以可为?》,《江苏社会科学》2014年第3期。

[49] 陆士桢:《中国儿童社会福利需求探析》,《中国青年政治学院学报》2001年第6期。

[50] 陆士桢、孙冉冉:《儿童社会服务组织与流浪儿童、留守儿童救助》,《广西青年干部学院学报》2013年第6期。

[51] 陆士桢、黄妙红:《中国儿童社会保障构建的基本思路》,《改革开放三十年与青少年和青少年工作发展研究报告——第四届中国青少年发展论坛暨中国青少年研究会优秀论文集(2008)》,中国青少年研究会,2008。

[52] 李迎生:《弱势儿童的社会保护:社会政策的视角》,《西北师大学报》(社会科学版) 2006年第3期。

[53] 李细香、阳海霞:《社会工作介入孤残儿童家庭寄养工作的空间》,《社会工作》(学术版) 2011年第2期。

[54] 李慧娟:《维吾尔族妇女民间互助研究——以新疆喀什地区为例》,兰州大学博士学位论文,2012。

[55] 刘正发:《凉山彝族家支文化传承的教育人类学研究——以云南省宁蒗彝族自治县金古忍石家支为个案》,中央民族大学博士学位论文,2007。

[56] 满小欧、李月娥:《西方困境儿童家庭支持福利制度模式探析》,《北京社会科学》2015年第11期。

[57] 马贵舫:《社会工作人才基本素质透视》,《社会工作》(实务)(上半月) 2007年第10期。

[58] 马艳霞、刘家强:《西部农村社会救助制度与对策研究——以四川省为例》,《人口与经济》2009年第2期。

[59] 马晓琴、曾凡林、陈建军:《儿童参与权和童年社会学》,《当代青年研究》2006年第11期。

[60] 彭华民:《中国社会救助政策创新的制度分析:范式嵌入、理念转型与福利提供》,《学术月刊》2015年第1期。

[61] 彭莉莉、宋雅婷：《儿童福利事业发展态势》，《社会福利》2012 年第 9 期。

[62] 仇雨临：《我国孤残儿童福利保障政策的评析与展望》，《社会保障研究》（北京）2007 年第 2 期。

[63] 仇雨临、郝佳：《中国儿童福利的现状分析与对策思考》，《中国青年研究》2009 年第 2 期。

[64] 全国妇联课题组：《全国农村留守儿童、城乡流动儿童状况研究报告》，《中国妇运》2013 年第 6 期。

[65] 孙莹：《我国特殊困难儿童的福利需求分析及其应有的干预策略》，《青年研究》2004 年第 1 期。

[66] 孙莹：《建立我国特殊困难儿童社会支持系统的基本策略：培育和发展社区和非营利组织》，《青年研究》2004 年第 9 期。

[67] 史传林：《非政府组织参与农村社会救助的优势与模式》，《学习论坛》2008 第 12 期。

[68] 尚晓援：《孤儿救助亟需加大力度》，《社会福利》2008 年第 12 期。

[69] 尚晓援、虞婕：《建构"困境儿童"的概念体系》，《社会福利》（理论版）2014 年第 6 期。

[70] 尚晓援、伍晓明、万婷婷：《从传统到现代：从大同经验看中国孤残儿童福利的制度选择》，《青年研究》2004 年第 7 期。

[71] 苏祥、陈天柱：《西部农村地区特困儿童社会救助的实践：整合、协调与专业化》，《社会保障研究》2016 年第 2 期。

[72] 苏祥、周长城、陈天柱：《西部农村特困儿童社会救助的需求与供给研究》，《社会保障研究》2014 年第 4 期。

[73] 石义堂、高建波：《西部农村学校儿童参与权实现的现状与目标——以"爱生学校"为例》，《全球教育展望》2007 年第 4 期。

[74] 田园等：《维吾尔族慈善文化与新疆社会救助制度关系研究》，《新疆社会科学》2015 年第 3 期。

[75] 王思斌：《流浪儿童救助保护工作的历史性发展》，《社会福利》2006 年第 8 期。

[76] 王秋香：《非政府组织与农村留守儿童权益保障》，《湘潭大学学报》（哲学社会科学版）2008 年第 3 期。

[77] 王路平：《论彝族传统道德价值观》，《思想战线》1995 年第 4 期。

[78] 王君健：《受艾滋病影响儿童抗逆力养成的社会工作介入》，《中国青

年研究》2009年第11期。

[79] 王建基：《对新疆儿童福利事业的探讨——来自乌鲁木齐市SOS儿童村和儿童福利院的调查报告》，《中南民族大学学报》（人文社会科学版）2004年第S2期。

[80] 王振耀：《农村社会福利制度建设：机遇与挑战》，《三生共赢论坛·2009北京会议会议材料》，北京市社会科学界联合会，2009。

[81] 王旭辉等：《中国民族社会工作发展路径："边界跨越"与"文化敏感"》，《民族研究》2012年第4期。

[82] 王英梅、洛丁、孙丹秋：《越南流浪儿童的救助保护工作》，《社会福利》2004年第3期。

[83] 汪浩：《社会工作者在社会救助管理中的角色》，《社会工作》（理论）（下半月）2008年第7期。

[84] 吴伟东：《社会工作评估：层次深入模型》，《社会》2004年第10期。

[85] 吴亦明：《流浪儿童救助模式的转换与保护性特殊教育机制的构建》，《南京师大学报》（社会科学版）2007年第6期。

[86] 吴映平：《四川藏族传统文化价值观及其现代化》，《贵州民族研究》2015年第5期。

[87] 文军、何威：《从"反理论"到理论自觉：重构社会工作理论与实践的关系》，《社会科学》2014年第7期。

[88] 吴迪：《社会进步评价尺度研究》，中共中央党校博士学位论文，2012。

[89] 吴鹏飞：《嗷嗷待哺：儿童权利的一般理论与中国实践》，苏州大学博士学位论文，2013。

[90] 薛在兴：《流浪儿童机构救助的困难、困惑与思考》，《中国青年研究》2006年第5期。

[91] 向瑞、张俊豪：《湘西苗族传统文化在家庭教育中的传承特性》，《民族教育研究》2014年第2期。

[92] 许文青、王云生、季成叶、何景琳：《项目县6~14岁艾滋病致孤儿童社会心理问题浅析》，《中国艾滋病性病》2006年第3期。

[93] 徐浙宁、冯萍：《服刑家庭子女生活状况及发展需求调查》，《青年研究》2005年第6期。

[94] 徐黎丽、李慧娟：《论维吾尔族妇女中的民间互助——以新疆喀什地区为例》，《甘肃社会科学》2012年第3期。

[95] 易艳阳：《社会救助方式的基本类型研究》，《社会工作》（下半月）

2010 年第 11 期。

[96] 杨无意:《中国孤残儿童社会福利的现状与问题》,《社会福利》(理论版) 2013 年第 5 期。

[97] 杨生勇、冯晓平:《中国儿童福利研究综述》,《中国青年研究》2006 年第 1 期。

[98] 袁险峰:《香港的社会福利和流浪儿童救助机构 流浪儿童救助工作系列考察报告之二》,《社会福利》2002 年第 9 期。

[99] 袁定基、张原:《苗族传统文化的保存、传承和利用》,《西南民族大学学报》(人文社科版) 2004 年第 4 期。

[100] 张喆:《新时期孤残儿童福利的保障需求》,《社会福利》2003 年第 10 期。

[101] 张敏:《受艾滋病影响儿童的社会性发展问题及应对策略》,《中国青年研究》2009 年第 11 期。

[102] 张延军:《儿童福利机构家庭寄养工作调查》,《社会福利》2007 年第 2 期。

[103] 张梓英:《农村基层社会组织救助农村留守儿童研究》,《特区经济》2014 年第 6 期。

[104] 张长伟:《艾滋病致孤儿童的社会支持网络探析——以河南省为例》,《中国青年研究》2008 年第 10 期。

[105] 张长伟:《受艾滋病影响儿童救助安置政策分析:社会保护的视角——以"河南模式"为例》,《学术探索》2012 年第 3 期。

[106] 张东芳:《乌鲁木齐市儿童福利院:着力转型、福惠社区》,《社会福利》2014 年第 10 期。

[107] 张克云:《中西部农村贫困地区的儿童福利现状及需求分析》,《中国农业大学学报》(社会科学版) 2012 年第 4 期。

[108] 张时飞、唐钧:《中国的贫困儿童:概念与规模》,《河海大学学报》(哲学社会科学版) 2009 年第 4 期。

[109] 张时飞、唐钧:《中国贫困儿童救助:问题与对策》,《新视野》2009 年第 6 期。

[110] 张时飞、唐钧:《中国贫困儿童的社会救助项目与效果》,《公共管理高层论坛》2008 年第 2 期。

[111]《地方经验:关爱困境儿童的探索创新》,《中国民政》2015 年第 19 期。

[112] 赵佳佳：《我国困境儿童救助问题及其对策研究》，《法制与社会》2015年第20期。

[113] 邹明明：《瑞典的儿童福利制度》，《社会福利》2009年第12期。

[114] 周艳波、曹培忠：《论留守儿童人权保障的缺失及法律救助》，《山西师大学报》（社会科学版）2009年第3期。

[115] 朱雨欣、胡家琪：《社会工作人才素质指标体系初探——以西部农村为考察对象》，《人民论坛》2010年第26期。

[116] 朱晨海、曾群：《结果导向的社会工作评估指标体系建构研究——以都江堰市城北馨居灾后重建服务为例》，《西北师大学报》（社会科学版）2009年第3期。

[117] 张军：《推进我国城乡一体化的制度创新研究》，东北师范大学博士学位论文，2013。

[118] 周婷婷：《20世纪上半期山东乡村互助研究》，山东大学博士学位论文，2012。

[119] Eileen Meier, "The Growth of AIDS Orphans and Policy Solutions," *Pediatric Nursing*, 2003 (1).

[120] Lucie, Cluver, F. Gardner, "Psychological Distress among AIDS - Orphaned Children by AIDS in Urban South Africa," *Journal of Child Psychology and Psychiatry*, 2007 (48).

[121] Malabika Sarker, Christina Neckemann, "Assessing the Health Status of Young AIDS and Another Orphans in Kampala, Uganda," *Tropical Medicine and International Health*, 2005 (3).

[122] MeClelland, D. C., "Testing Competence Rather Than for Intelligence," *American Psychologist*, 1973 (1).

[123] Morgan Chitiyo, Darlington Changara, "The Acceptability of Psychosocial Support Interventions for Children Orphaned by HIV/AIDS: An Evaluation of Teacher Rating," *British Journal of Special Education*, 2010 (2).

三 网络文献

[1]《报告显示：纲要实施5年来义务教育实现全面普及》，中国教育新闻网，http://www.jyb.cn/basc/xw/201511/t20151127_644630.html。

[2]《国家民委发布：2014年少数民族地区农村贫困监测结果》，中国慈善新

闻网，http://ccn.people.com.cn/n/2015/0415/c366510-26848283.html。

[3] 《国务院发布〈中国儿童发展纲要（2011—2020年）〉》，中国文明网，http://www.wenming.cn/wcnr_pd/fgwx/201108/t20110811_279662.shtml。

[4] 《中国的社会保障状况和政策》，中华人民共和国中央人民政府网站，http://www.gov.cn/zwgk/2005-05/27/content_1533.htm。

[5] 《社会救助暂行办法》，中华人民共和国中央人民政府网站，http://www.gov.cn/flfg/2014-02/27/content_2624221.htm。

[6] 《国务院办公厅关于加强孤儿保障工作的意见》，中华人民共和国中央人民政府网站，http://www.gov.cn/zwgk/2010-11/18/content_1748012.htm。

[7] 《国务院办公厅关于加强和改进流浪未成年人救助保护工作的意见》，中华人民共和国中央人民政府网站，http://www.gov.cn/zwgk/2011-08/18/content_1927798.htm。

[8] 《国家发展改革委办公厅、民政部办公厅关于编报2007年和2008年社区服务设施、流浪未成年人救助保护设施和儿童福利设施建设项目建议方案的通知》，找法网，http://china.findlaw.cn/fagui/p_1/62111.html。

[9] 《国家中长期人才发展规划纲要（2010—2020年）发布》，中华人民共和国中央人民政府网站，http://www.gov.cn/jrzg/2010-06/06/content_1621777.htm。

[10] 《2015年社会服务发展统计公报》，中华人民共和国民政部网站，http://www.mca.gov.cn/article/sj/tjgb/201607/20160715001136.shtml。

[11] 《盘点2013：新型农村合作医疗全覆盖》，中国农业新闻网，http://www.agri.cn/V20/ZX/nyyw/201401/t20140107_3732704.htm。

[12] 《留守女童面临日常侵害等十大风险》，人民网，http://edu.people.com.cn/n/2015/1124/c1053-27847512.html。

[13] 《中国贫童仍有4000万人 占儿童总数16.7%》，财新网，http://china.caixin.com/2015-10-26/100866668.html。

[14] 《新农合补助标准和个人缴费分别提高至320元、90元》，人民网，http://politics.people.com.cn/n/2014/0527/c1001-25072365.html。

[15] 《受"郭美美事件"影响 中国红十字捐款大缩水》，联合早报网，http://www.zaobao.com/special/report/social/guomeimei/story20110804-94924。

[16] 《关于进一步做好弃婴相关工作的通知》，中华人民共和国财政部网站，http://www.mof.gov.cn/zhengwuxinxi/zhengcefabu/201306/t20130618_925460.htm。

［17］《中共中央关于全面深化改革若干重大问题的决定》，中国共产党新闻网，http：//cpc. people. com. cn/n/2013/1115/c64094 – 23559163. html。

［18］《中国共产党第十八届中央委员会第四次全体会议公报》，新华网，http：//news. xinhuanet. com/zgjx/2014 – 10/24/c_ 133739200. htm。

［19］《中国社会工作发展报告（2015）节选》，公益时报网，http：//www. gongyishibao. com/newdzb/html/2016 – 03/08/content_ 13619. htm? div = – 1。

［20］《中国已全面建立孤儿基本生活最低养育标准》，人民网，http：//politics. people. com. cn/n/2015/0503/c1001 – 26939247. html。

［21］《温家宝在加强政府建设推进管理创新会议上的讲话》，中华人民共和国中央人民政府网站，http：//www. gov. cn/ldhd/2006 – 09/07/content_ 381124. htm。

后记

本著作是2013年度国家社科基金西部项目"西部农村地区特困儿童社会救助的社会工作体系研究"（批准号：13XSH034）的最终成果。项目负责人为陈天柱，项目组主要成员有苏祥（乐山师范学院）、陈涛（中国社会科学院大学政法学院）、冉勇（乐山师范学院）、宋军（乐山师范学院）。乐山师范学院刘克稳、许诺、张凤奕等老师参加了具体的研究工作，金伟、白玛次登、阿呷里古、尔古伍合等本科生参加了实地调研工作，西华大学和西南石油大学硕士研究生景淋、杨意、潘黎、徐红梅参加了项目研究工作，他们现在分别在四川中医药高等专科学校、成都市仁怀社会工作服务中心、四川科技职业学院、乐山职业技术学院工作。

项目组经过四年多的努力，完成了文献资料的收集和梳理、西部农村特困儿童社会救助现状的调研及需求满足的现状评估、社会工作介入西部农村特困儿童救助模式的构建、社会工作介入西部农村特困儿童社会救助效果评估指标体系的搭建、西部农村特困儿童福利政策的建议等研究工作。我们先后深入四川、重庆、云南、贵州、甘肃、青海等省市的农村开展实地调研访谈，获取了大量关于西部农村特困儿童救助实践的第一手资料，得到了各地基层政府、民政部门、社会组织的大力支持和帮助，特此致谢。

本项目由陈涛负责规划指导，陈天柱、苏祥负责项目研究框架、研究计划、组织实施、成果提纲撰写等工作，冉勇、宋军负责实证调研和数据采集工作。在项目研究过程中，公开发表阶段性论文4篇：《儿童福利概念回顾及其启示》（刘克稳、陈天柱）；《西部农村地区特困儿童社会救助的需求与供给研究》（苏祥、周长城、陈天柱）；《西部农村地区特困儿童社会救助的实践：整合、协调与专业化》（苏祥、陈天柱）；《彝族家支观念对失依儿童救助的影响与对策——以凉山布拖县和昭觉县为例》（徐红梅、陈天柱）。

本书撰写分工如下：第一、二章由苏祥撰写；第三章由景淋撰写；第四章由潘黎撰写；第五章由杨意撰写；第六章由许诺撰写；第七章由徐红梅撰写；第八章由刘克稳撰写；第九章由张凤奕撰写；第十章由苏祥撰写。全书由陈天柱、苏祥、许诺统稿。

本项目的研究得到了武汉大学社会学系周长城教授、慈勤英教授和武汉大学社会保障研究中心向运华教授等专家的帮助。项目所在单位乐山师范学院科研部、政法学院等部门给予了大力支持，撰写过程中参阅了同行专家的研究成果，李如春老师对书稿提出了许多宝贵意见，在此一并致谢。

在我国脱贫攻坚进入最后决胜阶段的关口，国家开启了乡村振兴战略的新征程，关注农村留守儿童和困境儿童成为新热点，期望本书的价值得以实现，我们也将在新的实践中进一步深化、丰富和完善本成果。

项目组

2019 年 7 月